Wolfgang Schwartz

Heidschnuckenweg

Von Hamburg-Fischbek nach Celle – mit Heideschleifen

26 Touren

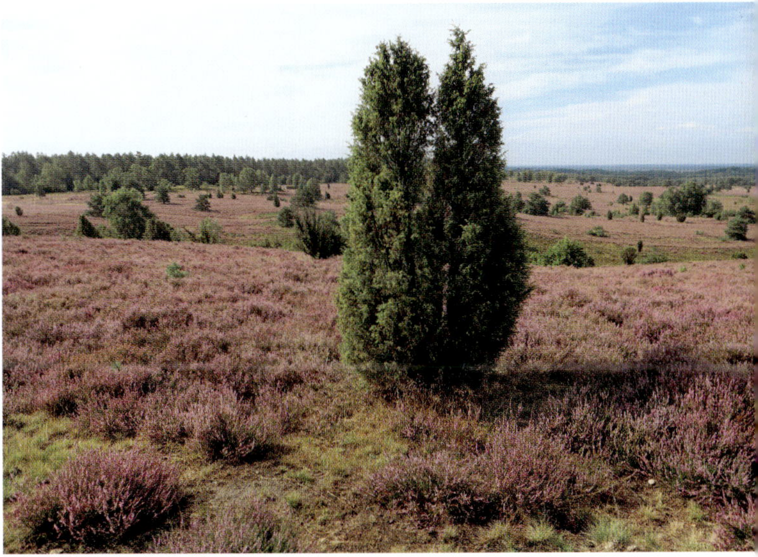

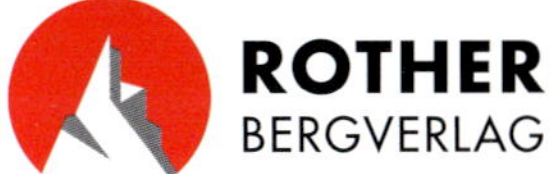

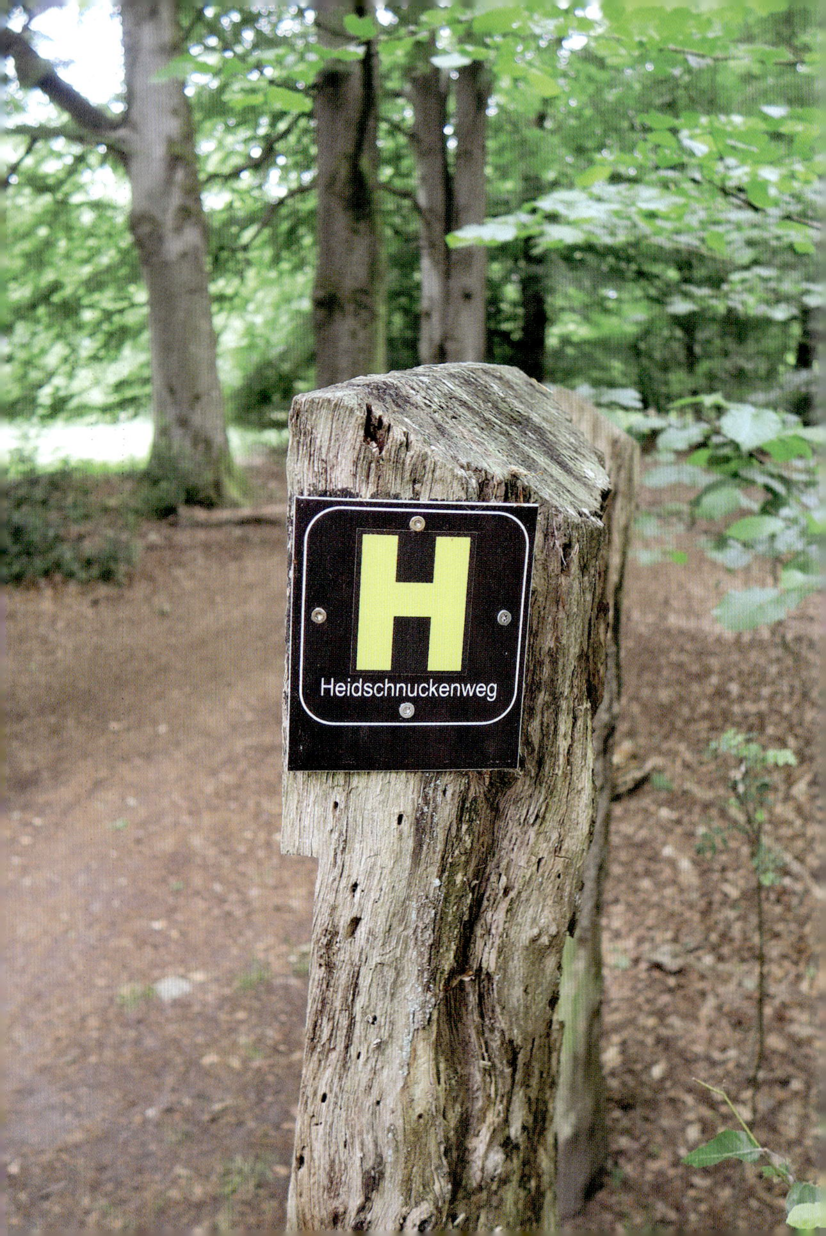
H
Heidschnuckenweg

VORWORT

Als nördlichster Fernwanderweg Deutschlands mit der Auszeichnung »Qualitätswege wanderbares Deutschland« führt der 222 Kilometer lange Heidschnuckenweg vom Südrand Hamburgs in die niedersächsische Residenzstadt Celle – dabei schlängelt er sich von Nord nach Süd durch die größten zusammenhängenden Heideflächen Europas.
Der vom Deutschen Wanderverband ausgezeichnete Heidschnuckenweg gehört zu den rund 15 »Top Trails of Germany«. Die Etappen 2 und 4 landeten 2014 und 2019 auf dem Siegertreppchen zur Wahl des schönsten Wanderweges Deutschlands. Das einmalige landschaftliche Erlebnis dieses Fernwanderweges verleitet die Werbung zu bildhaften Aussagen wie: »ein Fest der Sinne«, »feiner Sand knirscht unter der Schuhsohle«, »die borstigen Zweige der Zwergsträucher kratzen an den Beinen«.
Der Heidschnuckenweg durchquert die Lüneburger Heide, deren Kern das vor 100 Jahren gegründete gleichnamige Naturschutzgebiet rund um den 169 Meter hohen Wilseder Berg bildet. Die im Spätsommer mit einem lila Farbteppich überzogene Heide wird von Schafen gepflegt und geprägt, den für den Fernwanderweg namensgebenden Heidschnucken.
Der Heidschnuckenweg führt über weite Heidelandschaften, durch Wälder, idyllische Heidedörfer mit vielen natürlichen und kulturellen Sehenswürdigkeiten.
Dieser Wanderführer nennt nahezu flächendeckend Einkehr- und Unterkunftsmöglichkeiten verschiedener Kategorien entlang des Weges, sodass der Heidschnuckenweg durchgängig (teilweise mit Zuwegen oder kurzen Busverbindungen/Transfers) erwandert werden kann. Dank der im Buch genannten öffentlichen Verkehrsverbindungen ist eine Begehung aber auch tageweise möglich, etwa ab Hamburg oder von einer festen Unterkunft in der Lüneburger Heide aus.
Neben den zwölf Etappen mit Varianten werden die sogenannten »Heideschleifen« beschrieben – zwölf abwechslungsreiche Rundwege entlang des Heidschnuckenweges.
Der Verlauf des Heidschuckenweges wird kontinuierlich optimiert. Für diese zweite Auflage wurden neben geänderten Kontaktadressen sowie öffentlichen Verkehrsverbindungen mehrere Änderungen im Routenverlauf des Heidschnuckenweges berücksichtigt. Ein besonderer Dank für die Unterstützung dabei und hilfreiche Hinweise geht an Christiane Vogt, Projektkoordinatorin des Heidschnuckenweges.

Elmshorn, im Frühjahr 2024 — Wolfgang Schwartz

Ein weißes »H« markiert den Heidschnuckenweg, ein gelbes die Varianten und Zubringer, hier bei Schneverdingen (Etappe 5V).

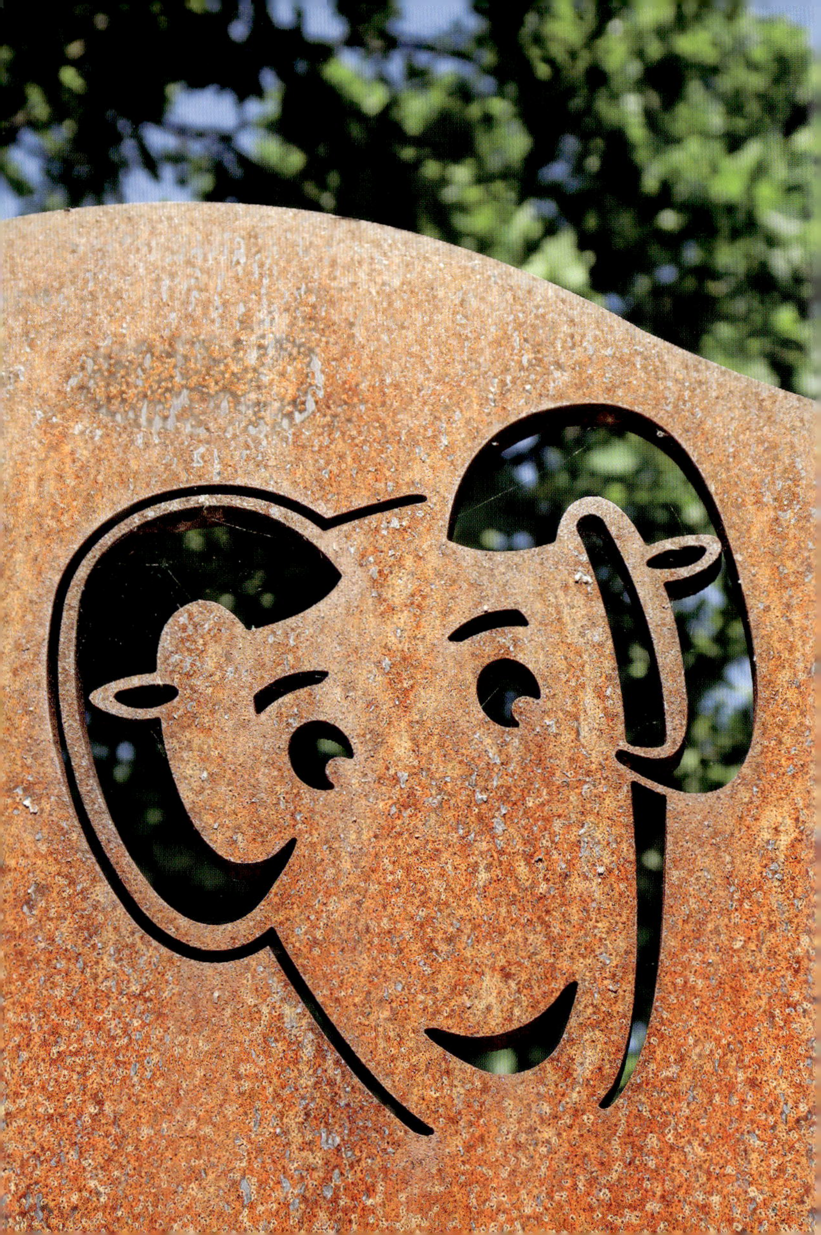

INHALTSVERZEICHNIS

Vorwort . . . 3
Übersichtskarte . . . 7
Allgemeine Hinweise . . . 8
Symbole . . . 10
Die Region . . . 14
Klimadaten für Soltau . . . 16
Informationen & Adressen . . . 20

Heidschnuckenweg . . . 28

1	6.30 h	26,5 km	**Von Hamburg-Fischbek nach Buchholz**	30
2	4.00 h	14,7 km	**Von Buchholz nach Handeloh**	40
3	4.30 h	16,9 km	**Von Handeloh nach Undeloh**	46
4	3.30 h	13,5 km	**Von Undeloh nach Niederhaverbeck**	52
5	4.30 h	16,8 km	**Von Niederhaverbeck nach Bispingen**	58
5V	5.30 h	21,1 km	**Von Niederhaverbeck nach Behringen**	64
6	5.30 h	22,5 km	**Von Bispingen nach Soltau**	70
7	5.30 h	20,9 km	**Von Soltau nach Wietzendorf**	78
8	3.30 h	13,6 km	**Von Wietzendorf nach Müden an der Örtze**	84
9	4.30 h	18,5 km	**Von Müden (Örtze) über Faßberg nach Gerdehaus**	90
9V	3.00 h	10,8 km	**Von Müden (Örtze) zur Misselhorner Heide**	96
10	3.30 h	13,9 km	**Von Gerdehaus nach Lutterloh**	102
11	4.30 h	18,7 km	**Von Lutterloh nach Dehningshof**	108
12	6.45 h	27,6 km	**Von Dehningshof nach Celle**	114

Heideschleifen . . . 124

HS1	2.00 h	7,3 km	**Fischbeker Heide**	126
HS2	4.30 h	16,5 km	**Durch die Schwarzen Berge**	130
HS3	3.30 h	13,7 km	**Büsenbachtal**	134
HS4	6.00 h	20,9 km	**Töps**	138
HS5	5.30 h	20,8 km	**Radenbachtal**	142
HS6	3.30 h	13,5 km	**Wilseder Berg**	145
HS7	1.00 h	3,9 km	**Haverbeeke**	148
HS8	3.30 h	12,1 km	**Tütsberg**	150
HS9	2.00 h	6,8 km	**Pietzmoor**	153
HS10	3.30 h	12,6 km	**Müden**	156
HS11	2.00 h	8,3 km	**Misselhorner Heide**	160
HS12	0.30 h	1,2 km	**Angelbecksteich**	162

Stichwortverzeichnis . . . 164

Links: Schnuckenkopf beim Infopanel zum Heidschnuckenweg, Wietzendorf.
S. 6: Ein typischer unbefestigter Heideweg, hier am Pferdekopf.

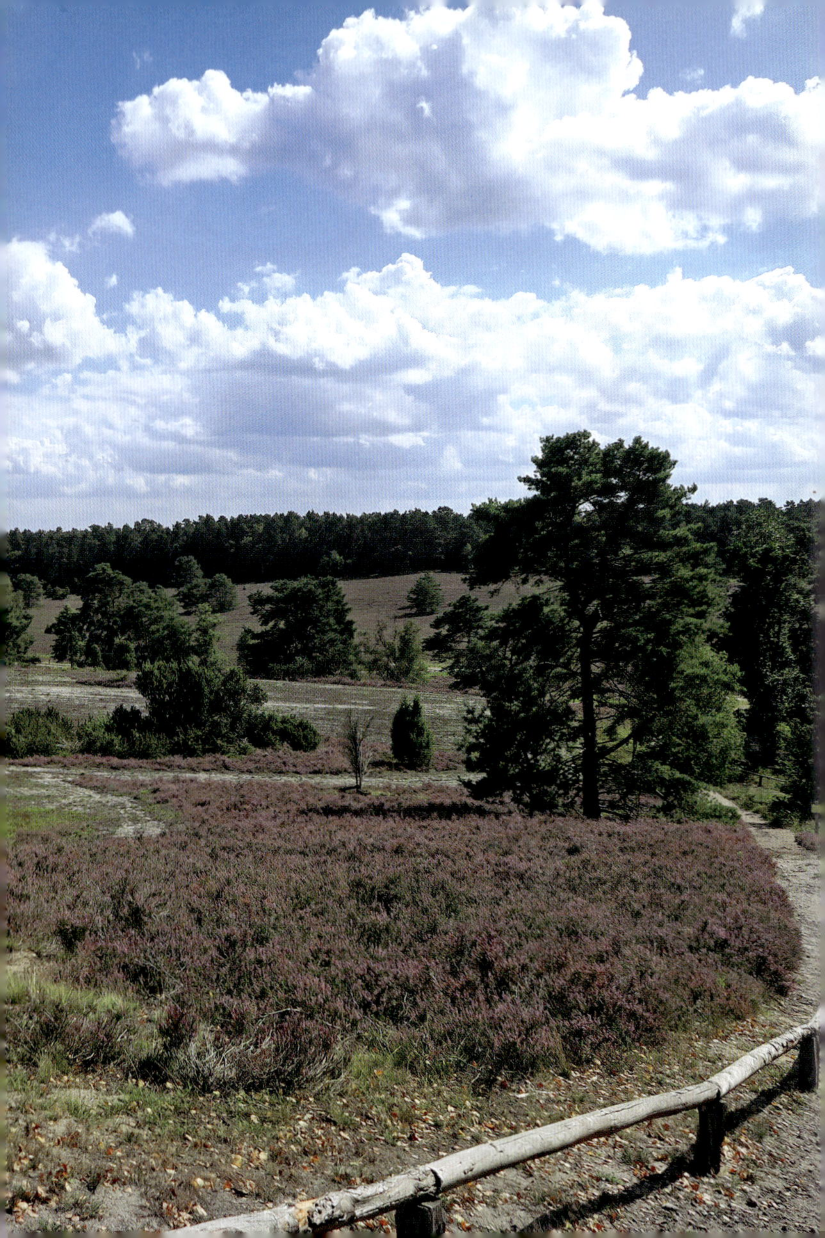

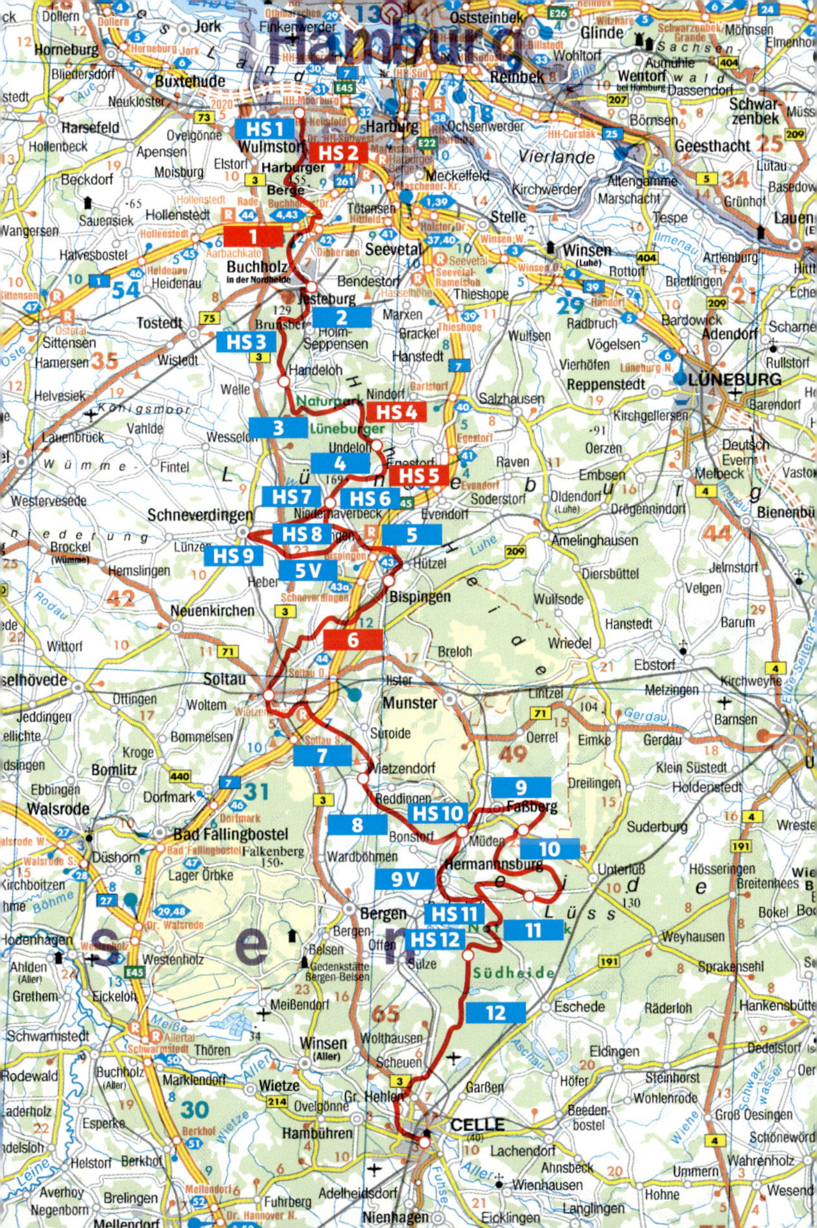

Hamburg
HS 1
HS 2
1
2
HS 3
3
HS 4
4
HS 5
HS 6
HS 7
HS 8
5
HS 9
5 V
6
7
8
9
HS 10
10
9 V
HS 11
11
HS 12
12
Dollern
Jork
Finkenwerder
Oststeinbek
Glinde
Horneburg
Buxtehude
Reinbek
Wohltorf
Wentorf
Aumühle
Dassendorf
Neukloster
Harburg
Ochsenwerder
Schwarzenbek
Harsefeld
Ovelgönne
Wulmstorf
Vierlande
Geesthacht
Hollenbeck
Apensen
Elstorf
Moisburg
Harburger Berge
Meckelfeld
Kirchwerder
Altengamme
Beckdorf
Sauensiek
Hollenstedt
Tötensen
Stelle
Marschacht
Tespe
Wangersen
Halvesbostel
Buchholz in der Nordheide
Seevetal
Winsen (Luhe)
Artlenburg
Heidenau
Bendestorf
Thieshope
Rottorf
Brietlingen
Jesteburg
Marxen
Radbruch
Bardowick
Adendorf
Tostedt
Brackel
Wulfsen
Vögelsen
Sittensen
Wistedt
Holm-Seppensen
Hanstedt
Vierhöfen
Lüneburg
Hamersen
Handeloh
Reppenstedt
Welle
Nindorf
Salzhausen
Barendorf
Helvesiek
Königsmoor
Naturpark
Lüneburger Heide
Kirchgellersen
Vahlde
Wesseloh
Undeloh
Oerzen
Lauenbrück
Fintel
Egestorf
Raven
Embsen
Deutsch Evern
Melbeck
Wümme-Niederung
Westervesede
Schneverdingen
Niederhaverbeck
Evendorf
Soderstorf
Oldendorf (Luhe)
Drögennindorf
Bienenbüttel
Lünzen
Amelinghausen
Brockel (Wümme)
Hemslingen
Hützel
Heber
Bispingen
Diersbüttel
Jelmstorf
Velgen
Neuenkirchen
Wulfsode
Hanstedt
Barum
Wittorf
Behringen
Breloh
Wriedel
Ebstorf
Soltau
Munster
Lintzel
Melzingen
Kirchweyhe
Jeddingen
Ottingen
Woltem
Gerdau
Barnsen
Bommelsen
Suroide
Oerrel
Eimke
Kroge
Bomlitz
Wietzendorf
Dreilingen
Klein Süstedt
Holdenstedt
Ebbingen
Walsrode
Dorfmark
Reddingen
Faßberg
Suderburg
Bad Fallingbostel
Falkenberg
Bonstorf
Müden
Düshorn
Wardböhmen
Hermannsburg
Unterlüß
Hösseringen
Breitenhees
Kirchboitzen
Lager Örbke
Südheide
Bergen
Bokel
Hodenhagen
Westenholz
Belsen
Offen
Weyhausen
Ahlden (Aller)
Sülze
Sprakensehl
Grethem
Eickeloh
Meißendorf
Eschede
Räderloh
Hankensbüttel
Schwarmstedt
Thören
Winsen (Aller)
Wolthausen
Eldingen
Dedelstorf
Scheuen
Rodewald
Buchholz (Aller)
Marklendorf
Wietze
Garßen
Höfer
Steinhorst
Wohlenrode
Ovelgönne
Gr. Hehlen
Beedenbostel
Groß Oesingen
Esperke
Hambühren
Celle
Schönewörde
Lachendorf
Wahrenholz
Helstorf
Berkhof
Ahnsbeck
Ummern
Averhoy
Brelingen
Adelheidsdorf
Wienhausen
Hohne
Negenborn
Fuhrberg
Nienhagen
Eicklingen
Langlingen
Mellendorf

ALLGEMEINE HINWEISE

Einteilung der Etappen

Dieser Wanderführer beschreibt neben den Heideschleifen zwölf Etappen des Heidschnuckenweges sowie zwei alternative Routenverläufe (bei den Etappen 5 und 9). Offiziell sind es 13 Etappen, andere Literatur teilt den Weg in noch mehr Etappen auf. Bei der Aufteilung der zwölf Etappen für dieses Buch war entscheidend, dass die Touren alle eine vernünftige Länge haben (überwiegend zwischen 15 und 25 km) und am Start- und Zielpunkt Übernachtungsgelegenheiten vorhanden oder zumindest mit akzeptablen Busverbindungen erreichbar sind, sodass der Heidschnuckenweg auch gestückelt in Tagestouren begangen werden kann. Der Verlauf ist hier wie in der übrigen Literatur von Nord nach Süd beschrieben, machbar ist natürlich auch die andere Gehrichtung, mit der Sonne im Rücken. Markiert ist der Heidschnuckenweg durchgehend in beiden Richtungen.

Jede Etappeneinteilung ist variabel und abhängig von eigener Planung, Tagesform und Wetter. Um die individuelle Planung zu erleichtern, sind alle sinnvollen Übernachtungsmöglichkeiten und Haltestellen für öffentlichen Nahverkehr unterwegs angegeben, nicht nur am Start- und Zielort.

Diese und folgende weitere Infos zur Tourenplanung bietet der Tourensteckbrief, der allen Touren vorangestellt ist. Bei den Rundwegen Heideschleifen wird statt des Hinweises auf benachbarte Heideschleifen die korrespondierende Etappe des Heidschnuckenweges genannt.

Die Etappe 5V des Heidschnuckenwegs führt am Pietzmoor vorbei.

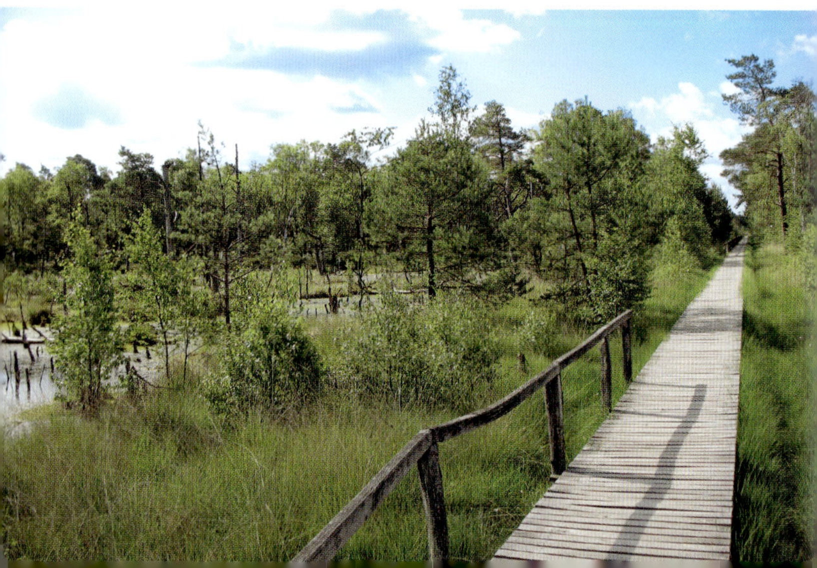

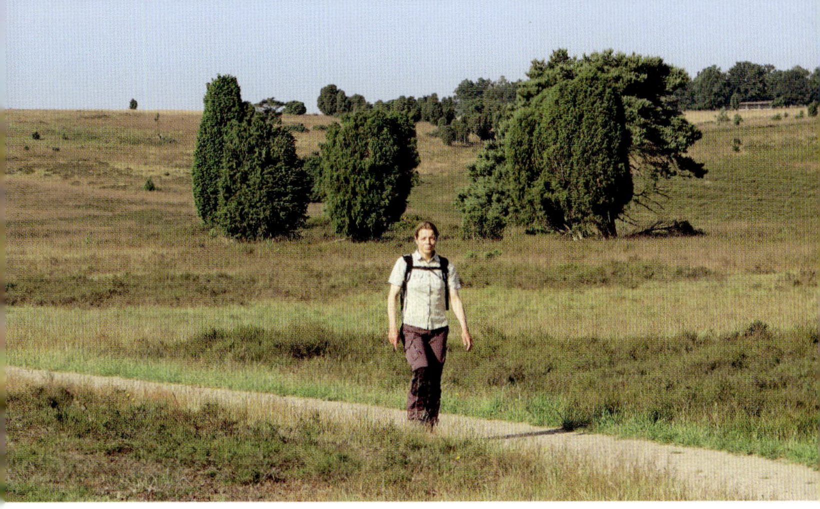

Bei Niederhaverbeck gabelt sich der Heidschnuckenweg in zwei Varianten.

Ausgangspunkt: Angegeben ist hier der Start für die Tour inkl. Erreichbarkeit mit dem Auto (Adresse für Navi).
Endpunkt: Enthält, sofern vorhanden, auch Parkmöglichkeit (Adresse für Navi).
ÖPNV: Sofern die Tour mit ÖPNV sinnvoll ist, stehen hier die nächstgelegenen Haltestellen mit Angabe der Bus-/Bahnlinien, der Bedienungshäufigkeit und eine Internet-Adresse für weitere Infos.
Zuwege: Zuwege (offiziell angegebene und andere) zu den Etappen von/zu benachbarten Orten.
Anforderungen: Der Schwierigkeitsgrad in der Lüneburger Heide mit ihrer verhältnismäßig flachen Landschaft ist erwartungsgemäß bei den meisten Touren eher leicht. In abweichenden Fällen ergibt sich die höhere Schwierigkeit weniger durch lange An- oder Abstiege als vielmehr durch den anstrengenden – etwa sandigen – Wegbelag.
Einkehr: Gibt es unterwegs Einkehrgelegenheiten? Diese sind hier angegeben, wenn sie für Wanderungen sinnvoll sind. Also Einkehrgelegenheiten während der Wanderungen sowie am Zielpunkt, wenn man etwa bei einer Haltestelle auf einen Bus warten muss. Nicht aufgeführt sind Einkehrgelegenheiten am Startpunkt von Wanderungen.
Unterkunft: Übernachtungsmöglichkeiten entlang der Strecke sowie teilweise an benachbarten Orten, die mit Zuwegen per Bus erreichbar sind.
Einkauf: Einkaufsgelegenheiten für Lebensmittel, etwa Supermärkte, Bäcker, Hofläden.

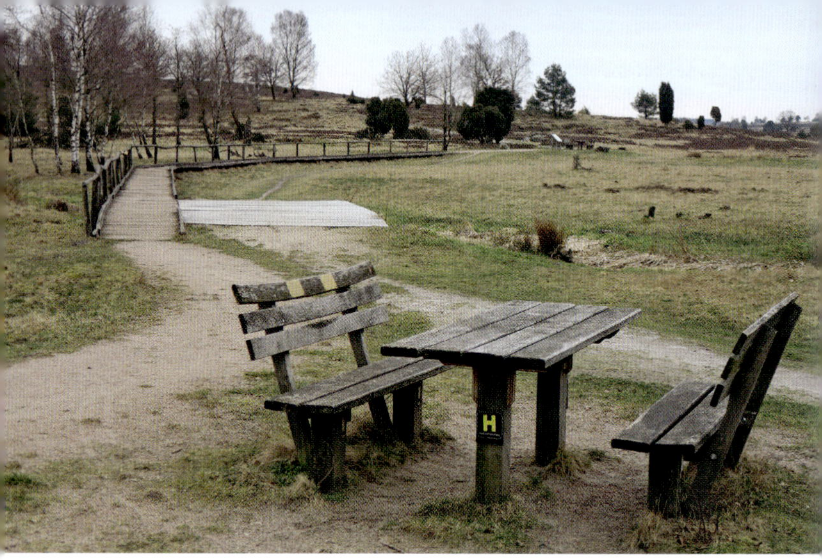

Unterwegs laden zahlreiche Rastplätze zur Pause ein wie hier bei der Haverbeeke.

Varianten: Manche Touren lassen sich abkürzen, verlängern oder anderweitig im Verlauf variieren. Entsprechende Möglichkeiten sind hier stichwortartig aufgeführt (und in der Karte gestrichelt eingezeichnet).
Heideschleifen: Sofern entlang der Etappe eine der prämierten Heideschleifen verläuft, ist diese hier angegeben (Beschreibung im zweiten Teil des Wanderführers), sodass man diese an die Etappe anhängen oder dafür noch eine Nacht extra einplanen kann.
Information: Touristbüros entlang der Strecke.
Tipps: Sehenswürdigkeiten oder besondere Freizeitangebote wie Badegelegenheiten oder Tierparks.

SYMBOLE

- Ort mit Einkehrmöglichkeit
- Einkehrmöglichkeit
- Unterstand, Hütte
- P Parkplatz
- Bushaltestelle
- Bahnhof/S-Bahn-Haltestelle
-)(Brücke, Steg
- Abzweigung links
- Abzweigung rechts
- Aussichtsplatz
- Picknickplatz
- Quelle
- Badestelle, Strand
- markanter Baum

Schwierigkeitsbewertungen

Die Summe der Anforderungen, die eine Tour unter normalen Bedingungen stellt, drückt sich in der Farbe der Tourennummer aus. Drei Stufen werden unterschieden, von denen folgende zwei in der Lüneburger Heide vorkommen:

SCHWIERIGKEITSKATEGORIEN

■ = Leicht

Wanderungen auf in der Regel markierten Wegen, die überwiegend für Kinder und Senioren geeignet sind.

■ = Mittel

Längere Touren mit mehreren An-/Abstiegen sowie stellenweise wegen Sand nicht immer einfach zu gehenden Wegen (nur zwei Etappen und drei Heideschleifen).

Ausrüstung

Zumindest knöchelhohe Wanderstiefel sind auf den häufig sandigen Böden der Heide sowie an feuchten Stellen in Flusstälern hilfreich. Stöcke sind aus alpinistischer Sicht nicht unbedingt nötig. Wer es mag, kann sich damit aber bei dem sandigen Untergrund und kürzeren steileren Anstiegen das Gehen erleichtern. Gegen zu viel UV-Strahlung der Sonne sowie Mücken und Bremsen sei lange Kleidung empfohlen und als Schutz vor Zecken möglichst hohe Schuhe bzw. lange Hosen. Die Lüneburger Heide gilt nicht als offizielles Risiko-Gebiet für FSME, dennoch können Zecken dort vereinzelt Erreger für FSME (und andere Krankheiten wie Borreliose) übertragen.

Der Talkessel des Totengrunds wurde schon 1906 als Naturschutzfläche erworben.

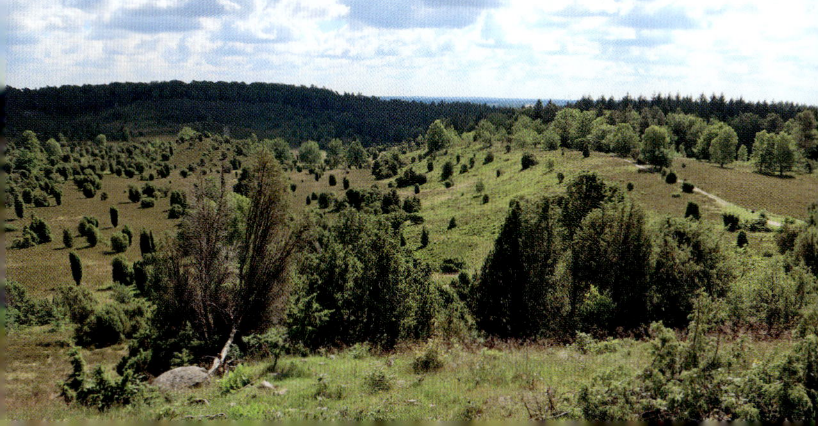

Der Umwelt zuliebe ...

Auch beim Wandern hinterlassen wir einen ökologischen Fußabdruck, aber im Einklang mit der Natur unterwegs zu sein, ist gar nicht so schwer!

VORBEREITUNG UND ANFAHRT

- Sich vorab informieren, worauf in Bezug auf Natur und Umwelt in der jeweiligen Wanderregion besonders zu achten ist.
- Soweit möglich mit Bahn und Bus anreisen, Wander- und Rufbusse nutzen.
- Ist eine Anfahrt mit dem Auto nötig, Fahrgemeinschaften bilden.
- Bei weiten Anfahrten Mehrtagestouren planen oder von einem Quartier vor Ort aus mehrere Touren absolvieren.
- Flugreisen möglichst reduzieren und durch Beiträge zu Klimaschutzprojekten kompensieren.

KLEIDUNG UND AUSRÜSTUNG

- Beim Kauf von Outdoor-Kleidung auf umweltfreundliche und faire Herstellung achten und Kleidungsstücke möglichst viele Jahre nutzen.
- Ausrüstung kann man eventuell auch gebraucht kaufen oder ausleihen.
- Reparieren statt neu kaufen.

VERPFLEGUNG

- Beim Einkauf Bio-Ware, regionale und saisonale Erzeugnisse bevorzugen.
- Hütten und Gasthäuser auswählen, die regionale Produkte verwenden.
- Auf Einwegflaschen und Plastikverpackungen verzichten, stattdessen wiederverwendbare Trinkflaschen und Brotzeitboxen benutzen.

ÜBERNACHTUNG

- Bei lokalen Anbietern buchen, damit Menschen vor Ort profitieren.
- Auf Hütten und in anderen Unterkünften Strom und Wasser sparen.

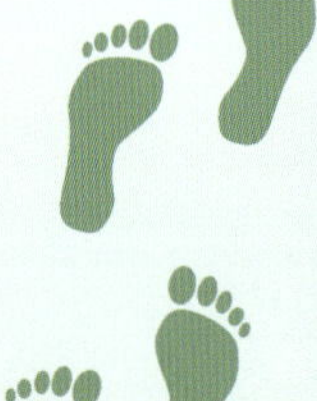

UNTERWEGS

- Wege benutzen und Abkürzer vermeiden.
- Sperrungen von Wegen und Schutzgebieten respektieren.
- Keine Blumen pflücken und keine Pflanzen entnehmen.
- Waldbrandgefahr beachten.
- Müll wieder mit nach Hause nehmen und dort entsorgen.
- Toilettengänge in freier Natur möglichst vermeiden.
- Lärm vermeiden.
- Hunde an die Leine nehmen.

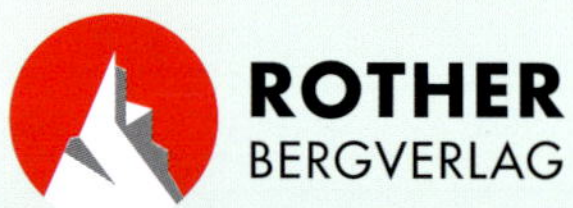

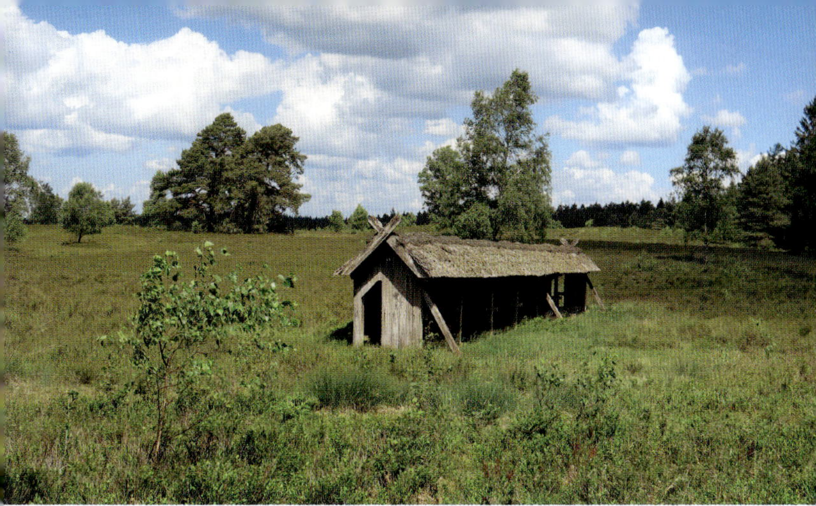

In solche reetgedeckten Bienenzäune stellen Imker ihre Bienenkörbe ein.

Verhalten unterwegs

Dass man keinen Müll zurücklässt und Wege nicht verlässt, versteht sich von selbst. Kein offenes Feuer und vor allem nicht rauchen in der Natur! Die Lüneburger Heide mit ihren vielen Kiefernbeständen ist extrem waldbrandgefährdet.

Wandern ohne Gepäck

Der Heidschnuckenweg kann organisiert als Pauschalreise begangen werden; die Unterkünfte sind dann vorgebucht und das Gepäck wird transportiert.
Bispingen Touristik e.V.: Pakete mit 3 bis 6 Übernachtungen; z.B. 5 Übernachtungen für rund 420 € pro Person inkl. Ü/F, Frühstück im DZ und Gepäcktransport, heidschnuckenweg.de/wandern_ohne_gepaeck.
Kleins Wanderreisen: Pauschalen mit 6 Etappen und 7 Übernachtungen jeweils auf dem Nord- oder Südabschnitt für rund 550 € pro Person inkl. Ü/F Frühstück im DZ und Gepäcktransport, kleins-wanderreisen.de.

Wandern mit Hunden

In Naturschutzgebieten müssen Hunde immer angeleint sein, ebenso in anderer freier Landschaft in der Brutzeit (1.4. – 15.7.). Hunde dürfen nicht streunen oder wildern und sollten immer abrufbar sein. Die Verwendung von Hundekot-Tüten ist nicht nur in Orten, sondern auch in Heidegebieten erwünscht. Halten Sie bei weidenden Rindern besonders viel Abstand ein, da vor allem Mutterkühe aggressiv gegenüber Hunden sein können.

DIE REGION

Geografie

Die Lüneburger Heide erstreckt sich als eiszeitlich geprägte Landschaft im nördlichen Niedersachsen im Dreieck zwischen den Ballungsgebieten Hamburg, Hannover und Bremen.

Touristische Schwerpunkte sind die beiden Naturparke Lüneburger Heide im Norden und Südheide im Süden sowie der Regionalpark Rosengarten. Der **Naturpark Lüneburger Heide** geht zurück auf das 1922 auf Betreiben des Vereins Naturschutzpark (VNP) gegründete Naturschutzgebiet Lüneburger Heide. Die Fläche wurde 2007 von seinerzeit 234 km^2 auf heute 1077 km^2 vervielfacht und erstreckt sich über die drei Landkreise Lüneburg, Harburg und Heidekreis. Ziel des Naturparks ist die Förderung einer »nachhaltigen Entwicklung der Region als Lebens-, Wirtschafts- und Erholungsraum«. Der 1964 gegründete **Naturpark Südheide** im Landkreis Celle ist jünger und mit seiner Fläche von 480 km^2 nur halb so groß, davon sind zwei Drittel bewaldet und 5% stehen unter Naturschutz.

Die höchste Erhebung der Lüneburger Heide ist der als eiszeitliche Endmoräne entstandene Wilseder Berg (169 m). Diesen und andere Erhöhungen der Lüneburger Heide nutzte der Mathematiker Carl Friedrich Gauß bei seiner Vermessung des Königreichs Hannover (1821–1825) als Dreieckspunkte.

Die Lüneburger Heide gilt zwar als größte zusammenhängende Heidefläche Mitteleuropas, erstreckt sich aber nicht als eine große Heidefläche, sondern viele Heidegebiete werden durch Wälder, Siedlungen und Gewässer voneinander getrennt; insgesamt sollen es über 100 Heideflächen sein, die von den zwei Naturparks bzw. den zuständigen Forstbehörden und dem VNP betreut werden.

Wegen der für die Landwirtschaft wenig fruchtbaren Sandböden hat die Lüneburger Heide eine lange Tradition als Truppenübungsplatz: Seit Kaiserzeiten (um 1900) wurden Flächen bei Munster militärisch genutzt. Vom Ende des Zweiten Weltkriegs bis in die 1990er-Jahre rollten alliierte Panzer durch die sogenannten »Rote Flächen« der Osterheide zwischen Schneverdingen und Wilsede. Nach deren Abzug und der Aufgabe von Bundeswehr-Standorten werden heute immer noch große Flächen bei Bergen und Munster zwischen der Nord- und Südheide militärisch genutzt – mit zusammen rund 450 km^2 einer der größten Truppenübungsplätze Europas.

Landschaftsentstehung und Heidepflege

Die Flächen der Lüneburger Heide wurden als Teil des norddeutschen Tieflandes hauptsächlich im Quartär gebildet. In der vor etwa 400.000 Jahren einsetzenden Elster-Eiszeit entstanden von Gletschern zusammengeschobene Moränenhügel. Durch riesige Rinnensysteme floss das Schmelzwasser der Gletscher und lagerte zum Ende der Elster-Eiszeit bis zu 150 m mächtig den Lauenburger Ton ab, der oft an der Oberfläche aufgeschlossen und ein

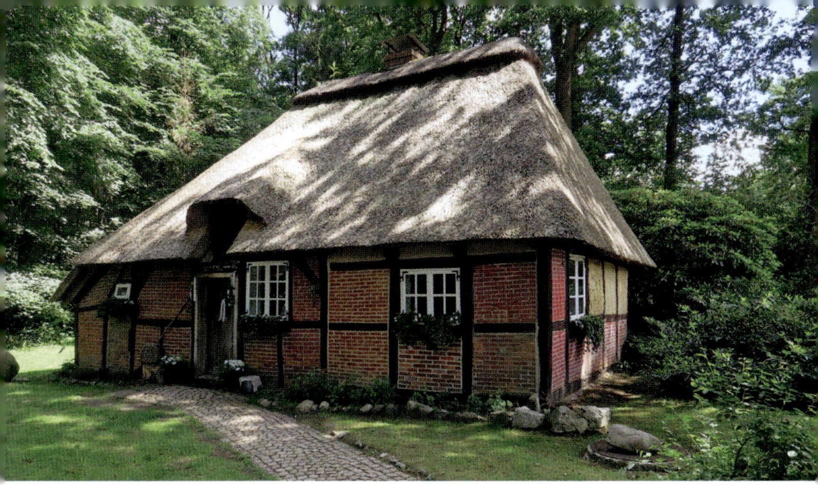

Das sogenannte »Hexenhaus« in Wesel diente früher als Back- und Rauchhaus (Etappe 3).

wichtiger Rohstoff für den bekannten Backstein der Region ist. Die Schmelzwasserrinnen enthalten durchlässige Sedimente – heute ein wichtiger Grundwasserspeicher, aus dem das benachbarte Hamburg einen Teil seines Trinkwassers bezieht (16 Mio. m^3 jährlich).

In den beiden folgenden Warmzeiten (Holstein, Eem) lagerte sich in neu entstandenen Seen Kieselgur aus Algen ab. Dessen Abbau (bis 1994) diente anfangs zur Herstellung von Dynamit, später als Basis für Filter- und Füllstoffe. Bekannte Vorkommen befinden sich z. B. in der Oberoher Heide (Variante der Etappe 9).

Nach dem Ende der letzten, der Weichsel-Eiszeit wuchsen ausgedehnte Wälder. In der Jungsteinzeit begannen Siedler mit der Rodung des Waldes für Bau- und Brennholz, die verbliebene Fläche wurde so (zu) intensiv beweidet, dass sich auf dem nährstoffarmen Sandboden Heidevegetation entwickelte. Zwischenzeitlich wurden immer wieder Flächen aufgegeben, wo erneut Wald entstand. So wechselte der Bewuchs im Laufe der Jahrtausende. Großer Holzbedarf führte zur Zunahme der Heideflächen, vor allem in der Eisenzeit (Verhüttung von Eisen), dem Mittelalter (Brenn- und Bauholz) und der Neuzeit (Brennholz für Lüneburger Salinen bzw. Salzsiederei).

Die Heide wurde regelmäßig »geplaggt«, d. h. mitsamt der Humusschicht mit speziellen Harken abgezogen und als Einstreu in die Ställe gebracht, um später zusammen mit Schafkot als natürlicher Dünger auf den Feldern verteilt zu werden. Das arbeitsaufwendige »Plaggen« (daraus entstand das Wort »Plackerei«) wurde mit dem Aufkommen von Kunstdünger zum Ende des 19. Jhs. eingestellt. Durch die Plaggenwirtschaft verarmte der Boden, und die Heide breitete sich weiter aus.

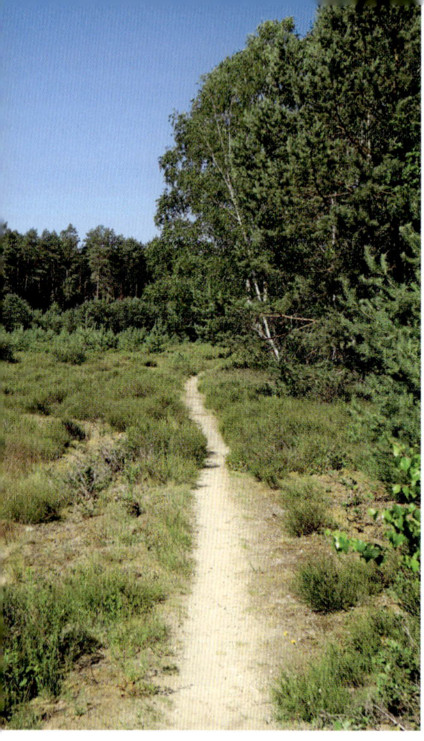

Heide und Wald am Häteler Berg (Etappe 8).

Heute droht die Heide durch Nährstoff- bzw. Stickstoffeintrag aus der Luft zugewuchert zu werden. Hätte die Natur freies Spiel, würde sich die gesamte Heide in Wald verwandeln. Zur Erhaltung der Heideflächen dienen heute wie früher Heidschnucken, die störende Vegetation wie Gräser »naschen« (plattdeutsch »schnöckern«, manche sehen darin die Herkunft des Names »Schnucke«). Die früheren Bewohner nutzten die Heideflächen aber nicht nur für ihre als Woll- und Fleischlieferanten dienenden Heidschnucken, sondern auch auf andere Weise, etwa als Grundlage für Bienen der Imker zur Honigproduktion. Die früher aus Stroh und Wurzelwerk geflochtenen und mit Kuhmist überzogenen Bienenkörbe wurden zum Schutz vor Wind und Mittagssonne in die noch heute in der Heide allgegenwärtigen hölzernen Bienenzäune gestellt.

Klima

Niedersachsen liegt großklimatisch in einer subatlantisch gemäßigten Zone mit kühlen Wintern und milden Sommern bei ganzjährigen Niederschlägen. In den höchsten Erhebungen der Lüneburger Heide herrscht ansatzweise ein Bergklima mit niedrigeren Temperaturen und höheren Niederschlägen als im Umland sowie ein etwas höherer Niederschlag, der im langjährigen Jahresmittel in Wilsede (116 m) 820 mm beträgt.

KLIMADATEN FÜR SOLTAU

		Jan	Feb	Mrz	Apr	Mai	Jun	Jul	Aug	Sep	Okt	Nov	Dez	Ø
Mittlere Temperatur	**°C**	2	2	5	9	14	17	19	18	15	11	6	3	9
Regentage		10	9	9	9	9	9	10	10	8	9	9	10	111
Regenmenge	**mm**	74	57	61	54	68	74	89	79	66	65	63	72	820
Sonnenstunden	**h**	2	4	5	8	9	10	10	9	7	5	3	2	6

Vegetation

An Stelle der ursprünglichen Buchenwald- und an trockenen Stellen Kiefernwald-Gesellschaften hat sich seit dem Eingreifen des Menschen eine vielfältige Ersatzpflanzenwelt gebildet. Der größte Teil der Lüneburger Heide wird von sogenannter Sandheide bedeckt mit viel Wacholder sowie der dominanten Pflanzenart Besenheide (*Calluna vulgaris*), die ihren Namen dem früheren Einsatz als Rohstoff für Besen(borsten) verdankt. Das lateinische »Calluna« hat seinen Ursprung im griechischen »kallyno« (»ich reinige«). Einen kulinarischen Nutzen hat die Heidelbeere (*Vaccinium myrtillus*), die stellenweise auf Sandheideflächen die Besenheide verdrängt. An feuchteren Stellen, meist an Übergängen zu Mooren, dominiert die Glockenheide (*Erica tetralix*) gegenüber der Besenheide. Etwa die Hälfte des Naturparks Lüneburger Heide besteht heute wieder aus Wald, an trockenen Stellen auf Sandböden überwiegend Kiefernwälder.

In den durch Quellen und Aufstauen des Regenwassers entstandenen Mooren sind die Glockenheide, die Moorlilie, das Torfmoor-Knabenkraut, Sonnentau, Wollgras, Lungen-Enzian und Torfmoose typische Pflanzen.

Tierwelt

Die größten Vertreter der Tierwelt sind Rothirsch, Rehe, Wildschweine. Der Wolf ist seit etwa 2010 wieder heimisch im Gebiet und polarisiert in einer Region, wo Schäfer mit Heidschnuckenherden unterwegs sind. 2017 wurde ein Luchs gesichtet, und 2020 wurden Wildkatzen mit Nachwuchs in der

Auf den Heideflächen ist häufig Wacholder anzutreffen wie hier bei Undeloh.

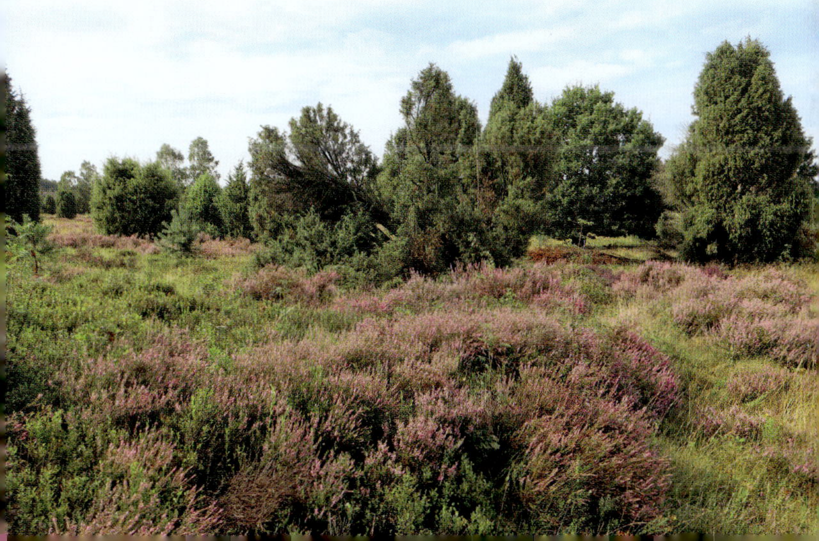

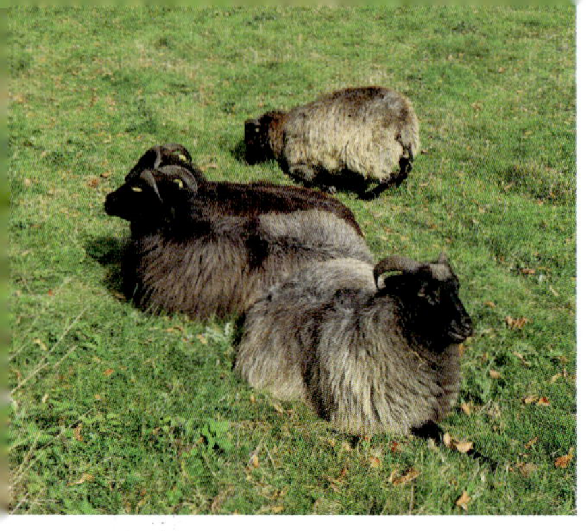

Zur Unterstützung seiner Arbeit bietet der VNP Schnucken-Patenschaften an (100 €).

Lüneburger Heide nachgewiesen. Ein Erfolg im Artenschutz sind die in Flüssen wie der Örtze lebenden Fischotter. Unter den Vogelarten sind Eisvögel, Ziegenmelker, Neuntöter, Wendehals und Raubwürger hervorzuheben. In den Mooren der Heide brüten Kraniche und in den Wäldern der Südheide Schwarzstörche. Die Lüneburger Heide ist bekannt für die Birkhuhn-Balz: Die Birkhuhn-Population war seit Mitte des 20. Jh. mit dem Rückgang der Heideflächen stark rückläufig und ist mittlerweile mit etwa 130 Tieren einigermaßen stabil.

Unter den Schlangen gilt die Kreuzotter als einzig giftige. Bei den Amphibien sind Feuersalamander, Moor- und Laubfrosch hervorzuheben und bei Insekten an Gewässern lebende Heidelibellen, die auch den Heidedichter Hermann Löns begeisterten.

Namensgeber des Heidschnuckenweges ist die »Graue Gehörnte Heidschnucke«, die in großer Zahl (maximal 380.000 Tiere im 19. Jh.) einst als Fleisch-, Woll- und Düngerlieferant in der Lüneburger Heide gezüchtet wurde. Die heutigen rund 9000 Tiere in 13 Herden dienen vor allem der Landschaftspflege. Im Verlauf des etwa 15 Jahre langen Lebens einer Heidschnucke ändert sich die Färbung von anfangs schwarz über braun bis später grau.

Naturschutz

Bedeutende Naturschutzgebiete entlang des Heidschnuckenweges im Überblick (in der Reihenfolge der Etappen von Nord nach Süd):

- Buchenwälder im Rosengarten, 285 ha großes Waldgebiet zwischen Harburg und Buchholz (Etappe 1)
- Brunsberg, NSG von 1954 mit 60 ha überwiegend Heide rund um den Brunsberg (Etappe 2)
- Seeve, 2019 eingerichtetes lang gestrecktes Gebiet mit 533 ha entlang der Seeve zwischen Wehlen und Maschen (Etappe 3)
- Lüneburger Heide, 234 km², im Herzen der Lüneburger Heide zwischen Handeloh und Bispingen (Etappen 4 – 6)
- Heiden und Magerrasen in der Südheide, durch Neuzuschnitt mehrerer alter Schutzgebiete 2019 neu entstandenes 753 ha großes Gebiet mit mehreren Flächen östlich von Hermannsburg (Etappen 9, 10, 11)
- Weesener Bach, 348 ha großes Gebiet in der Talniederung des Weesener Baches bzw. Lutterbaches bei Hermannsburg (Etappe 11)

Verein Naturschutzpark (VNP)

Der wichtigste Naturschutzverein in der Lüneburger Heide ist der Verein Naturschutzpark e.V. (VNP), der sich auch um die Gründung des österreichischen Nationalparks Hohe Tauern verdient gemacht hat. Der 1910 gegründete Verein erwarb dank Spenden mehrere Flächen rund um den Wilseder Berg, die 1922 als 210 km^2 großes erstes deutsches Naturschutzgebiet ausgewiesen wurden.

Der VNP betreibt heute in der Lüneburger Heide Einrichtungen wie den Landschaftspflegehof Tütsberg und Hotels sowie Infozentren bzw. Museen, u.a. in Wilsede, Undeloh und Niederhaverbeck. Zur Pflege der Heideflächen unterhält der Verein 6 (von einst 14) Heidschnuckenherden mit 2200 Tieren. Dazu kommen 32 Schafställe und 80 Bienenzäune, großteils errichtet in der Zeit des langjährigen Förderers und Vorsitzenden Alfred Töpfer.

Die Website des VNP bietet viele Informationen sowie Links zu einer Schriftenreihe über die Natur- und Kulturlandschaft Heide, darunter Abhandlungen über Moose, Schmetterlinge, Käfer sowie ornithologische Jahresberichte: verein-naturschutzpark.de/vnp-schriften.

Aussichtspunkt in der Behringer Heide (Etappe 5).

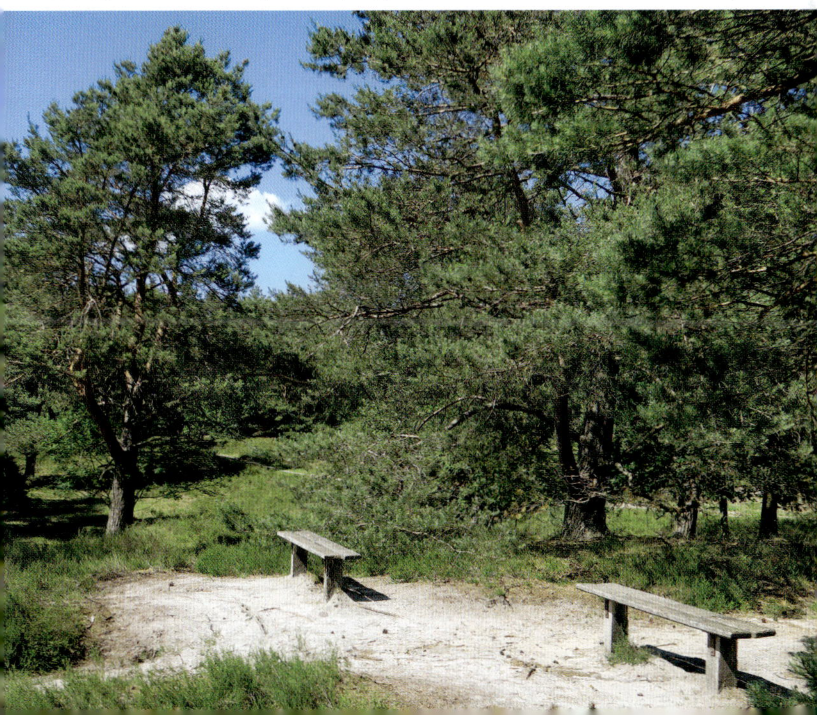

INFORMATIONEN & ADRESSEN

Beste Reisezeit

Am schönsten ist die Lüneburger Heide zur Blütezeit der Heide im August und Anfang September, aber natürlich auch am stärksten frequentiert. Glücklicherweise konzentrieren sich die Busladungen Besucher auf wenige beliebte Punkte wie Undeloh, Nieder- oder Oberhaverbeck. Die Zeit der Heideblüte gibt die Lüneburger Heide GmbH modern multimedial an, etwa mit dem »Heideblüten-Barometer« auf der eigenen Website (lueneburger-heide.de) oder über Alexa, Amazons Sprachdialog.

Große Ereignisse; dann sind freie Betten Mangelware:

- Juli/Müden (Etappe 8): Heidschnuckentag mit Bockauktion
- Ende August/Schneverdingen: Heideblütenfest mit Wahl der Heidekönigin
- Ende August/Müden (Etappe 8): Kartoffelfest
- Ende September/Wietzendorf (Etappe 7): Honigfest
- September & Oktober/Celle (Etappe 12): Celler Hengstparaden des Niedersächsischen Landgestüts Celle

lueneburger-heide.de/service/veranstaltungen

ÖPNV

Folgende Bahnstrecken berühren den Heidschnuckenweg und werden mindestens im Stundentakt befahren:

- Hamburg – Lüneburg – Uelzen – Hannover (Fernverkehr und Metronom)
- Hamburg – Harburg – Buchholz – Bremen (Metronom)

Ahlftener Fischteiche nördlich von Soltau (Etappe 6).

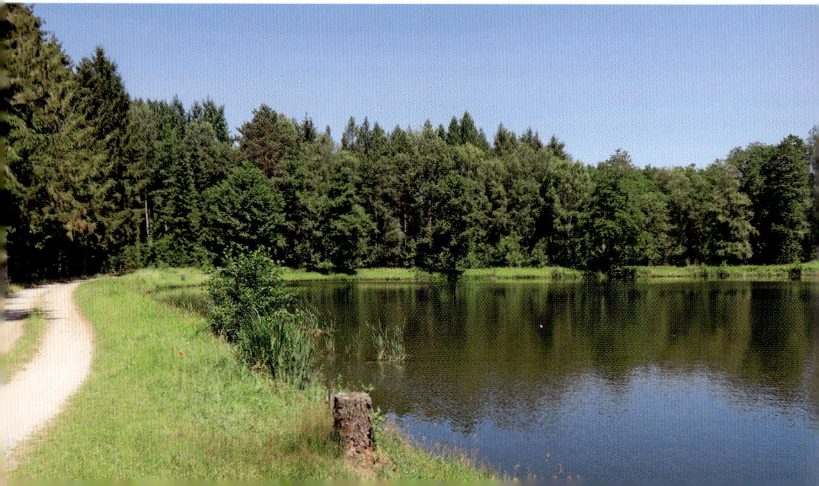

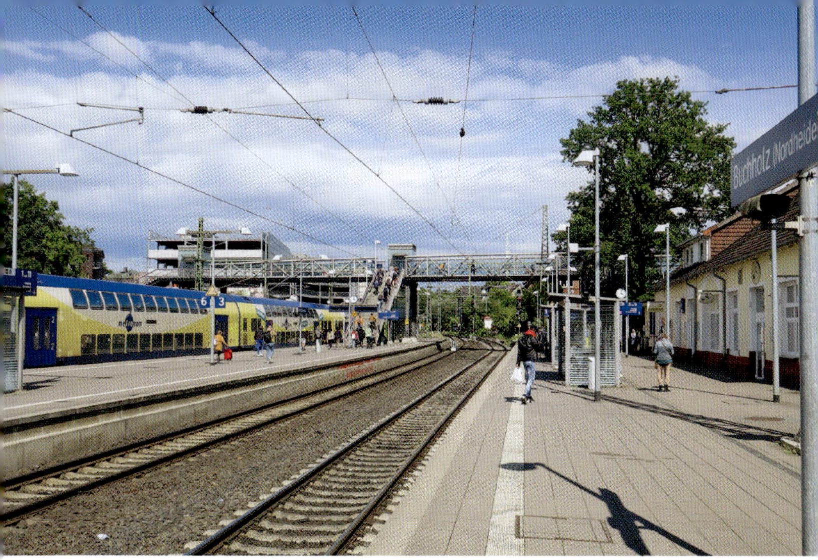

Der Heidschnuckenweg quert den Bahnhof Buchholz.

- Buchholz – Soltau – Hannover (sogenannte »Heidebahn«, DB Regio-Tochter »Start«), am Wochenende nordwärts verlängert bis Hamburg-Harburg
- Uelzen – Soltau – Langwedel – Bremen (sogenannte »Amerikalinie«, DB Regio-Tochter »Start«)

Weniger gut sieht es bei den Busverbindungen aus; Hauptstrecken werden teilweise stündlich bedient, während kleine Orte auf dem Land manchmal nur wenige Male werktags angefahren werden, zunehmend mit Anrufbussen oder ehrenamtlich besetzten sogenannten Bürgerbussen. Eine Ausnahme sind im Sommerhalbjahr extra für Besucher eingerichtete Buslinien zu touristisch bedeutenden Orten, allen voran der »Heide-Shuttle« mit fünf Linien.

Heide-Shuttle

In der Sommersaison (Mitte Juli bis Mitte Oktober) verkehrt in der Nordheide täglich gratis der »Heide Shuttle«; das sind fünf Ringbuslinien zwischen Buchholz und Bispingen sowie Salzhausen und Tostedt, die in Buchholz, Handeloh, Wintermoor, Soltau, Schneverdingen und Lüneburg an die Bahn anschließen. Jede Linie verkehrt pro Tag fünfmal – allerdings nur in einer (der genannten) Richtung.
Wichtig: Der Heide-Shuttle hält nicht an allen ausgewiesenen regulären Bushaltestellen entlang der Strecke, sondern nur an gesondert mit dem Heide-Shuttle-Logo ausgezeichneten: einem violetten Bus mit Radan-

hänger auf weißem Grund. Diese Haltestellen liegen in Orten nicht immer zentral, weil nicht alle Haltestellen genug Platz bieten für die langen Busgespanne mit ihren Radanhängern.
Im Falle großer Verspätung (mehr als 5 Minuten) – etwa in der Hauptsaison bei viel Radtransport – kann telefonisch bei der KVG-Leitstelle nachgefragt werden: Tel. +49 4161 644670.
Den Fahrplan gibt es vor Ort bei Touristinfos sowie im Internet: heide-shuttle.de.

RINGBUSLINIEN DES HEIDE-SHUTTLE

Linie	Strecke (Bhf. = Bahnanschluss)	Etappen
1	Oberhaverbeck – Wintermoor (Bhf.) – Schneverdingen (Bhf.) – Bispingen – Oberhaverbeck	5, 5V, 6
2	Oberhaverbeck – Wintermoor (Bhf.) – Tostedt (Bhf.) – Handeloh – Undeloh – Egestorf – Oberhaverbeck	3, 4, 5
3	Buchholz (Bhf.) – Jesteburg – Hanstedt – Salzhausen – Egestorf – Undeloh – Buchholz (Bhf.)	2
4	Soltau (Bhf.) – Bispingen – Oberhaverbeck – Schneverdingen (Bhf.) – Soltau (Bhf.)	5, 5V, 6, 7
5	Lüneburg (Bhf.) – Amelinghausen – Döhle – Egestorf – Lüneburg (Bhf.)	–

Bahnen und Busse werden von verschiedenen Unternehmen betrieben als Teil mehrerer überregionaler Verkehrsverbände. Dieses wenig kundenfreundliche Wirrwarr an Verkehrsverbünden und Tarifen lässt sich mit den Grenzen der Bundesländer Hamburg und Niedersachsen bzw. mehreren Kreisen erklären.

- **Hamburger Verkehrsverbund (HVV):** Norden der Lüneburger Heide etwa bis zur Linie Lüneburg – Undeloh, punktuell auch weiter südlich bis einschließlich Soltau. Einfaches logisches Tarifsystem, Tickets bei Online-Kauf 7 % günstiger, hvv.de.
- **Verkehrsgemeinschaft Nordost-Niedersachsen (VNN):** Der VNN gliedert sich in mehrere Regionen – in der Lüneburger Heide Harburg, Heidekreis, Lüneburg und Uelzen – mit eigenen Tarifen, online-Kauf mit App Fahr-Planer, vnn.de.
- **Cebus:** Südheide bzw. Umland von Celle, kein online-Kauf möglich, cebus-celle.de.

Unterkünfte

Angegeben sind bei den Kurz-Infos der Etappen die Unterkünfte entlang des Heidschnuckenweges. Falls diese nicht direkt am Weg liegen, steht dahinter in Klammern die Entfernung vom Heidschnuckenweg.

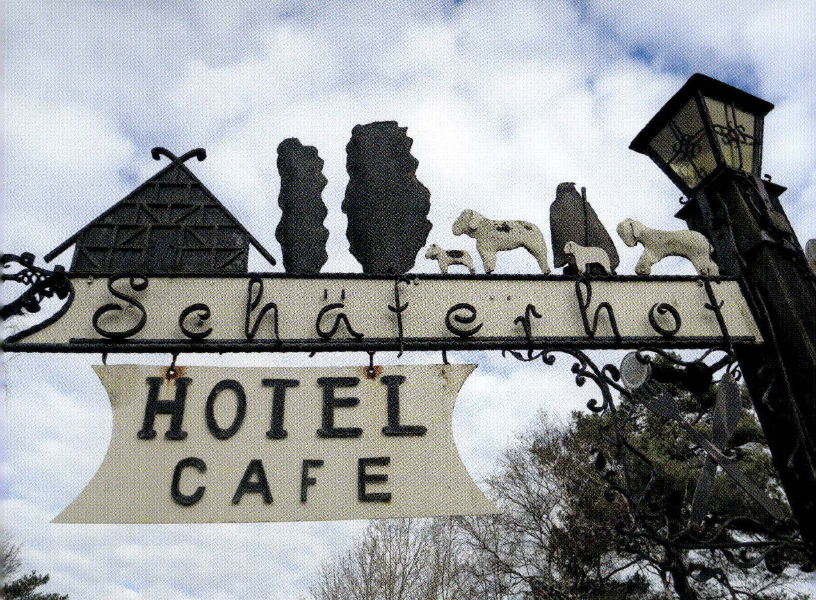

An Einkehr- und Unterkunftsmöglichkeiten in der Lüneburger Heide gibt es keinen Mangel.

Viele Hotels sind speziell auf Wanderer ausgerichtet und manche sind entsprechend zertifiziert als »Qualitätsgastgeber Wanderbares Deutschland« (in der Kurzinfo mit Kürzel »wd«). Solche Hotels bieten u.a. neben einer meist für Wanderer günstigen Lage Trocknungsmöglichkeiten, Wanderapotheke, Wetterinformationen, ggf. Wandertransfer für Gäste vom/zum Weg, Reservierungsservice für die nächste Unterkunft, Wanderkartenverkauf, Fahrpläne und Infos zu regionalen Sehenswürdigkeiten: wanderbares-deutschland.de/gastgeber.

Wenn es sehr wenige oder gar keine Hotels und Pensionen gibt, sind Ausweichquartiere angegeben wie Ferienwohnungen, die auch nur für eine Nacht vermietet werden. Oder Unterkünfte in benachbarten Orten, die zu Fuß oder per ÖPNV erreicht werden können.

Bei sehr vielen Unterkünften in einem Ort sind meistens solche als Beispiel angegeben, die sich wegen ihrer Lage und Ausstattung gut für Wanderer eignen. Gute Lage bedeutet: möglichst nicht zu weit vom Heidschnuckenweg entfernt und möglichst nicht direkt an der Hauptdurchgangsstraße.

Wichtig: Zur Zeit der Heideblüte im August und September ist eine zeitige Buchung der Unterkunft ratsam!

Eine gute Wahl sind in der Regel Naturotels (in der Kurzinfo mit Kürzel »N«); ein Label für rund zehn Hotels in der Lüneburger Heide, die sich durch bestimmte Kriterien hinsichtlich Nachhaltigkeit, naturnaher Lage, regionaler Identität und Qualität auszeichnen.

Versorgung vor Ort

Alle größeren Orte haben Supermärkte bzw. Discounter, in kleineren Orten gibt es manchmal Bäcker oder kleine Höfe, die Lebensmittel verkaufen.

INFORMATION

Zuständig für die Vermarktung der Region ist die Lüneburger Heide GmbH mit informativer Website: Lüneburger Heide GmbH, WallStr. 4, 21335 Lüneburg, Tel. +49 4131 3093960, lueneburger-heide.de.
Touristinfos gibt es unterwegs in folgenden Orten: Buchholz, Handeloh, mit Abstechern Hanstedt sowie Egestorf, Undeloh, Schneverdingen, Behringen, Bispingen, Soltau, Wietzendorf, Müden, Hermannsburg, Celle. Dort ist auch die jährlich neu herausgegebene Broschüre zum Heidschnuckenweg erhältlich.

Informative Internet-Adressen

- lueneburger-heide.de, offizielle Website zur Lüneburger Heide mit vielen Infos u. a. zum Wandern, Sehenswürdigkeiten, Veranstaltungen
- regionalpark-rosengarten.de, Regionalpark Rosengarten (Norden), wird nicht mehr aktuell gepflegt
- naturpark-lueneburger-heide.de, Naturpark Lüneburger Heide (Mitte)
- naturpark-suedheide.de, Naturpark Südheide (Süden)
- heideshuttle.de, Fahrplan zum Heide-Shuttle

Karten

Gedruckte Wanderkarten

Freytag-Berndt und Artaria: WKD 3727, Heidschnuckenweg, 1:35.000, ISBN 978-3707920284.
Freytag-Berndt und Artaria: WKD 5082, Naturpark Lüneburger Heide, 1:50.000, ISBN 978-3707918847 (Etappen 2–6).
Kompass: Lüneburger Heide. 4in1 Wanderkarte 1:50.000, ISBN 978-39904 48328 (Etappen 2–6).

Digitale Karten

Für digitalen Gebrauch sei auf die ausgezeichneten OSM-Karten verwiesen (OpenStreetMap), die in verschiedener Form bzw. für zahlreiche Zielgruppen auf vielen Internetseiten und Apps angeboten werden für unterschiedlichste digitale Anwendungen – in Apps auf dem Smartphone oder Tablet (z. B. Komoot, Alltrails, bergfex), für Programme wie Basecamp auf dem PC oder GPS-Outdoor-Empfängern wie denen von Garmin.

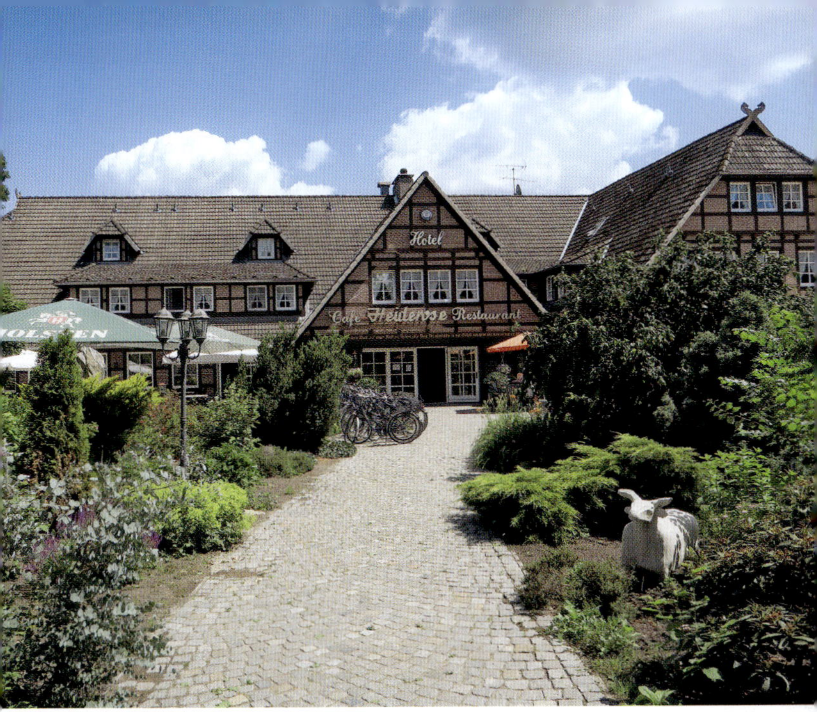

Eine von vielen gepflegten Unterkünften am Heidschnuckenweg, hier in Undeloh.

GPS-TRACKS UND KOORDINATEN DER AUSGANGSPUNKTE

Auf **gps.rother.de** stehen zu diesem Wanderführer GPS-Tracks und die Koordinaten der Ausgangspunkte zum kostenlosen Download bereit. Dieser QR-Code führt direkt zum Download.
2. Auflage, Passwort: **458402kew**
Die GPS-Tracks können in die **Rother App** importiert werden. In der App kann man unterwegs stets sehen, wo man gerade ist und wo es langgeht. **Anleitungen dazu: rother.de/gps**
Trotz sorgfältiger Prüfung können wir Fehler und zwischenzeitliche Veränderungen nicht ausschließen. Verlassen Sie sich für die Orientierung niemals einzig und allein auf die GPS-Daten, sondern beurteilen Sie die Verhältnisse vor Ort.

Folgende Doppelseite: Heidelandschaft oberhalb der Haverbeeke (Etappe 5V).

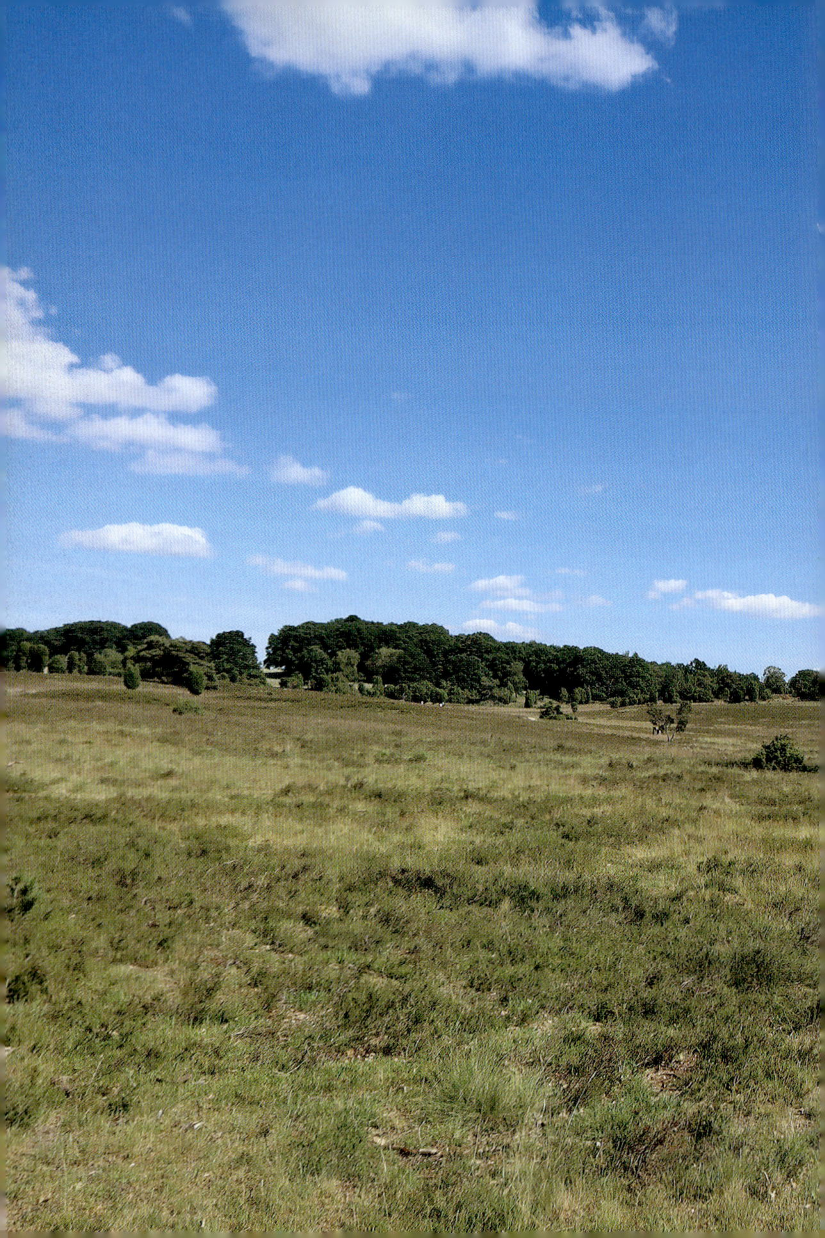

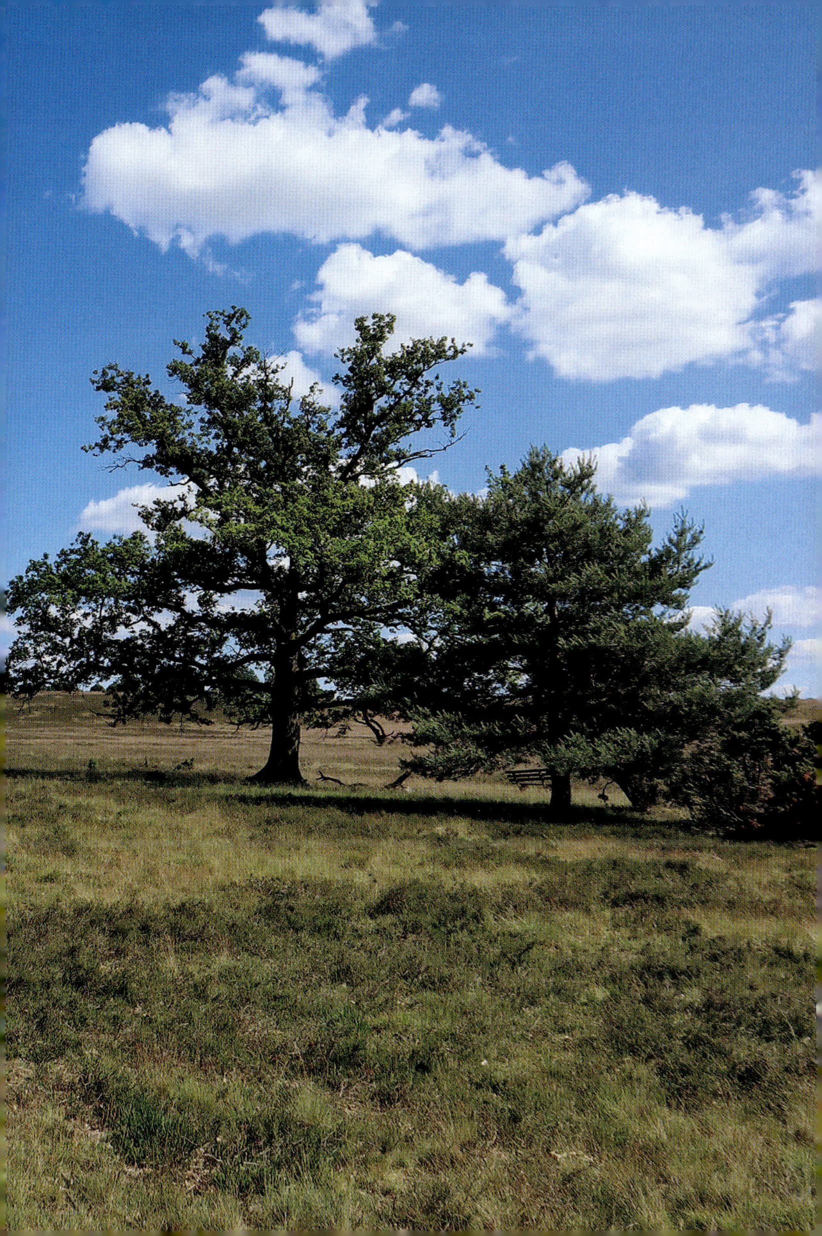

Heidschnuckenweg

Der 222 km lange Heidschnuckenweg erschließt in geschwungener Form die bekanntesten Gebiete der Lüneburger Heide und lässt sich mit der flächendeckend großen Auswahl an Unterkunftsmöglichkeiten gut am Stück erwandern, aber auch etappenweise mit Tagestouren – dank der überwiegend guten öffentlichen Verkehrsverbindungen zu vielen Orten entlang der Etappen, vor allem im Norden.

Wenn Orte nicht direkt am Weg liegen, verbinden mit einem gelben »H« auf schwarzem Untergrund markierte Zuwege diese mit dem Heidschnuckenweg. Unterwegs informieren zahlreiche Infotafeln über die Landschaft; im Norden berührt der Heidschnuckenweg zudem die Heidelehrpfade von Wesel und Undeloh (Etappen 3 und 4). In der Südheide begleiten 21 Infotafeln zu Natur und Kultur den Heidschnuckenweg zwischen Müden und Celle (Etappen 9 bis 12).

Für Sammler, die gelaufene Kilometer gerne mit Abzeichen nachweisen, gibt es bei den Touristinfos vor Ort den »Wanderpass Heidschnuckenweg«.

DIE ETAPPEN DES HEIDSCHNUCKENWEGS IM ÜBERBLICK

Etappe	Strecke	Gehzeit	Strecke	↗	↘
1	Hamburg-Fischbek - Buchholz i.d. Nordheide	6.30 h	26,5 km	350 m	310 m
2	Buchholz i.d. Nordheide - Handeloh	4.00 h	14,7 km	160 m	180 m
3	Handeloh - Undeloh	4.30 h	16,9 km	170 m	140 m
4	Undeloh - Niederhaverbeck	3.30 h	13,5 km	130 m	100 m
5	Niederhaverbeck – Bispingen (Behringer Heide)	4.30 h	16,8 km	130 m	160 m
5V	Niederhaverbeck – Osterheide (Schneverdingen) – Behringen	5.30 h	21,1 km	100 m	130 m
6	Bispingen – Soltau	5.30 h	22,5 km	160 m	170 m
7	Soltau - Wietzendorf	5.30 h	20,9 km	170 m	160 m
8	Wietzendorf - Müden (Örtze)	3.30 h	13,6 km	70 m	80 m
9	Müden (Örtze) – Faßberg – Gerdehaus	4.30 h	18,5 km	100 m	100 m
9V	Müden (Örtze) – Misselhorner Heide	3.00 h	10,8 km	70 m	60 m
10	Gerdehaus – Lutterloh	3.30 h	13,9 km	110 m	90 m
11	Lutterloh - Dehningshof	4.30 h	18,7 km	140 m	160 m
12	Dehningshof – Celle	6.45 h	27,6 km	120 m	140 m

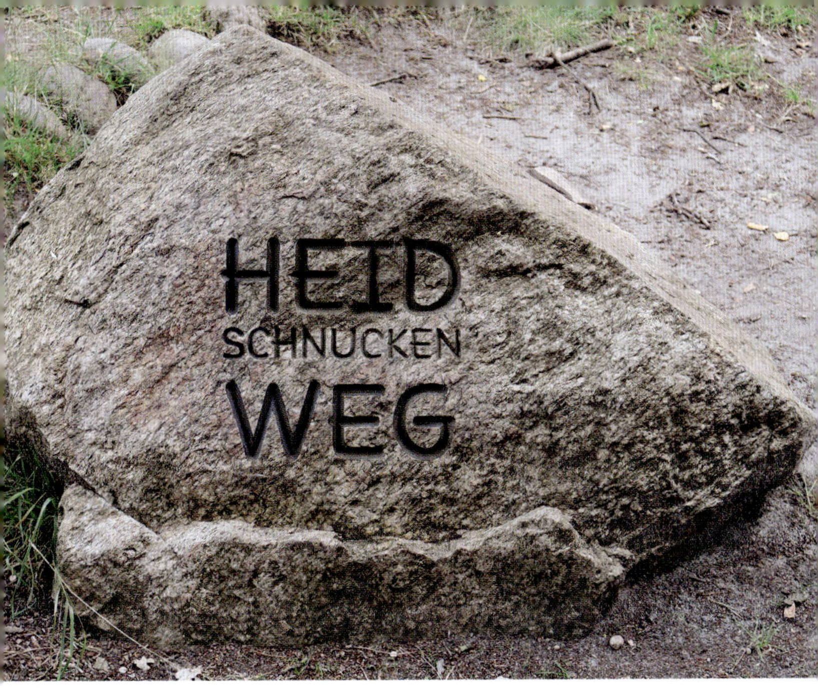

In der Fischbeker Heide weist dieser Findling unübersehbar auf den Heidschnuckenweg hin.

Bei ausgewiesenen Stempelstationen (Touristinfos oder vielen Unterkünften) lässt man sich die gelaufene Strecke per Stempel bestätigen und erhält für eine bestimmte Anzahl von Stempeln bei den Stempelstationen einen Heidschnuckenweg-Pin – in 3 Kategorien: Gold (14 Stempel), Silber (10) oder Bronze (6).
Website zum Herunterladen von Pass und Auflistung der Stempelstationen: lhg.me/11840.
Wie bei den anderen »Top Trails of Germany« und vielen weiteren Wanderwegen können auf dem Heidschnuckenweg auch digitale Wandernadeln gesammelt werden – mit einer App statt Sammelbuch oder Stempelkarte. Die kostenlose App »SummitLynx« läuft nur mit eingeschaltetem GPS und muss bei jedem der 3–5 Kontrollpunkte einer Etappe gestartet werden. Passend zum Begriff »Top Trails« für prämierte deutsche Fernwanderwege sind auch die Ehrungen englischsprachig: Je nach Anzahl der gewanderten Etappen wird man als Explorer, Adventurer oder Hero eingestuft und erhält dafür eine digitale Wanderurkunde sowie Kleinigkeiten wie Rabattgutscheine oder einen Buff.

1 Von Hamburg-Fischbek nach Buchholz

6.30 h | 26,5 km | ↗350 m | ↘310 m

Durch die Fischbeker Heide und den Regionalpark Rosengarten

Der Heidschnuckenweg beginnt in Hamburg-Fischbek, gut erreichbar mit der S-Bahn ab Hamburg. Gleich zu Beginn erwartet uns mit der Fischbeker Heide ein rund 770 Hektar großes Schutzgebiet mit FFH-Status. Von den zwei Dritteln Waldfläche dominieren Naturnadelwald mit Kiefern und Birken sowie weiter im Süden Fichtenmonokulturen. In der Endmoränenlandschaft der Schwarzen Berge im Regionalpark Rosengarten empfängt uns dichter Buchenwald. Wir passieren das Heidedorf Langenrehm mit Museumsstellmacherei, queren mehrere Autobahnen und erreichen Buchholz, wo es durch den Ortsteil Steinbeck und den Stadtwald ins Zentrum geht.

Ausgangspunkt: Wanderparkplatz in Hamburg-Fischbek (Navi: Scharlbarg, 21149 Hamburg).
Endpunkt: Bahnhof Buchholz, südlich davon Parkhaus Süd (2 € pro Tag; Navi: Rütgersstraße 33, 21244 Buchholz). Freies Parken in Buchholz u. a. am Ortseingang beim Schützenplatz nahe dem Mausoleum (Navi: Richard-Schmidt-Straße 17, 21244 Buchholz).
ÖPNV: Zum Ausgangspunkt mit Buslinie 240 vom HVV ab Hamburg-Neugraben (mehrmals stündlich) mit Haltestelle »Fischbeker Heuweg«. Von dort auf Heidschnuckenweg-Zubringer (gelbes H) südwärts (Scharlbarg) zum Wanderparkplatz ❶. Hamburg-Neugraben ist alle 10 – 20 Minuten per S-Bahn (S31) mit dem Zentrum von Hamburg verbunden. Der Endpunkt bietet am Bahnhof Buchholz mehrmals stündlich Bahnverbindungen Richtung Bremen und Hamburg (Metronom) oder stündlich mit der Heidebahn Richtung Hannover via Soltau. In der Sommersaison (15.7. – 15.10.) fährt Linie 3 des Ringbusses Heide-Shuttle mehrmals täglich von/nach Undeloh, heide-shuttle.de. Ansonsten von diesen Unterwegs-Haltestellen Busverbindungen mit Linien 4210, 4620, 4200 nach Buchholz, hvv.de.
Zuwege: 1. **Vom S-Bahnhof Harburg-Fischbek** (1,5 km): 50 m nach dem Bahnhof links in den Ohmsweg und an dessen Ende rechts in den Fischbeker Heuweg. Die Hauptstraße mit der Bushaltestelle Fischbeker Heuweg queren und geradeaus nach 600 m in SO-Richtung auf Ortsstraße Scharlbarg zum gleichnamigen Wanderparkplatz.
2. **Nach Nenndorf mit Übernachtungsgelegenheiten** (1,2 km): Am Ortseingang von Nenndorf – 400 m vor der Bushaltestelle Nenndorf-Emsener Berg ❻ – geradeaus weiter auf Langenrehmer Weg, am Ende links in Emsener Straße, nach 250 m rechts in Kirchenstraße und auf dieser in die Ortsmitte mit Übernachtungs-, Einkaufs- und Einkehrgelegenheit. Bushaltestelle Fischbeker Heuweg (0,6 km) sowie Nenndorf (Übernachtungsgelegenheiten, 1,2 km).
Anforderungen: Mittelschwere Wanderung über ordentliche Wege mit Wald- und Sandboden sowie Asphalt.
Einkehr: Langenrehm: Café Waldhuuske 0,6 km östlich vom Weg an K52 (Do.–So. 11–18 Uhr), Café der Museumsstellmacherei (nur So.); **Nenndorf** (1,2 km abseits): Pizzeria Nenndorf Rosengarten (Mo. Ruhetag), Restaurant zum Lindenhof (flexible Öffnungszeiten); Dibbersen (0,6 km abseits): Frommanns Landhotel & Privatbrauerei; **Buchholz:** große Auswahl.
Unterkunft: Langenrehm: Zimmer im Café Waldhuuske 0,6 km östlich vom

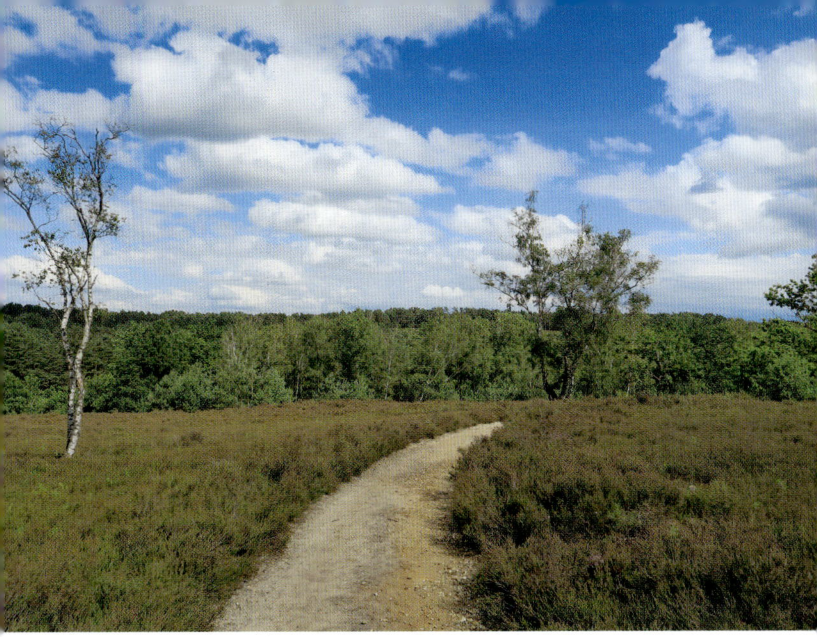

Die Fischbeker Heide gilt als größte Heidelandschaft Hamburgs.

Weg an K52, Rosengartenstraße 2, Tel. +49 4108 7316, waldhuuske.de; Reiterhof Lücking (Zimmer, Zelten, Strohlager, Grillhütte), Kabenweg 6, Tel. +49 151 569 30245, reiterhof-langenrehm.de. **Nenndorf:** Hotel Zum Lindenhof, Bremer Straße 55, Tel. +49 4108 7148, lindenhof-nenndorf.com. **Dibbersen:** Frommanns Landhotel & Privatbrauerei, Harburger Str. 8, Tel. +49 4181 2870, hotelfrommann.de. **Buchholz:** Flair Hotel zur Eiche (wd), Steinbecker Str. 111, Tel. +49 4181 2000-0, zur-eiche.de; Hotel & Landgasthof Hoheluft, Hoheluft 1, Tel. +49 4181 9211-0, landgasthof-hoheluft.de; Hotel ACHAT (0,5 km), Lindenstraße 21, Tel. +49 4181 9190, achat-hotels.com → Buchholz.

Einkauf: Hamburg-Fischbek: Discounter (Penny) nahe dem Start; Buchhholz; bei Variante Nenndorf (Ortsteil der Gemeinde Rosengarten).

Heideschleifen am Weg: Heideschleifen Fischbeker Heide (HS1) bei 1 sowie Schwarze Berge (HS2) kurz nach 4.

Information: Buchholz: Buchholz Marketing e.V., Adolfstraße 16, 21244 Buchholz in der Nordheide, Tel. +49 4181 928 8117, buchholz-erleben.de.

Tipps: In Langenrehm Museumsstellmacherei (nur So.).

Vom **Wanderparkplatz** 1 am Stadtrand von Fischbek führt uns der Heidschnuckenweg sofort südwärts hinaus aus der Zivilisation in weite Heidelandschaft (Buchholz 26 km), die stellenweise mit Birken durchsetzt ist. Diese werden immer wieder entfernt, um den Heidecharakter zu erhalten. Die Fischbeker Heide in der jetzigen Form ist eine junge Kulturlandschaft,

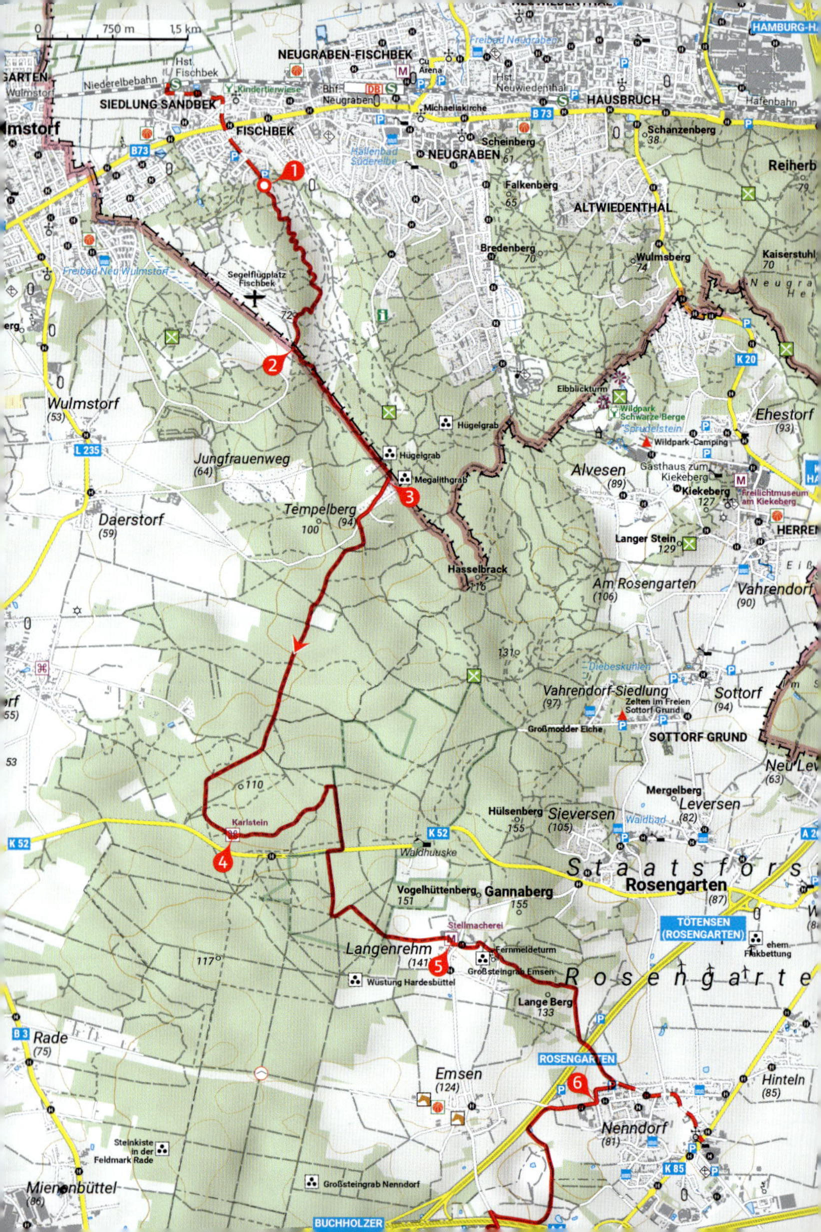

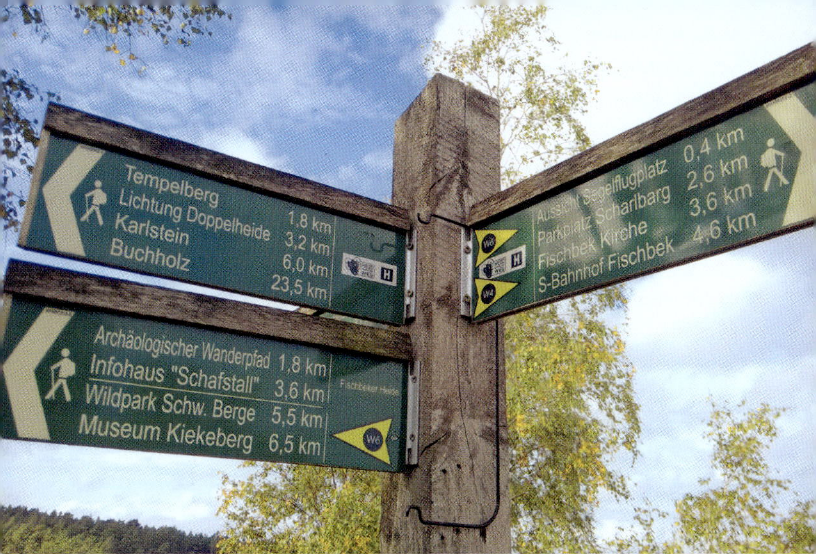

Der Heidschnuckenweg ist gut markiert – hier zwischen Fischbeker und Wulmstorfer Heide.

auf Betreiben der Umweltbehörde in den späten 1980er-Jahren eingerichtet durch Waldrodungen. Das Schutzgebiet wurde nach 2004 westlich vergrößert durch die ehemalige Militärfläche der Wulmstorfer Heide als Ausgleich für andere Eingriffe in die Natur. Zu den seltenen Arten der Fischbeker Heide gehören die (ungiftige) Schlingnatter und Zauneidechse sowie ornithologische Raritäten wie Schwarzspecht, Ziegenmelker und Heidelerche.

Bei einer Gabelung folgen wir dem Heidschnuckenweg rechts in den Wald und in Serpentinen aufwärts. Oben bei einer T-Kreuzung rechts und zu einer Kreuzung mit Bank am Anfang einer Hochfläche mit Gras-Landebahn für Segelflugzeuge. Wir folgen dem Heidschnuckenweg leicht links am Rand der Hochfläche mit dem 1910 angelegten Fischbeker Flugplatz zur Rechten. Nach 200 m nehmen wir bei einer Gabelung die rechte Variante, in Gehrichtung geradeaus. Bei einer Kreuzung mit **Infotafel über Heide-Renaturierung** ❷ führt der Heidschnuckenweg nach links (Buchholz 23,5 km). Es geht geradlinig rauf und runter über Moränenzüge am Südwestrand der Fischbeker Heide und der Landesgrenze Hamburg – Niedersachsen entlang, ehe der Heidschnuckenweg vor dem Dorf Tempelberg nach rechts abzweigt und uns vom Stadtstaat Hamburg in das Flächenland Niedersachsen führt. Nach 1 km erhebt sich links im Wald der 116 m hohe **Hasselbrack**, Hamburgs höchster Hügel.

Das überschaubare Dorf **Tempelberg** ❸ ist schnell durchquert, am Dorfende folgen wir der jetzt asphaltierten Straße geradeaus (Buchholz 21,5 km). Nach 100 m nehmen wir in einer Rechtskurve der Straße geradeaus den links neben einem Zaun leicht aufwärtsführenden Weg in den Wald. Vor einem Feld halten wir uns halb rechts und gehen so rechts an dem Feld vorbei, um links neben einer Bank wieder in den Wald einzutauchen. Bei Kreuzungen geradeaus, nach 2,3 km bei einer 5-fach-Kreuzung in einer Senke halb links leicht aufwärts (Buchholz 17,5 km) und nach 400 m zum **Karlstein** ❹. Eine Sage bringt den an jeder Seite rund 2 m messenden eiszeitlichen Findling aus rötlich-grauem Granit in Verbindung mit dem Frankenkönig Karl der Große.

Die Entstehung des Karlsteins erzählt eine nette Sage: Der Frankenkönig Karl soll während der strapaziösen Sachsenkriege an diesem Findling auf einer bewaldeten Anhöhe geruht, vorher aber bei Todesstrafe verboten haben, ihn zu wecken. Als die feindlichen Sachsen sich näherten, musste sein Gefolge handeln und schickte Karls Hund zu seinem Herrchen und ihrem Herrscher. Als Karl daraufhin erwachte, erkannte er die Gefahr und rief: »So sicher ich diesen Stein mit meinem Schwerte spalten werde, so gewiss werden wir die Sachsen besiegen.« Er sprang auf sein Pferd, setzte über den Stein, spaltete ihn mit einem Schlag und besiegte die Sachsen in der Lüneburger Heide.
Hufeisen des Pferdes und Hundetatzen im Stein sollen an diese Begebenheit erinnern. Tatsächlich sind diese Spuren jedoch chemisch-geologischen bzw. menschlichen Ursprungs: Die tiefen Rillen im Stein sind Folgen der Verwitterung, Hufeisensteine deuten auf einen Grenzstein, Richtplatz oder Kultstätte hin. Zu guter Letzt das historische Ergebnis der Schlacht: Aus der Sicht Karls des Großen gab es ein «Happy End« – der besiegte Sachsenführer Widukind ließ sich taufen. Sein Taufpate, Karl der Große, setzte sich neben der Christianisierung für eine effiziente Verwaltung ein und reformierte Bildung und Wirtschaft.

Vom Karlstein führt der Heidschnuckenweg abwärts und bei einer Kreuzung rechts (Buchholz 16 km) in südliche Richtung zur Hauptstraße (Rosengartenstraße), der wir 100 m nach rechts folgen, um dann links den südwärts führenden Forstweg zu nehmen. Nach 0,6 km bei einer Kreuzung links in den Waldweg und nach 50 m links in den asphaltierten Weg, den wir nach 150 m bei einer Holzbank rechts verlassen. 100 m nach einem Wanderparkplatz führt uns halb links ein Grasweg auf den Fernmeldeturm Rosengarten zu, der

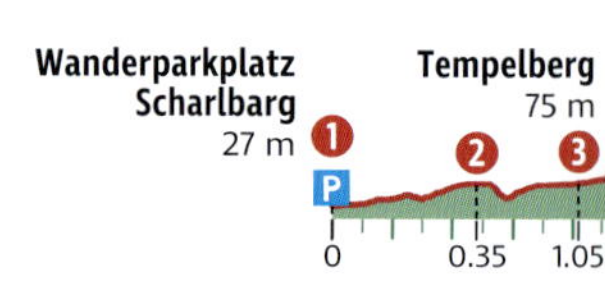

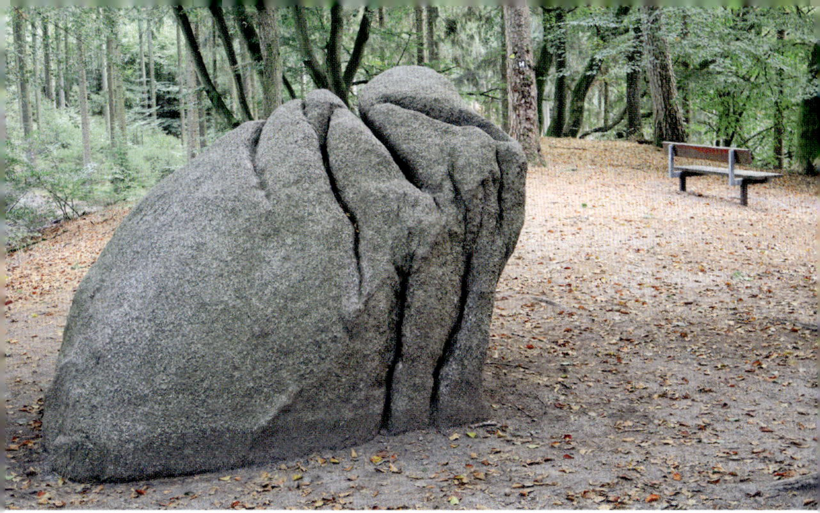

Die Spalten im Karlstein entstanden nicht durch Schwerthiebe, sondern Verwitterung.

in den 1990er-Jahren mit einer Höhe von 161 m an dieser Stelle errichtet wurde, um das 150 m hoch gelegene Langenrehm, das als das höchstgelegene Dorf der norddeutschen Tiefebene gilt, zu errreichen. Die Turmspitze wurde 2019 durch eine technische Umstellung um 22 m gekappt.

In **Langenrehm** **5** empfängt uns links ein etwas kurios anmutender Reiterhof mit Sammelsurium zu Geschichten und Märchen sowie einer großen Dampflok und einem markanten Wegweiser-Pfahl mit Richtungsschildern zu den Geburtsorten bekannter Kinder- und Jugendschriftsteller. Rechts gegenüber zeigt die Museumsstellmacherei als Außenstelle des Freilichtmuseums Am Kiekeberg die Handwerkstradition vor rund 100 Jahren am Beispiel des kombinierten Wohn-/Werkstatthauses der Familie Peters.

Bei der Dorfstraße 20 m nach links und beim Bushäuschen der Gegenfahrbahn rechts auf dem Pfad zwischen Zäunen weiter (Buchholz 13 km). Der Heidschnuckenweg umgeht nach wenigen Minuten links den Fernmeldeturm und führt dahinter bei einer Bank halb links auf einem Pfad in den Wald.

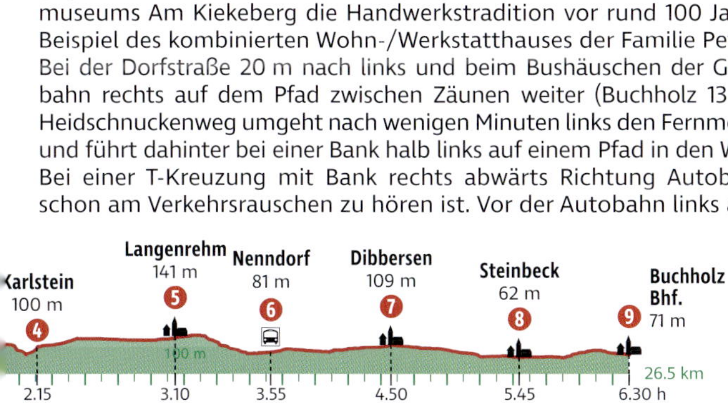

Bei einer T-Kreuzung mit Bank rechts abwärts Richtung Autobahn, die schon am Verkehrsrauschen zu hören ist. Vor der Autobahn links auf Land-

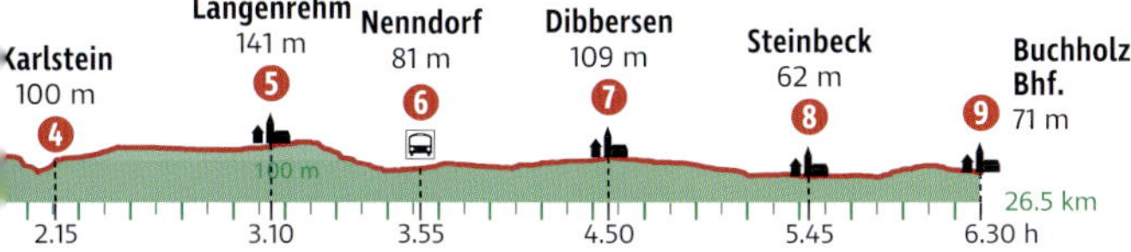

straße Langenrehmer Weg über die Autobahn und nach Nenndorf, wo wir am Ortsanfang zweimal rechts abbiegen (Tannenbusch, Auf dem Westendorfe) – für einen Abstecher nach Nenndorf ginge es geradeaus auf dem Langenrehmer Weg.

Bei der Kreuzung mit der Emsener Straße und **Bushaltestelle** in **Nenndorf 6** folgen wir der Straße nach rechts und verlassen sie vor der Autobahn links. Am Asphaltende führt der Heidschnuckenweg durch eine Linkskurve und über einen Feldweg, ehe bei einer Bank wieder eine As-

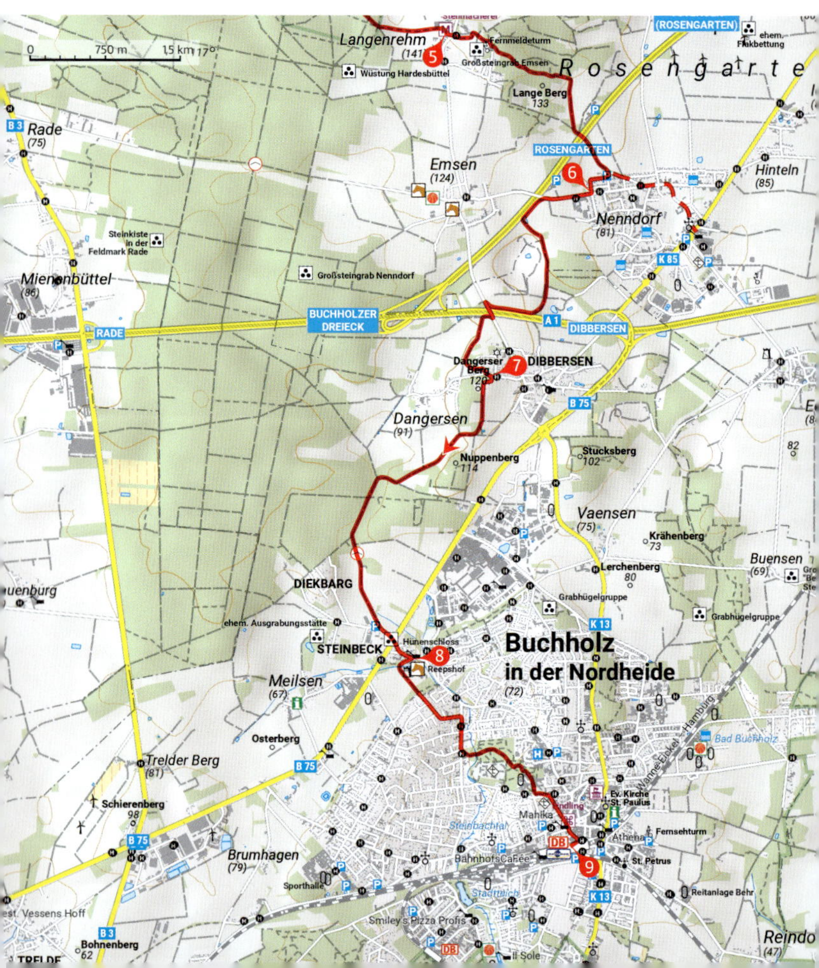

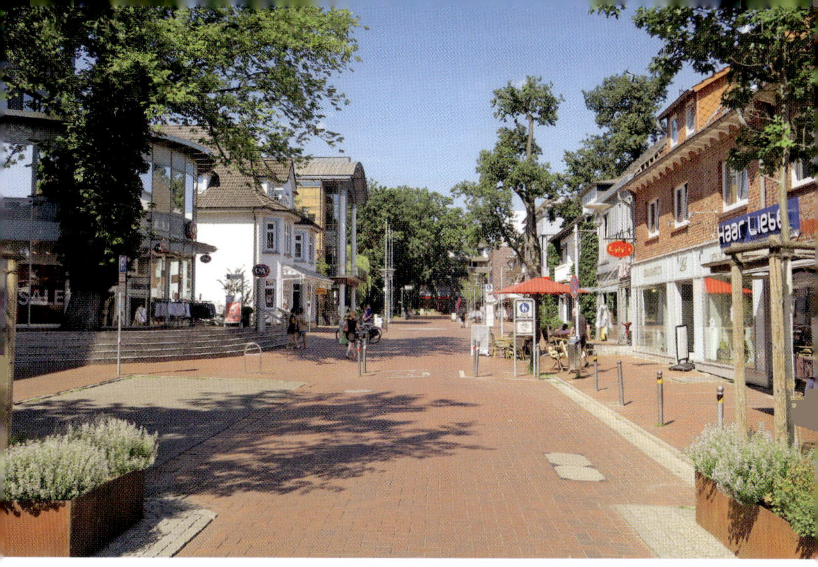

Die Neue Straße verbindet das Zentrum von Buchholz mit dem Bahnhof.

phaltstraße erreicht wird, der wir geradeaus leicht aufwärts folgen – zu beiden Seiten wird in tiefen Gruben Sand abgebaut. Bei der folgenden Kreuzung geradeaus (Buchholz 8,5 km) und nach 80 m – vor der Abfahrt Richtung Tunnel – rechts zwischen Findlingen auf den Feldweg, der ein kurzes Stück an der Autobahn entlang und an eine Straße heranführt (Emsener Straße), der wir links über die Autobahn folgen.

Nach der Autobahn halten wir uns rechts und nehmen nach 100 m links den Spurweg zwischen Feldern. Links sind die Windräder der 1830 erbauten Dibbersener Holländer-Windmühle erkennbar, heute für kulturelle Veranstaltungen und Trauungen genutzt.

Nach 500 m biegen wir bei einer Kreuzung mit Bank rechts ab und nähern uns Dibbersen, wo wir bei einer T-Kreuzung links der Dangersener Straße 30 m folgen zu einer Bank mit Bushaltestelle und der Möglichkeit eines Abstechers nach **Dibbersen** 7 mit Übernachtungsmöglichkeit. Der Heidschnuckenweg zweigt nach rechts ab (Buchholz 6,5 km). Der Weg führt in südlicher Richtung aus dem Ort heraus mit dem bewaldeten Dangerser Berg (120 m) zur Rechten. Bei einer Kreuzung am Waldrand zweigt der Heidschnuckenweg rechts ab. Wir folgen dem Schotterweg, ohne Abzweigungen zu beachten, und erreichen eine T-Kreuzung mit überdachter Bank, wo wir uns links halten (Buchholz 4,9 km).

Im Wald gehen wir bei einer Gabelung links und passieren kurz darauf eine Schutzhütte mit Tisch und Bank. Kurz vor Steinbeck treffen wir auf die Dan-

An den jeweiligen Start- und Zielorten informieren Panele über den Etappenverlauf.

gerser Straße und folgen ihr links über die Hauptstraße in den Buchholzer Vorort **Steinbeck** 8, wo wir beim Hotel Eiche rechts in die Steinbecker Straße biegen (Buchholz 2,9 km) und dem Heidschnuckenweg durch eine Linkskurve folgen vorbei an einer Kriegsgräberstätte, die 22 Soldaten und Polizisten gedenkt, die 1945 bei der Verteidigung Steinbecks gegen die vorrückenden Briten fielen.
Wir erreichen wieder die Häuser von Steinbeck und biegen bei einer T-Kreuzung nach rechts (Steinbecker Mühlenweg). 50 m nach dem Ortsschild Buchholz bzw. 30 m vor der Bushaltestelle Stöversweg links auf Waldweg, bei der folgenden T-Kreuzung links und auf einer Holzbrücke über den Steinbach. Vorbei an einem Hydranten geht es geradeaus durch den Stadtwald von Buchholz, in dem das H deutlich den richtigen Weg zeigt. Der Heidschnuckenweg verlässt den Wald an dessen Südostende bei einem Parkplatz, wo wir geradeaus gehen (Bahnhof 1 km) und dem Weg im Park durch die Linkskurve folgen, um 30 m danach bei dem kleinen Backsteinhäuschen mit Säulen – einem Mausoleum – rechts den Park zu verlassen und der kopfsteingepflasterten Friedhofstraße nach rechts zu folgen. Bei einer Kreuzung vor einer Immobilienagentur folgen wir der Neuen Straße geradeaus zum **Bahnhof Buchholz** 9, während es halb links entlang der Fußgängerzone zum Zentrum von Buchholz geht.

i Das säulenverzierte Backsteinhäuschen des Mausoleums im Stadtpark wurde 1935 nach Plänen des Hamburger Architekten Herbert Schneider für den Hamburger Kaffee-Magnaten Richard Schmidt errichtet. Richard Schmidt war nach dem Ende des Ersten Weltkriegs nach Buchholz gezogen und hatte den heutigen Stadtwald erworben. Er förderte das Vereinsleben der damals gerade mal 2700 Einwohner zählenden Gemeinde. Zwei Jahre nach seinem Tod im Mai 1933 wurde sein Leichnam in dem neu erbauten Mausoleum zur endgültigen Ruhe umgebettet.
Seine 1944 verstorbene Frau verfügte per Testament, dass neben einer Villa und dem Vermögen von 100.000 Reichsmark (heute umgerechnet rund 370.000 €) große Teile an die Gemeinde übertragen werden sollten – mit Auflagen: Auf dem Grundstück sollte ein Kreis- oder Krankenhaus entstehen, benannt nach Richard Schmidt.
Tatsächlich verlief es anders: Der Kreis wählte nicht Buchholz, sondern Winsen als Hauptsitz, und ein Krankenhaus wurde auf einem eigenen Grundstück neben dem Park erbaut. Nach dem Zweiten Weltkrieg erwarb die Stadt Buchholz das Grundstück und 1964 auch das kurz darauf sanierte Mausoleum von Schmidts Erben. Zwar nicht das Krankenhaus, aber dafür die vom Park zum Zentrum führende Straße wurde nach Richard Schmidt benannt.

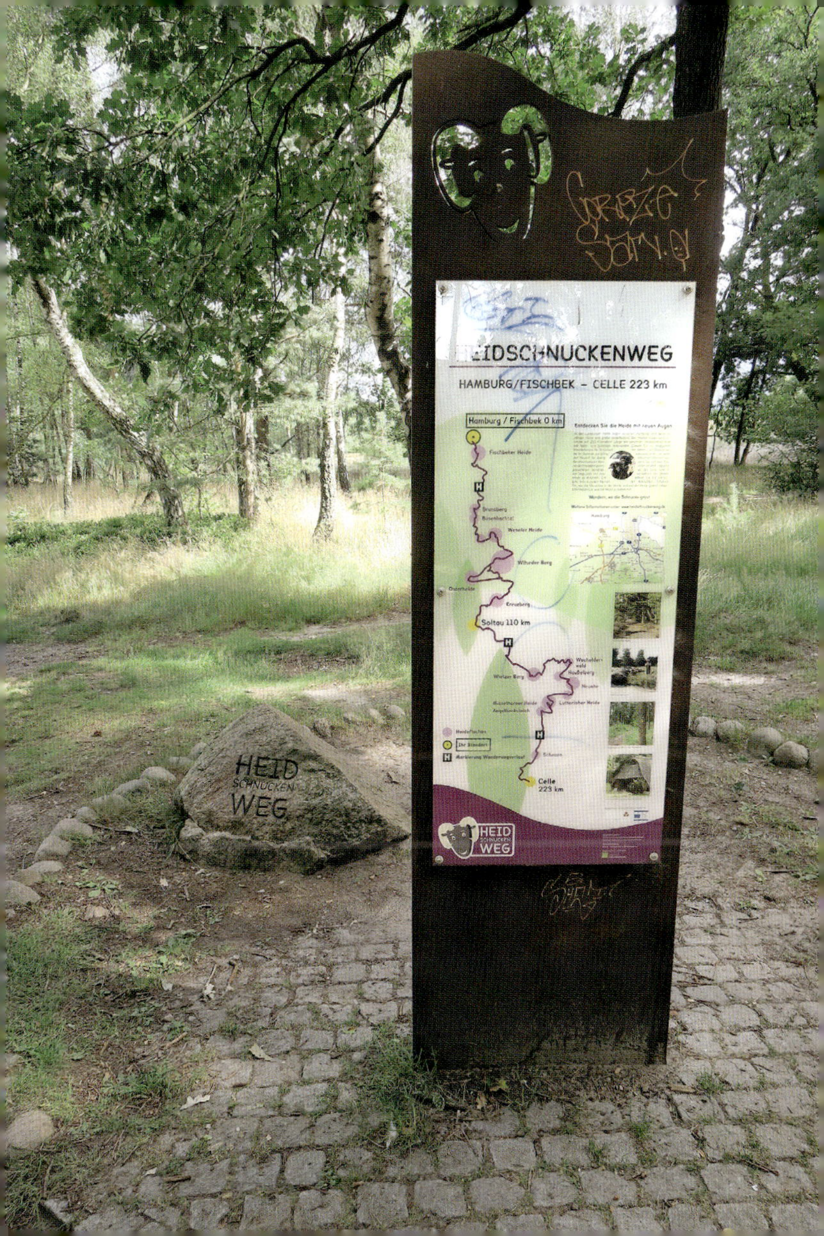
HAMBURG/FISCHBEK – CELLE 223 km
Hamburg / Fischbek 0 km
Soltau 110 km
Celle
223 km
HEID
SCHNUCKEN
WEG
HEID
SCHNUCKEN
WEG

2 Von Buchholz nach Handeloh

4.00 h	14,7 km
↗160 m	↘180 m

Über den Brunsberg und durch das Büsenbachtal

Waldwege und Wacholderwald sowie schöne Heideflächen mit Birken am Brunsberg und Büsenbachtal bietet die zweite Etappe des Heidschnuckenwegs, 2014 vom Wandermagazin bzw. seinen Lesern wegen der »märchenhaft schönen Naturkulisse« als »Deutschlands schönster Wanderweg« ausgezeichnet. Vor dem höchsten Punkt Brunsberg geht es durch die 10 Meter tiefe bewaldete Höllenschlucht, weshalb diese Etappe mit dem griffigen Slogan »Hölle und Himmel so nah« beworben wird. Kurz nach dem Büsenbachtal mit dem Aussichtsberg Pferdekopf wandern wir durch Wald zum Zielpunkt, dem Heidedorf Handeloh.

Ausgangspunkt: Bahnhof Buchholz, südlich davon Parkhaus Süd (2 € pro Tag; Navi: Rütgersstraße 33, 21244 Buchholz). Freies Parken an der Bahnhaltestelle von Suerhop (Navi: An der Soltauer Bahn/Suerhop, 21244 Buchholz).
Endpunkt: Handeloh mit Parkplatz am Bahnhof (Navi: Bahnhofstraße 10, 21256 Handeloh).
ÖPNV: Zwischen dem Start- und Endpunkt verkehrt stündlich die Heidebahn, die unterwegs in Suerhop ❷ sowie mit Zubringer am Büsenbachtal (→ Zuwege) hält. Die Bahnhöfe Buchholz ❶ und mit Zubringer Sprötze (→ Zuwege) bieten mehrmals stündlich Bahnverbindungen Richtung Bremen und Hamburg.
Zuwege: 1. **Zubringer von/nach Sprötze** (1,8 km) mit Bahnhof über den Brunsbergweg zum/vom Brunsberg.
2. **Zubringer nach/von Holm-Seppensen** (1,6 km) mit Bahnhof und Einkaufsgelegenheit. Beim Ortsschild von Holm-Seppensen dem Lohbergenweg geradeaus ostwärts in den Ort folgen.
3. **Zubringer nach Büsenbachtal** (1 km) mit Bahnhof und Einkehrgelegenheit: Nach dem Pferdekopf führt der Zuweg südlich vom Bach nach Büsenbach.
4. Kurz vor dem Bahnhof **Handeloh** führt nach rechts ein Pfad direkt in die Dorfmitte von Handeloh (0,4 km).
Anforderungen: Leicht. Überwiegend Wald- und Sandwege sowie kurzzeitig kleine Straßen.
Einkehr: Büsenbachtal/Wörme (0,8 km abseits): Café-Restaurant Der Schafstall (täglich ab 12 Uhr), cafeschafstall.de; **Handeloh:** Restaurants am Bahnhof.
Unterkunft: Handeloh: Hotel-Restaurant Fuchs, Hauptstraße 35, Tel. +49 4188 414, hotel-restaurant-fuchs.de.
Einkauf: Buchholz mit Supermarkt und Bäcker an der Nordseite des Bahnhofs, Holm-Seppensen (1,5 km vom Weg), Handeloh mit Supermarkt.
Variante: Abkürzung möglich nach der Höllenschlucht ❸ durch linke (östliche) Umgehung des Brunsbergs (1,6 km kürzer).
Heideschleifen am Weg: Heideschleife Büsenbachtal (HS3).
Information: Bürger- und Verkehrsverein Handeloh e. V., Am Markt 1, Tel. +49 4188 891 011, handeloh-tourismus.de.
Tipp: Südlich von Handeloh vermittelt der 1,2 km lange Planetenlehrpfad des Arbeitskreises Astronomie Handeloh einen Eindruck von den Entfernungen der Himmelskörper zueinander in unserem Sonnensystem im Maßstab 1:5 Milliarden. Jeder Schritt entspricht etwa 4 Mio. km: Der Pfad beginnt beim 3 m hohen Obelisken mit der 28 cm großen Sonnenkugel, astronomie-handeloh.de.

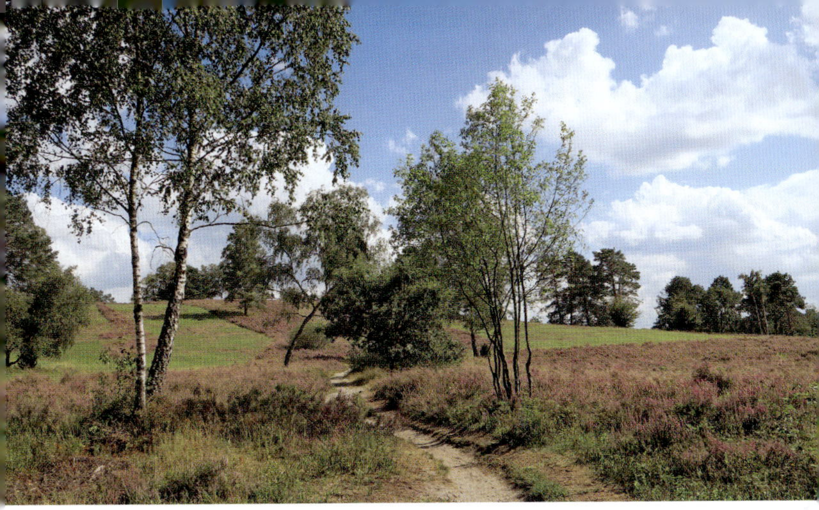

Anstieg auf den Pferdekopf zur Zeit der Heideblüte.

Wir queren beim **Bahnhof Buchholz ❶** die Gleise über die Fußgängerbrücke und halten uns an der Südseite des Bahnhofs rechts, links vorbei an dem Parkhaus. 20 m nach der Linkskurve der Straße rechts in die Breslauer Straße, links vorbei an dem alten denkmalgeschützten Ringlokschuppen, zu einem Komplex mit 35 modernen Wohnungen umgebaut (seit 2019). In einer Linkskurve der Breslauer Straße folgen wir geradeaus dem Pfad zwischen Zäunen, der uns in einen Park führt, dort rechts vorbei am Stadtteich und weiter geradeaus auf dem Waldpfad. Der Heidschnuckenweg folgt in einer großen Linkskurve der Heidebahn aus Buchholz heraus. Vor der **Bahnhaltestelle Suerhop ❷** queren wir rechts die Bahngleise und dahinter schräg links den Parkplatz. Der Heidschnuckenweg verläuft in südöstlicher Richtung durch Wald rechts der Heidebahn – mit etwa 20 m Abstand, ehe er nach 1,2 km nach rechts schwenkt in südwestliche Richtung durch Wald. Bei einer Kreuzung mit dem Ahornweg gehen wir geradeaus und ignorieren Abzweigungen. 100 m nach einer Rechtskurve steigen wir links hinunter in die dunkle **Höllenschlucht ❸**. Dieses 10 m tiefe Trockental ist geprägt von durch Niederschläge verursachten tiefen Erosionsrinnen.

Der Heidschnuckenweg führt rechts durch die Schlucht (Brunsberg 1,1 km, Handeloh 10 km) zu einer Gabelung und dort links aufwärts. Bei Kreuzungen mit einer Bank und kurz darauf einer mit Schlagbaum gehen wir geradeaus und erreichen inmitten offener Heidefläche den **Brunsberg ❹**, die höchste Erhebung des Moränenzugs südlich von Buchholz (129 m).

Aussichtsreich führt der Heidschnuckenweg links zunächst über den Kamm und dann abwärts, um wieder in den Wald einzutauchen, wo wir bei

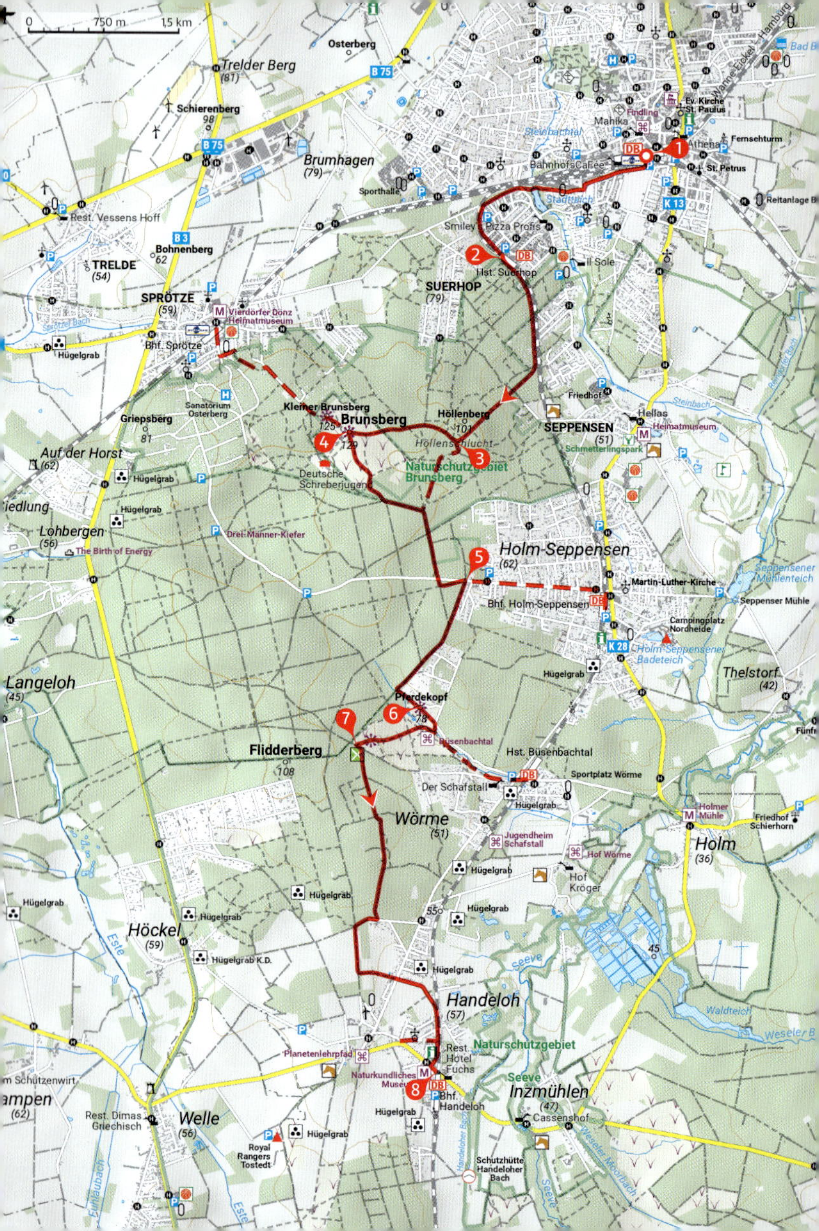

0
750 m
1,5 km
Osterberg
Trelder Berg
Schierenberg
Brumhagen
Trelde
Bohnenberg
Sprötze
Bhf. Sprötze
Vierdorfer Dönz Heimatmuseum
Rest. Vessens Hoff
Sanatorium Osterberg
Griepsberg
Auf der Horst
Kleiner Brunsberg
Brunsberg
Höllenberg
Höllenschlucht
Naturschutzgebiet Brunsberg
Deutsche Schreberjugend
Suerhop
Hst. Suerhop
Smiley's Pizza Profis
Il Sole
Stadtteich
Steinbachtal
BahnhofsCafée
Mahika
Findling
Ev. Kirche St. Paulus
Athena
Fernsehturm
St. Petrus
Reitanlage
Sporthalle
Seppensen
Hellas
Heimatmuseum
Schmetterlingspark
Friedhof
Steinbach
Lohbergen
The Birth of Energy
Drei-Männer-Kiefer
Hügelgrab
Holm-Seppensen
Bhf. Holm-Seppensen
Martin-Luther-Kirche
Seppensener Mühlenteich
Seppenser Mühle
Campingplatz Nordheide
Holm-Seppensener Badeteich
Thelstorf
Langeloh
Pferdekopf
Fliddderberg
Büsenbachtal
Hst. Büsenbachtal
Der Schafstall
Sportplatz Wörme
Wörme
Jugendheim Schafstall
Hof Wörme
Hof Kröger
Holmer Mühle
Friedhof Schierhorn
Holm
Höckel
Hügelgrab K.D.
Este
Seeve
Waldteich
Handeloh
Naturschutzgebiet Seeve
Rest. Hotel Fuchs
Planetenlehrpfad
Naturkundliches Museum
Bhf. Handeloh
Inzmühlen
Cassenshof
Weseler Moorbach
Schutzhütte Handeloher Bach
Schützenwirt
Rest. Dimas Griechisch
Welle
Royal Rangers Tostedt

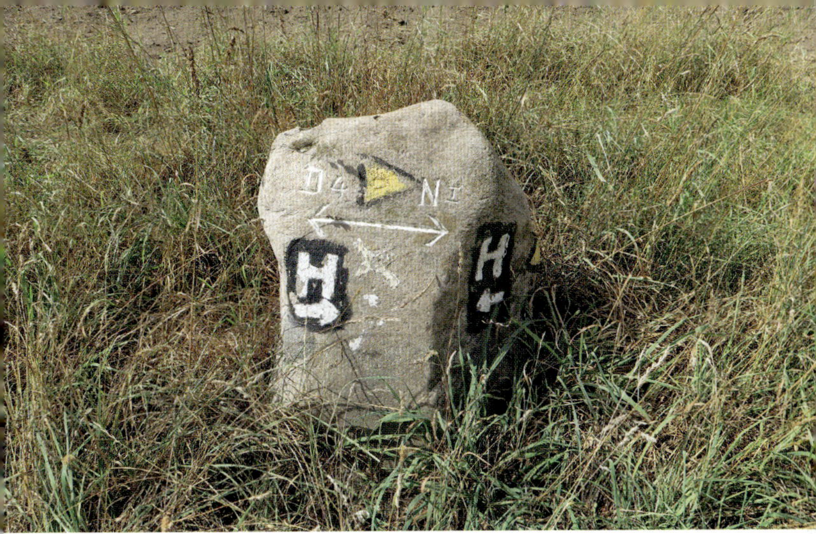

Neben dem weißen »H« auf schwarzem Grund weisen viele andere Markierungen den Weg.

der ersten Kreuzung links und bei der folgenden rechts gehen, leicht abwärts durch Wald und weiter geradeaus. 50 m nach einer Straßenquerung halten wir uns links und erreichen nach 250 m den Ortsbeginn von **Holm-Seppensen** ❺, wo der Heidschnuckenweg rechts in den Wald abzweigt. Ein 30 m langer Holzsteg führt über die Senke eines Waldmoors. Nach 1 km durch Wald zweigt 10 m vor einer kleinen Brücke der Heidschnuckenweg zusammen mit dem Freudenthalweg nach links ab (Handeloh 5.5 km) und führt aus dem Wald heraus aufwärts auf den **Pferdekopf** ❻, der sich aussichtsreich über einer Heidefläche erhebt (78 m).

i *Vor rund 200 Jahren erstreckte sich zwischen Brunsberg und Büsenbachtal wie auch auf anderen Flächen der Region eine großflächige Heidelandschaft, die im 19. Jh. aufgeforstet wurde, sodass nur mosaikartig einige kleine Heideflächen wie das Büsenbachtal oder der Brunsberg erhalten blieben. Ein Reisebericht von 1804 (Küttner) beschreibt die Gegend wie folgt: »Ich ... dachte nicht, dass das Land gar so elend wäre. ... Der Boden dieses Geländes ist eine ungeheure Sandwüste, die von Natur ganz nackt ist oder Heidekraut oder stechende dürre Äste hervorbringt«.*

Vom Pferdekopf steigen wir rechts ab und queren auf einem Holzbohlenweg den Büsenbach, ehe der Heidschnuckenweg rechts über die offene Heidefläche führt. Am Ende des Holzbohlenweges zweigt nach links der Zuweg

Holzhackerskulptur vor der »Kamel-Oase«.

zum Bahnhof Büsenbachtal ab (1,2 km). Optional können wir – kürzer und steiler – am Pferdekopf rechts absteigen und über den Holzbohlenweg das Büsenbachtal queren. Am südlichen Ende des Holzbohlenweges folgen wir dem Heidschnuckenweg leicht links aufwärts über die offene Heidefläche.

i Etwa 1 km weiter unterhalb verschwindet der Büsenbach bei einem Parkplatz und taucht 400 m östlich der Bahnlinie kurz vor der Mündung in die Seeve wieder auf, sozusagen als natürliche Bahnunterführung. Der Grund für das Abtauchen des Baches: In sandigen Schichten entlang der Bahnlinie versickert das Wasser, während der Untergrund anderswo aus wasserundurchlässigen Schichten aus Lehm, Ton oder Ortstein gebildet wird, in die das Wasser nicht eindringen kann.

Kurz vor dem Waldrand laden Tisch und Bänke sowie **Infotafeln** 7 zur Rast ein, ehe wir uns links halten (Handeloh 4 km) und nach 30 m dem Heidschnuckenweg rechts in den Wald folgen – immer geradeaus. Nach 10 Minuten im Wald gehen wir bei mehreren Abzweigungen weiter geradeaus in südliche Richtung und rechts am Trafohäuschen vorbei. Wir erreichen vor Häusern eine T-Kreuzung und folgen dem Schotterweg nach rechts, vorbei an einer hölzernen Holzhackerskulptur und der »Kamel-Oase«, wo die Trampeltiere allerdings nicht zu sehen sind. Kurz darauf führt bei einer Kreuzung der Heidschnuckenweg nach links (Handeloh 2 km) – vorbei an einem Trafohäuschen – und nach 400 m noch einmal nach links, in lichten Wald. Nach einer Straßenquerung folgen wir geradeaus dem Mergelweg, der sich bald der Bahnlinie annähert, und bleiben bei einem Holzpfahl auf dem Weg neben den Gleisen, während die Kirchenstraße nach rechts führt. Bei einer roten Bank zweigt rechts neben dem Zaun ein (nicht markierter) Zubringer in die Dorfmitte von Handeloh (400 m), während der Heidschnuckenweg geradeaus rechts neben der Bahnstrecke zum Bahnhof von **Handeloh** 8 führt. Nach 170 m zweigt kurz vor dem Etappenende in Handeloh rechts ein Trampelpfad steil aufwärts ab zu einer Einkaufsgelegenheit (Edeka).

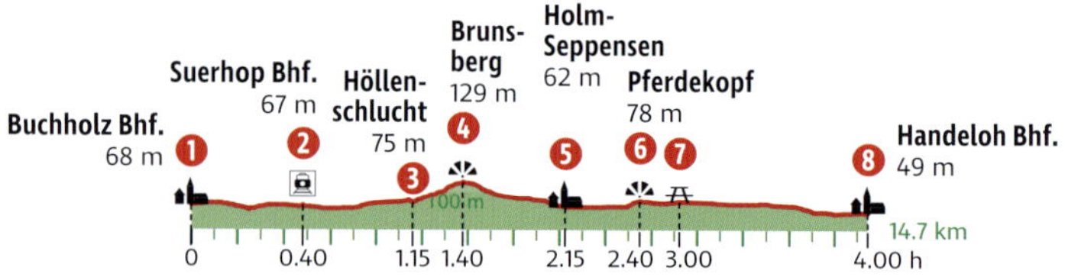

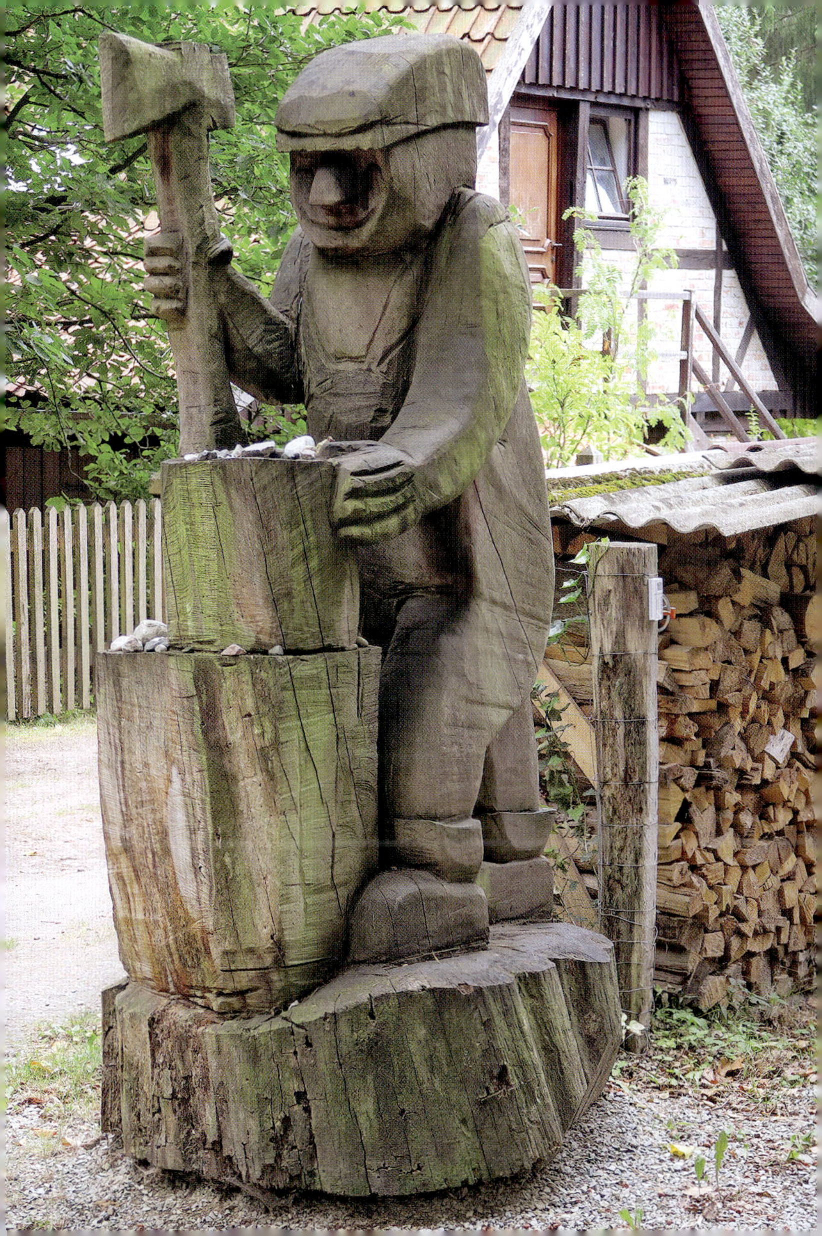

3 Von Handeloh nach Undeloh

4.30 h	16,9 km
↗ 170 m	↘ 140 m

Durch die Heide mit vorgeschichtlichen Steinsetzungen

Vom Heidedorf Handeloh führt der Heidschnuckenweg in das ursprüngliche Tal der Seeve mit Bruchwald, ehe wir auf Forst- und Feldwegen nach Wesel wandern mit seinem »Hexenhaus« genannten alten Backhaus. Kurz danach erwartet uns eine offene Heidefläche, wo ein Abstecher möglich ist zu den Pastorenteichen, ehe wir Undeloh erreichen, das nördliche Tor zur Lüneburger Heide mit seiner 800 Jahre alten Dorfkirche und dem Heide-ErlebnisZentrum.

Ausgangspunkt: Bahnhof Handeloh mit Parkplatz (Navi: Bahnhofstraße, 21256 Handeloh).
Endpunkt: Undeloh beim Heide-ErlebnisZentrum mit gegenüber gebührenpflichtigem Parkplatz des VNP (Navi: Wilseder Straße 23, 21274 Wilsede).
ÖPNV: Am Ausgangspunkt Handeloh täglich stündlich Verbindungen mit der Heidebahn Richtung Buchholz und Hannover via Soltau. Der Endpunkt Undeloh ist schwieriger erreichbar: In der Sommersaison (15.7.–15.10.) wird Undeloh-Osterdiecksfeld von 2 Linien des Ringbusses Heide-Shuttle mehrmals täglich bedient: Linie 3 von/nach Buchholz und Linie 2 von Tostedt und Handeloh; zurück nach Tostedt über Bispingen und Wintermoor, heide-shuttle.de. Ansonsten sehr seltene (Umsteige-)Busverbindungen zu größeren Orten, hvv.de.
Anforderungen: Leichte Wanderung über gut ausgebaute und befestigte Wege.
Einkehr: Wesel (Mo. und Di. teilw. Ruhetag), große Auswahl an Restaurants und Cafés in Undeloh.
Unterkunft: Wesel: Hotel Hillmers Hoff, Weseler DorfStr. 16, Tel. +49 4189 818374, pension-hillmershoff.de; Gasthof Heidelust, Weseler Dorfstraße 9, Tel. +49 4189 272, heidelust.de; **Undeloh:** Große Auswahl an Unterkünften, z. B. Undeloher Hof, Wilseder Straße 22, Tel. +49 4189 457, undeloher-hof.de; Landhaus Heideschmiede (wd, 0,5 km), Heimbucher Str. 27, Tel. +49 4189 8131-0, landhaus-heideschmiede.de; Hotel Heiderose, Wilseder Str. 13, Tel. +49 4189 311; hotel-heiderose.de; Landhaus Calluna, Heimbucher Str. 36, Tel. +49 4189 593, landhaus-calluna.de.
Einkauf: Supermarkt in Handeloh.
Varianten: 1. **Abkürzung über Wehlen** (0,3 km kürzer): Vor dem Holzsteig über die Seeve ❷ rechts, an der Seeve entlang und in großer Linkskurve nach Wehlen, dort geradeaus auf dem Wehlener Weg, auf den vor dem Naturistenweg der Heidschnuckenweg einmündet. 2. In der Weseler Heide kurzer **Abstecher** (200 m einfach) **zum Pastorenteich**.
Heideschleifen am Weg: Heideschleifen Töps (HS4) und Radenbachtal (HS5).
Information: Verkehrsverein Undeloh & Umgebung e. V., Zur Dorfeiche 10, Tel. +49 4189 333, undeloh.de.
Tipps: Heide-ErlebnisZentrum in Undeloh; Ausstellung zum Naturpark (Eintritt frei) des VNP mit Café im Süden von Undeloh, Wilseder Straße 23, heide-erlebniszentrum.de.

Am **Bahnhof Handeloh** ❶ südlich der Ortsmitte wechseln wir auf die östliche Bahnseite und nehmen den hinter dem Bahnübergang rechts abzweigenden Hubertusweg in südliche Richtung entlang der Bahngleise. Nach

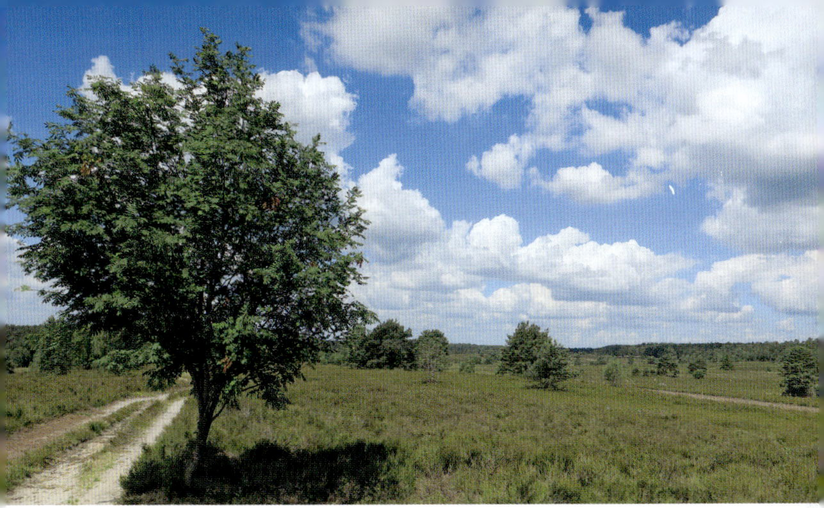

Die Weseler Heide wird von einem 6 km langen Lehrweg erschlossen.

1 km folgen wir am Ende eines Feldes dem Spurweg nach links und queren kurz darauf bei einem Picknicktisch den Handeloher Bach, bleiben auf dessen linker Seite und passieren eine Schutzhütte. Links ist in der Ferne das moderne Stallgebäude einer (Bio-)Hühnerfarm erkennbar. Bei einer Kreuzung mit einem Trafokasten verläuft der Heidschnuckenweg geradeaus (Undeloh 15 km). Ebenso bei der folgenden Kreuzung mit Picknicktisch (Undeloh 14,5 km). Nach einer Rechtskurve kurz am Waldrand entlang und dann in den Wald des Seevetals.

Nach einer Schutzhütte quert der Heidschnuckenweg die **Seeve** über eine **Brücke** 2, an die sich ein Holzbohlenweg anschließt. Bei einer Bank folgen wir einem breiteren (Forst-)Weg nach links und verlassen diesen nach 0,5 km, 20 m hinter einer weiteren Bank, nach rechts. Nach einer längeren Geradeaus-Passage durch Wald erreicht der Heidschnuckenweg den asphaltierten Wehlener Weg, dem wir nach links folgen Richtung Wesel und Undeloh (9,5 km). Nach rechts führt die Straße nach Wehlen (»Weiterfahrt nur mit Sondergenehmigung«). Unterwegs ignorieren wir eine Abzweigung nach rechts – einen 2012 von FKK-Fans eingerichteten 10 km langen, mit

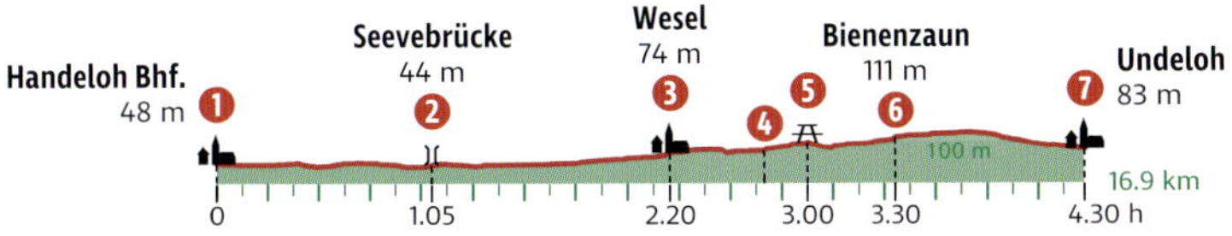

einem »N« gekennzeichneten Naturisten-Rundweg, der von der Gemeinde Undeloh gegen Widerstände gerichtlich durchgesetzt wurde.

*Der **Freikörperkultur** verdankt die Region den ersten Tourismusboom. Robert Lauer, Herausgeber des seinerzeit beliebten monatlichen Magazins »Lachendes Leben«, betrieb bei Egestorf auf dem Gelände des heutigen Barfußparks von 1926 bis 1939 ein Sonnenbad mit dem Namen »Jungborn Sonnenland«, das Besucher aus dem In- und Ausland in die nach damaligen Angaben schönste Region der Lüneburger Heide lockte, wodurch die ersten Beherbergungsbetriebe eröffnet wurden.*

In **Wesel** ❸ halten wir uns links, vorbei an einer Bushaltestelle, und gleich danach rechts (Am Höllenhoff), vorbei am Spielplatz mit Picknicktisch sowie dem »Hexenhaus«. Das im 18. Jh. zunächst als Back-/Rauchhaus erbaute Gebäude verdankt seinen Namen der verwinkelten Bauweise, die an ein Hexenhaus erinnert. Heute ist das am Ortsrand Höllenhoff gelegene Hexenhaus Hochzeitstätte der Gemeinde Hanstedt.

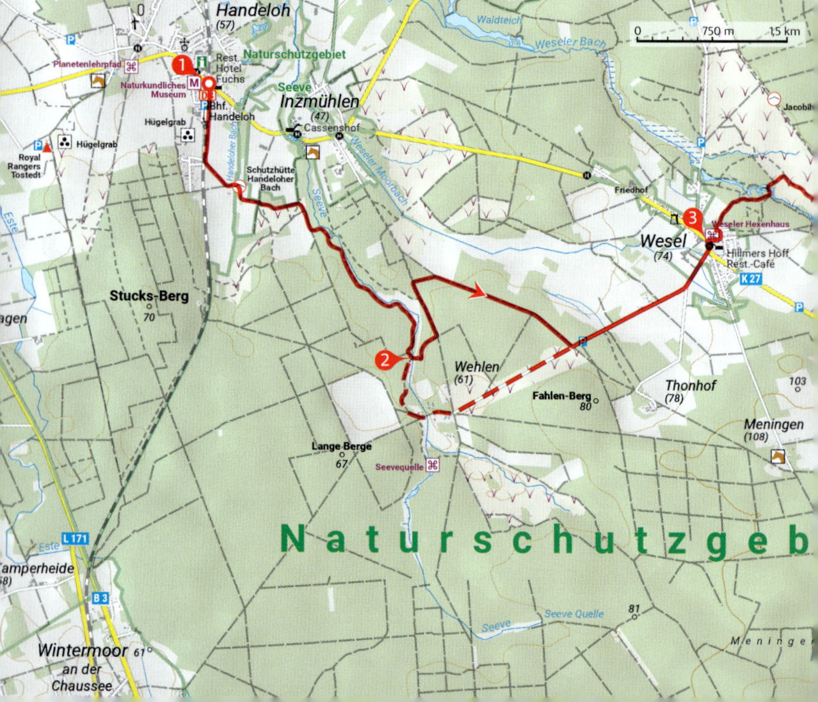

Nach dem Handeloher Bach verläuft der Heidschnuckenweg auf einem schmalen Pfad.

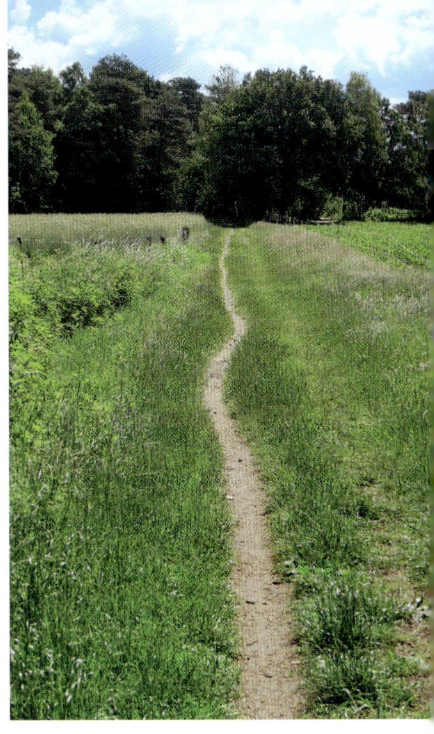

150 m nach dem Hexenhaus zweigt der Heidschnuckenweg nach links ab, und wir folgen den Markierungen in und durch den Wald. Bei den Teichen links, kurz darauf rechts und aus dem Wald heraus. Eine weite Heidelandschaft erwartet uns, die wir kurz darauf rechts auf einem kammartigen Weg mit prächtigen Ausblicken queren, ein Teil des Weseler Heidelehrpfades.
Bei der Gabelung mit einer **Infotafel »Erika oder Calluna?«** 4, einer der wohl meistgestellten Fragen von Heide-Besuchern, halten wir uns

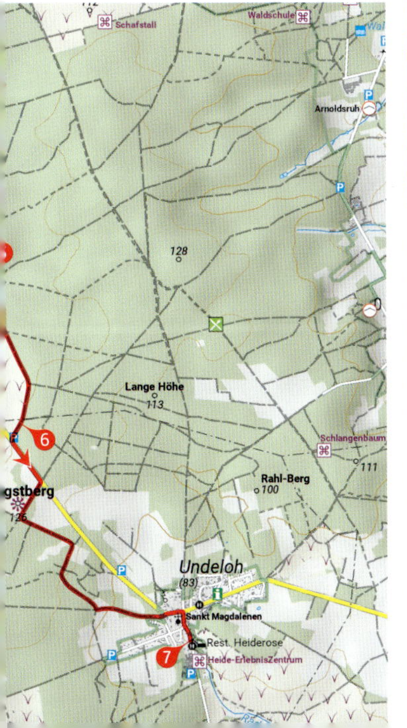

links (Undeloh 6 km). Nach rechts wäre ein 200 m langer Abstecher möglich zum idyllisch gelegenen Pastorenteich, dessen Ruhe Pastor Bode früher zur Vorbereitung seiner Predigten genutzt haben soll.
200 m nach der linken Abzweigung biegen wir bei der nächsten T-Kreuzung vor Bänken rechts in den Kerkstieg (H). Entlang der Passage am Waldrand sorgen eine Bank mit Überdachung, etwas später eine aussichtsreiche **Bank mit Steinmännchen** 5 zur Rechten und kurz darauf ein – aus norddeutscher Sicht – alpiner Abschnitt für Abwechslung: der steilste

Die Turmuhr der Undeloher St. Magdalenenkirche muss alle drei Tage aufgezogen werden.

Ab- und Anstieg der heutigen Etappe (20 Hm.). 100 m nach einem schmalen reetgedeckten **Bienenzaun** 6 bei einem Picknicktisch links auf einen Schotterweg, links neben der Straße (H, Undeloh, 3,2 km).

i ***Bienenzäune** sind hölzerne Schutzbauten, in denen zur Zeit der Heideblüte die mit Stroh und Wurzeln geflochtenen und mit Mist überzogenen Bienenkörbe stehen. Die rund 20.000 Bienen eines Stockes produzieren etwa ein Kilo Honig und fliegen dafür rund 150.000 km – das ist ein Drittel bis ein Viertel der Entfernung zum Mond!*

Nach 500 m quert der Heidschnuckenweg die Straße nach rechts und führt auf einem Spurweg bzw. einem daneben verlaufenden Grasweg am Waldrand entlang. Bei der folgenden Kreuzung mit einer Bank halten wir uns links, abwechselnd durch Wald und am Waldrand entlang. Bei der Kreuzung nach einer Pferdekoppel links leicht abwärts in einen Hohlweg. Auf einem Pfad erreichen wir den Ortsanfang von Undeloh mit einem Kutschenbetrieb und folgen der Straße (Zur Dorfeiche) bzw. dem Radweg zur Dorfmitte mit der mittelalterlichen Kirche St. Magdalenen. Hinter der Kirche nehmen wir die Straße nach rechts vorbei an Heitmanns Hökerladen zum touristischen Zentrum von **Undeloh** 7 mit dem Heide-ErlebnisZentrum und Marktplatz.

i *Die Undeloher Kirche **St. Magdalenen** (tagsüber geöffnet) wurde erstmals im Jahr 1244 urkundlich erwähnt. Auf dieses Jahrhundert geht vermutlich auch das hölzerne Kruzifix zurück, das älteste Zeugnis christlicher Kunst im Kirchenkreis Winsen. Das einstige steinerne Chorgewölbe wurde im 30-jährigen Krieg zerstört und danach in Fachwerk ergänzt; kurz darauf (1656) wurde der Altar geschaffen. In dem neben der Kirche frei stehenden 8 m hohen hölzernen Glockenturm hängen drei Glocken, eine von 1974, die anderen zwei wurden um das Jahr 1500 gegossen. Sie ertönen um 7, 12 und 19 Uhr und wurden bis 1986 noch von Hand geläutet.*
*Das **Heide-ErlebnisZentrum** wurde 2009 in dem damaligen »Seume-Haus« eröffnet, das dem Verein Naturschutzpark (VNP) als Naturinformationsstelle und davor (1961–1982) als »Altwandererherberge« diente, in der Wanderer über 30 Jahre unterkommen konnten, die das damalige Höchstalter für Jugendherbergen überschritten hatten – eine Idee des langjährigen VNP-Vorsitzenden Alfred Töpfer, einem Ehrenmitglied des Verbands Deutscher Gebirgs- und Wandervereine, damit auch Ältere kostengünstig in der Lüneburger Heide übernachten konnten. heide-erlebniszentrum.de.*

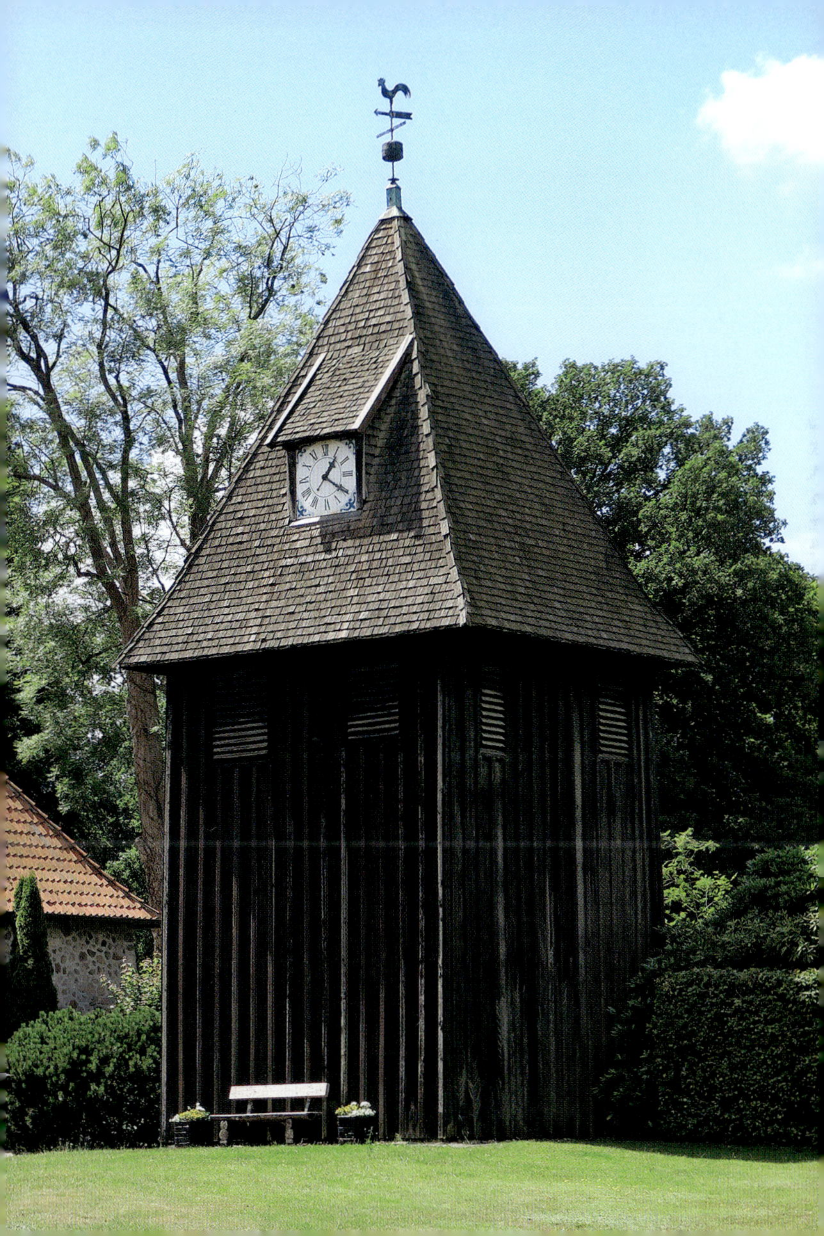

4 Von Undeloh nach Niederhaverbeck

3.30 h | 13,5 km | ↗130 m | ↘100 m

Zum Höhepunkt der Lüneburger Heide

Diese Etappe führt durch das Herz der Lüneburger Heide mit dem Wilseder Berg, der höchsten Erhebung der nordwestdeutschen Tiefebene. Nach Undeloh empfängt uns das Radenbachtal, ehe wir durch weite Heideflächen westwärts nach Wilsede wandern wie Wilhelm Bode einst – der Pastor pilgerte regelmäßig von Egestorf nach Wilsede, wo er die Gründung eines der ältesten Naturschutzgebiete hierzulande initiierte. Wir passieren das autofreie Wilsede mit dem Hufeklappern der Kutschen auf Kopfsteinpflaster im Ohr, ehe der Wilseder Berg einen weiten Rundblick bietet. Durch das Tal der Haverbeeke geht es zum Etappenziel Niederhaverbeck.
Diese Etappe erreichte 2019 bei der Wahl des Wandermagazins den dritten Platz in der Kategorie »Touren«.

Ausgangspunkt: Undeloh beim HeideErlebnisZentrum mit gegenüber gebührenpflichtigem Parkplatz des VNP (Navi: Wilseder Straße 23, 21274 Wilsede).
Endpunkt: Niederhaverbeck mit Bushaltestelle und Parkplatz (Navi: Niederhaverbeck 17, 29646 Niederhaverbeck).
ÖPNV: Der Ausgangs- und Endpunkt werden in der Sommersaison (15.7. – 15.10.) mehrmals täglich vom Ringbus Heide-Shuttle bedient, heide-shuttle.de: Undeloh-Osterdiecksfeld von Linie 3 von/nach Buchholz und Linie 2 von Tostedt und Handeloh; zurück nach Tostedt über Bispingen und Wintermoor. Niederhaverbeck von den Linien 1 von/nach Bispingen und Soltau sowie 2 mit Verbindungen von/nach Tostedt, Handeloh und Wintermoor. Ansonsten sehr seltene (Umsteige-)Busverbindungen, hvv.de.
Zuwege: 1. **Zubringer aus Egestorf** (3,9 km) entlang dem Pastor-Bode-Weg: Von der Kirche in Egestorf westwärts auf Sudermühler Weg. Bei der Gabelung am Ortsende links. Nach 1 km ist nach einer Infotafel über den Pastor-Bode-Weg nach rechts ein 100 m langer Abstecher möglich zum Naturblick Auben. Nach 200 m links und nach 400 m bei einer Gabelung rechts. Auf einem Holzbohlenweg über die Schmale Aue und in das Radenbachtal. Bei der ersten Gelegenheit nach Verlassen des Waldes links und auf Pastor-Bode-Weg über den Radenbach. Bei der folgenden Kreuzung stoßen wir auf den Heidschnuckenweg und folgen ihm geradeaus.
2. **Zubringer nach Oberhaverbeck** (0,5 km südöstlich von Niederhaverbeck): ab der Zufahrt zum Haus Heidetal kurz vor Niederhaverbeck nach links und nach 50 m rechts auf Querweg nach Oberhaverbeck mit weiteren Übernachtungsgelegenheiten.
Anforderungen: Leichte Wanderung über ausgebaute und befestigte Wege.
Einkehr: Wilsede: Gasthaus zum Heidemuseum, Tel. +49 4175 217, zumheidemuseum.eu; Milchhalle Wilsede (SB-Restaurant des VNP), Tel. +49 4175 802932; Mein Teegarten, Tel. +49 176 81 531 287, meinteegarten.de (Bio und regional). **Niederhaverbeck und Oberhaverbeck:** mehrere Gasthöfe mit Cafés (→ Unterkunft).
Unterkunft: Wilsede: Wilseder Hof, Wilsede 2c, Tel. +49 4175 311, wilsederhof.de. **Niederhaverbeck:** Landhaus Haverbeckhof des VNP (N), Niederhaverbeck 7, Tel. +49 5198 982430, haverbeckhof.de;

Alter Treppenspeicher in Wilsede.

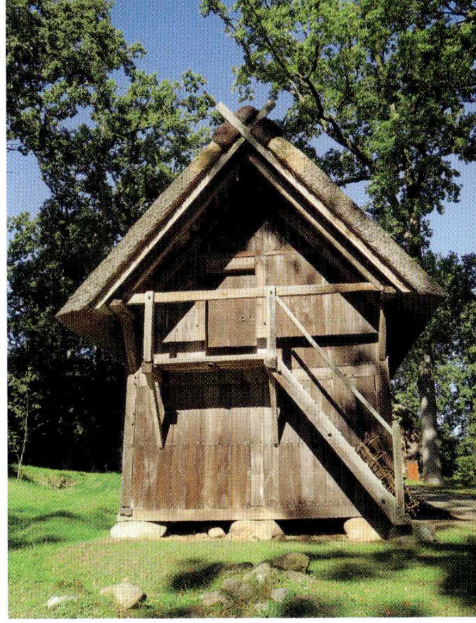

Hotel-Landhaus Eickhoff, Niederhaverbeck 8, Tel. +49 5198 1288, landhaus-eickhof.de; Gasthof Menke (0,3 km südlich), Niederhaverbeck 12, Tel. +49 5198 330, gasthof-menke.de; Haus Heidetal (0,8 km östlich, Ostern-September), Niederhaverbeck 10, Tel. +49 5198 743, heidetal.info. **Oberhaverbeck** (0,5 km abseits): Hotel Stimbekhof (N), Oberhaverbeck 2, Tel. +49 519898 1090, stimbekhof.de; Ferienwohnungen zum Hülsenbusch, Oberhaverbeck 11, Tel. +49 5198 776, zum-huelsenbusch.de; Pension Das Kleine Landhaus, Oberhaverbeck 8, Tel. +49 519898 7114, kleines-landhaus-bispingen.de.

Einkauf: Keine Gelegenheit.

Varianten: 1. **Abstecher** zur Wacholderformation **Hannibals Grab** (300 m einfach).
2. **Abkürzung ab Undeloh** auf E1 direkt zum Wilseder Berg ohne Radenbachtal und Wilsede (6 km kürzer).

Heideschleifen am Weg: Heideschleifen Radenbachtal (HS5), Wilseder Berg (HS6) und Haverbeeke (HS7).

Tipps: In Wilsede Heidemuseum »Dat ole Huus«, in Niederhaverbeck Naturinformationshaus des VNP mit Ausstellung über Bienen bzw. Imkerei.

Undeloh ❶ verlassen wir beim Park an der Wilseder Straße neben dem Hotel Heiderose, indem wir dem Heidschnuckenweg zwischen dem Parkteich und dem Hotel folgen und nach 70 m rechts aufwärtsgehen. Der Heidschnuckenweg führt links am Hotel Heiderose vorbei, wo bei gutem Wetter wie anno dazumal draußen die gewaschenen Bettlaken an der Leine in der Sonne trocknen. Wir stoßen hinter dem Hotel auf den südlichen Zubringer aus Undeloh und folgen dem Heidschnuckenweg geradeaus durch das Radenbachtal (Wilseder Berg 10 km) auf der linken Seite des Baches. Bald passieren wir das Gebiet der Wilseder Roten (Rinder) und Dülmener Pferde, die zur Erhaltung und Pflege der Heide beitragen.

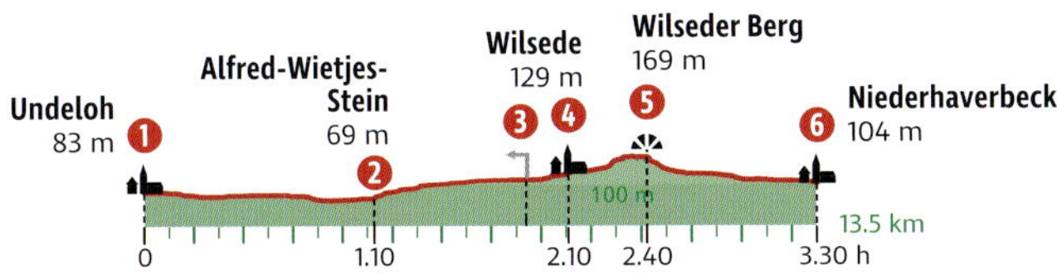

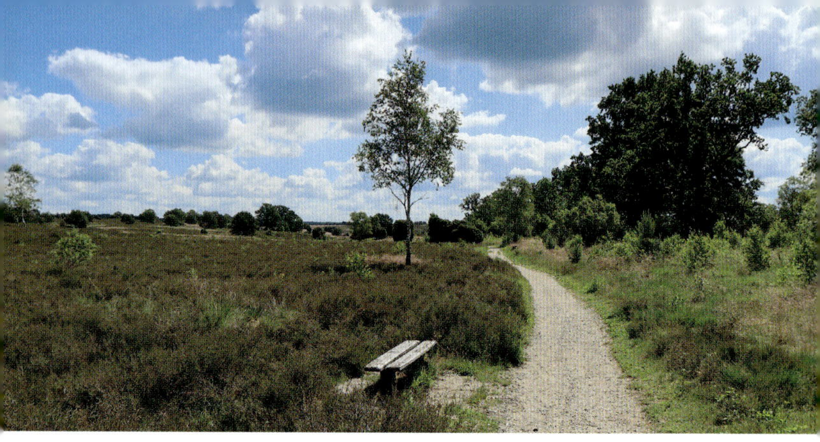

Hinter Undeloh führt der Heidschnuckenweg durch das Radenbachtal.

Knapp 3 km nach dem Start halten wir uns zweimal bei Kreuzungen rechts, um den Radenbach zu queren. Nach der Brücke leiten das H und die Jakobsmuschel nach links und bei der folgenden Kreuzung – bei einem Holzgatter und einer Infotafel über Rinder als Landschaftspfleger – nach rechts (Wilseder Berg 6 km). Der Heidschnuckenweg folgt hier dem traditionsreichen Pastor-Bode-Weg in westliche Richtung.

*i Der Egestorfer Pastor **Wilhelm Bode** (1860 – 1927) ist bekannt geworden durch sein Engagement für den Naturschutz in der Lüneburger Heide. Schon frühzeitig erkannte er die Schutzbedürftigkeit dieser einmaligen historischen Kulturlandschaft. Er initiierte den Ankauf des Totengrundes (1905) und des Wilseder Berges (1910) zu Naturschutzzwecken und erwarb als Beauftragter des VNP danach weitere Flächen. Damit begründete er zusammen mit dem VNP das Naturschutzgebiet Lüneburger Heide als erstes großflächiges deutsches Schutzprojekt.*
Die ZEIT beschrieb Bodes Bedeutung für die Lüneburger Heide einst wie folgt: »Bodes gebieterische, bärtige, bauchige Gestalt, immer mit Wilddiebhut, wurde für die Heide so wichtig wie Bernhard Grzimek für die Serengeti. Als Spekulanten ihre Hände nach dem Kronjuwel, dem Totengrund, ausstreckten und dem Pastor klar wurde, dass nur Kauf noch Rettung bringen konnte, wuchs er zum Willensriesen: Diese Landschaft durfte nicht verscherbelt werden!«
Neben seinem Wirken als Pastor und Naturschützer engagierte er sich für den Bau eines genossenschaftlichen Krankenhauses in Salzhausen, die Bahnlinie zwischen Egestorf und Winsen/Luhe und die Gründung des Heidemuseums in Wilsede.

Wir passieren den **Alfred-Wietjes-Stein** 2, einen Findling mit einer Inschrift zum Gedenken an den ehemaligen Wandervogel. Wald- und Heidestrecken wechseln sich ab, und wir passieren unterwegs eine überdachte Bank. Der Heidschnuckenweg mündet schließlich in einen Kutschenweg ein, dem wir rechts nach Wilsede folgen – vorher lohnt sich links ein kurzer **Abstecher** zur markanten Wacholderformation namens **»Hannibals Grab«** 3.

i Bei ***»Hannibals Grab«*** *liegt nicht etwa der durch seine Elefanten berühmte Feldherr aus Karthago begraben, sondern vielmehr erinnert diese Stein-Wacholder-Formation an ein Gemälde des Heidemalers Eugen Bracht, das dieser 1893 in der Türkei gemalt hatte und welches das Grab des karthagischen Feldherrn Hannibal zeigte. Dieses Gemälde entstand aber vermutlich nicht wie ursprünglich angenommen 1893 bei einem Türkeibesuch, sondern nach Hinweisen im Archiv der Frankfurter Städel-Schule anhand mehrerer Studien und Skizzen Brachts in der Natur. Wegen der Ähnlichkeit erhielt diese Stelle in der Heide die Bezeichnung »Hannibals Grab«.*

Kurz vor Wilsede sorgen am etwas eintönigen Kutschenweg auf der rechten Seite eingezäunte Heidschnucken für etwas Abwechslung. **Wilsede** 4 ist eines der touristischen Zentren der Lüneburger Heide mit allem, was Touristen hier erwarten: Heidschnucken, Honig, Kutschen, Kaffee und Kuchen (bevorzugt Buchweizentorte, typisch für die Region). Hinter dem Gasthaus biegen wir rechts ab in den Fußweg (H) zum Heidemuseum.

Diese Wacholdergruppe soll dem Grab Hannibals auf einem Gemälde ähneln.

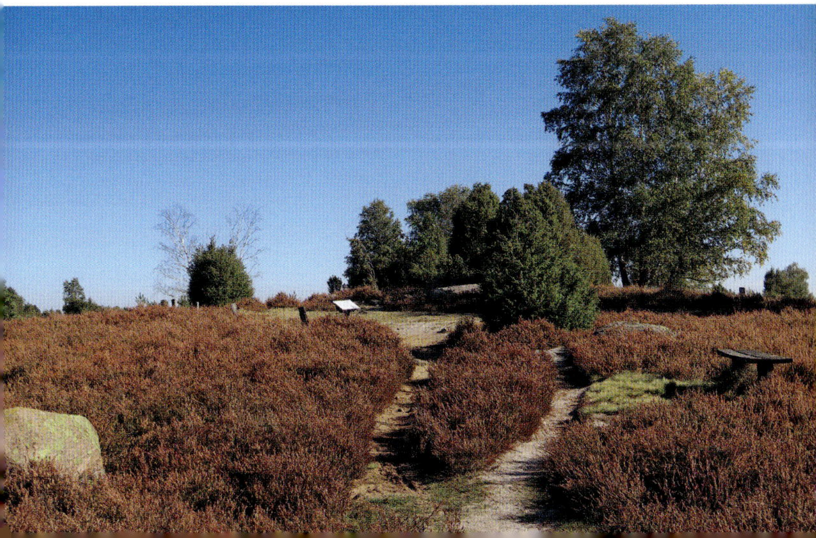

> *Das **Heidemuseum »Dat ole Huus«** dokumentiert als Ausstellung des VNP das frühere Leben in der Heide bzw. die Entstehung und Erhaltung dieser Kulturlandschaft von 1850 bis zum Ersten Weltkrieg. Im Obergeschoss gibt es eine vor- und frühgeschichtliche Sammlung. Schon das Gebäude selbst ist beachtlich als ältestes Fachhallenhaus der Lüneburger Heide. Es wurde 1742 in Hanstedt errichtet und 1907 nach dem Kauf durch Museumsgründer Bernhard Dageförde als eines der ältesten Freilichtmuseen Deutschlands in Wilsede neu aufgebaut. Zusammen mit »Heidepastor« Wilhelm Bode gründete Dageförde 1907 die Heidemuseums-Gesellschaft als Trägerin des Museums. Geöffnet Mai – Oktober täglich 10 – 16 Uhr, Eintritt: 3 €.*

Nach dem Heidemuseum folgen wir geradeaus dem gepflasterten Weg Richtung Wilseder Berg links vorbei an den alten Treppenspeichern (H, W1) und biegen nach 250 m rechts ab zum gemächlichen Aufstieg auf den **Wilseder Berg** ❺, die höchste Erhebung der Lüneburger Heide (169 m).

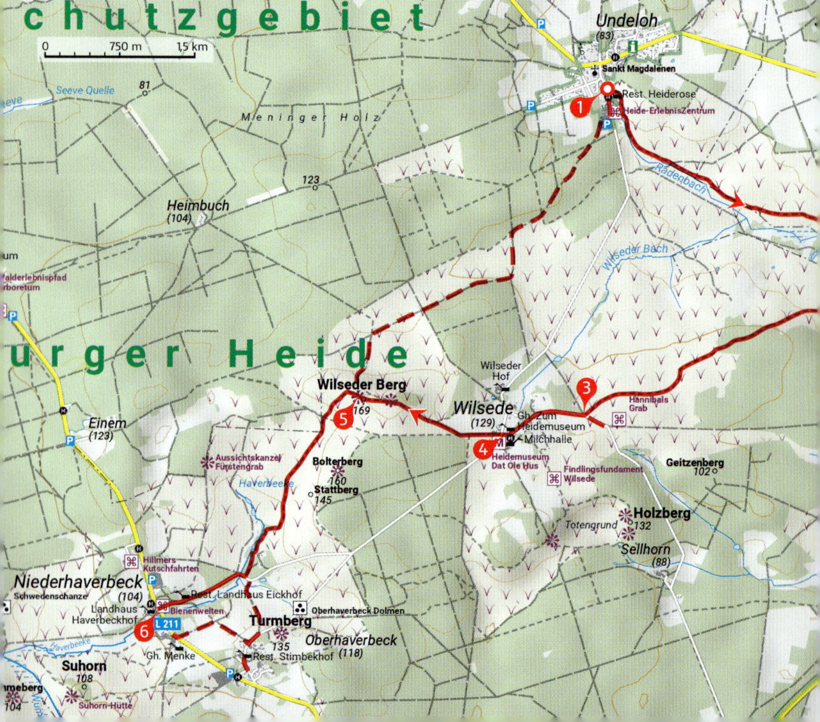

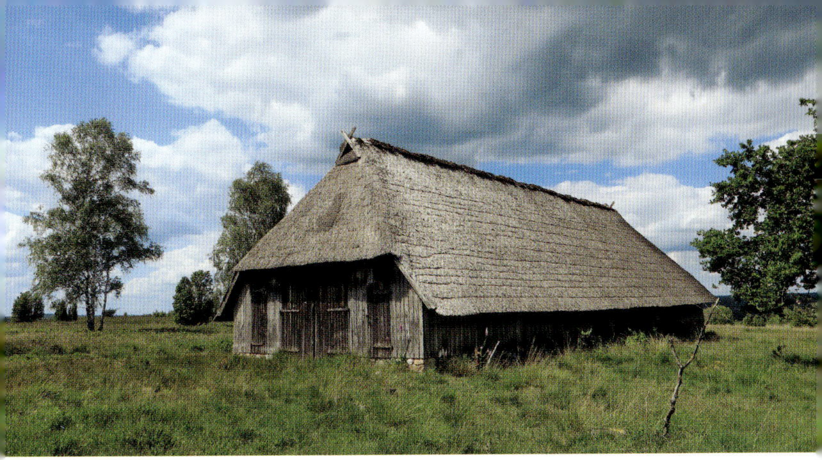

Die weit heruntergezogenen Reetdächer sind typisch für Schnuckenställe.

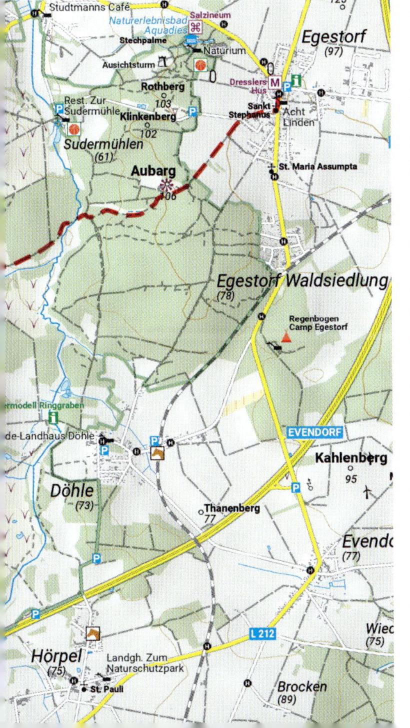

Oben auf dem Plateau bietet sich die Wahl zwischen zwei Varianten, die beide tolle Aussichten bis zum 40 km entfernten Hamburg bieten. Die linke gilt offiziell als höchster Punkt und dort befindet sich einer von mehreren Gauß'schen Punkten der Lüneburger Heide zur Vermessung des Königreichs Hannover. Beide Varianten führen oben wieder zusammen, ehe wir absteigen und bei einer T-Kreuzung dem Heidschnuckenweg links hinunter folgen durch offene Heidefläche und nach 30 Minuten in das Tal der Haverbeeke. 200 m nach einem aufgestauten Becken dieses Heidebaches erreichen wir eine T-Kreuzung rechts von der Zufahrt zum Haus Heidetal und gehen rechts nach **Niederhaverbeck** 6, wo uns links das Naturinformationszentrum des VNP empfängt mit einer Ausstellung über Bienen und auf der anderen Straßenseite das Landhaus Haverbeckhof.

5 Von Niederhaverbeck nach Bispingen

4.30 h | 16,8 km
↗130 m | ↘160 m

Durch die Behringer Heide und entlang der Brunau

Von Niederhaverbeck wandern wir südwärts vorbei an den moorigen Quellgebieten der Wümme und Brunau in die Behringer Heide, wo bis in die 1990er-Jahre britische und kanadische Panzer rollten als Teil eines großen Übungsgebietes. Heute erwartet uns friedliche Ruhe mit einem Wechsel aus Wald- und Heidegebieten. Höhepunkte sind Bockelmanns Schafstall, Behringen mit Boulespielfläche, der durch Baggerarbeiten entstandene Brunausee mit Bootsverkehr, die Borsteler Kuhlen, das Brunautal und am Schluss Bispingen mit dem Luhpadd und einem Schäferdenkmal in der Ortsmitte.

Ausgangspunkt: Niederhaverbeck mit Bushaltestelle und Parkplatz (Navi: Niederhaverbeck 17, 29646 Niederhaverbeck).
Endpunkt: Bispingen-Ortsmitte mit Parkgelegenheit am Rathaus (Navi: Borsteler Straße 4, 29646 Bispingen).
ÖPNV: In der Sommersaison (15.7. – 15.10.) sind mehrere Orte entlang der Tour mehrmals täglich mit Heide-Shuttle-Ringbussen erreichbar – und zwar Niederhaverbeck, Behringen und Bispingen, bedient durch die Linien 1 (von/nach Schneverdingen), 2 (von/nach Tostedt und Undeloh) sowie 4 (von/nach Soltau und Schneverdingen), heide-shuttle.de. Ansonsten verbindet Buslinie 156 an Schultagen 2 × täglich den Zielort Bispingen mit dem Ausgangsort Niederhaverbeck, kvg-bus.de → Landkreis Heidekreis.
Zuwege: Aus **Oberhaverbeck** ist der Heidschnuckenweg nach 0,7 km rund 0,7 km südlich von Niederhaverbeck direkt erreichbar, also bleibt die Gesamtlänge gleich. Dazu in Oberhaverbeck südwestlich vom großen Besucherparkplatz halb rechts auf den mit O2 markierten Wanderweg Richtung Suhorn und nach 0,5 km links auf den Heidschnuckenweg.
Anforderungen: Leichte Wanderung über gut ausgebaute und befestigte Wege durch Wald und Heide, stellenweise auch asphaltierteter Radweg und kleine Straßen.
Einkehr: In Behringen und Bispingen Hotel-Restaurants (→ Unterkunft), außerdem Café/Restaurant Seeterrasse am Brunausee (Di. Ruhetag), seeterrasse.de.
Unterkunft: Behringen: Hotel Zur Grünen Eiche, Mühlenstr. 6, Tel. +49 5194 98580, hotelzurgrueneneiche.de; Hotel Unter den Linden, Mühlenstr. 1, Tel. +49 5194 1261, schumanns-gasthaus.de; Hotel Niedersachsen Hof, Tel. +49 5194 970980, niedersachsenhof.de; Gästehaus Roßmeißl, Widukindstrasse 6, Tel. +49 5194 2072, gaestehaus-rossmeissl.jimdofree.com; Campingplatz Brunautal, Seestr. 17, Tel. +49 5194 4188022, camping-brunautal.de. **Bispingen:** Hotel Rieckmann, Kirchweg 1–2, Tel. +49 5194 9510, hotel-rieckmann.de; Heidehotel Bockelmann, Nöllestraße 18, Tel. +49 5194 9803-0, hotel-bockelmann.de; Pension Haus am Heidepark (wd), Borsteler Straße 29, Tel. +49 5194 437; JH Bispingen (1 km, an Etappe 6), Töpinger Str. 42, Tel. +49 5194 2375, jugendherberge.de.
Einkauf: Mehrere Supermärkte, Bioladen und Bäcker in Bispingen.
Variante: → Etappe 5V über Schneverdingen. In Bispingen auf direktem Weg entlang Straßen in den Ort (0,1 km kürzer); dazu bei Luhebrücke nach 8 rechts (Luheweg) und am Ende links in

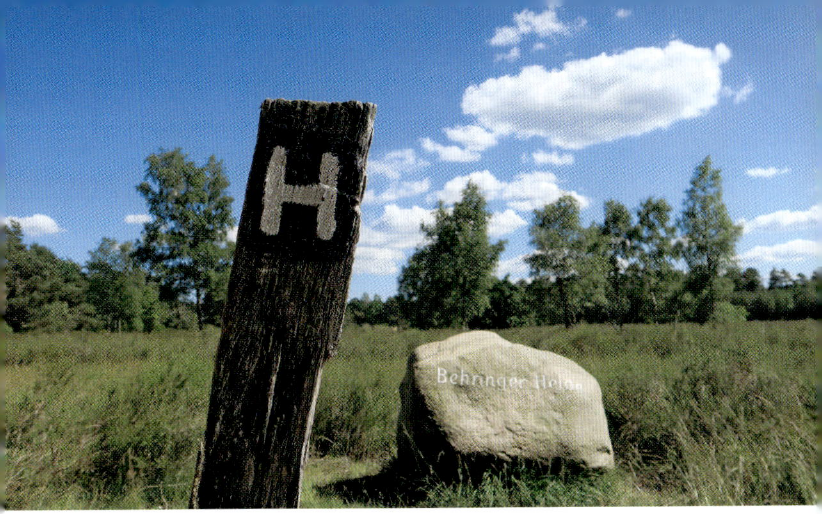

Die Behringer Heide war bis in die 1990er-Jahre militärisches Manövergebiet.

die Borsteler Straße.
Heideschleifen am Weg: Heideschleife Haverbeeke (HS7), Heideschleife Tütsberg (HS8).
Information: Behringen: Bispingen Touristik e.V., Zweigstelle Behringen, Tel. +49 5194 830, bispingen.de; Bispingen Touristik e.V., BahnhofStr. 19, Tel. +49 5194 9879690, bispingen.de.
Tipps: Viele familienorientierte Freizeitangebote zwischen Bispingen und der A7, etwa Modellbauwelten Bispingen im SnowDome, abenteuer-resort.de/modellbauwelten; Trampolinpark im Abenteuerland, abenteuerland.de; Das VERRÜCKTE Haus, dasverruecktehaus-bispingen.de; Abenteuerlabyrinth, abenteuerlabyrinth.de. Bademöglichkeiten im Brunausee und Luhetalbad, bei Ersterem mit Bootsverleih.

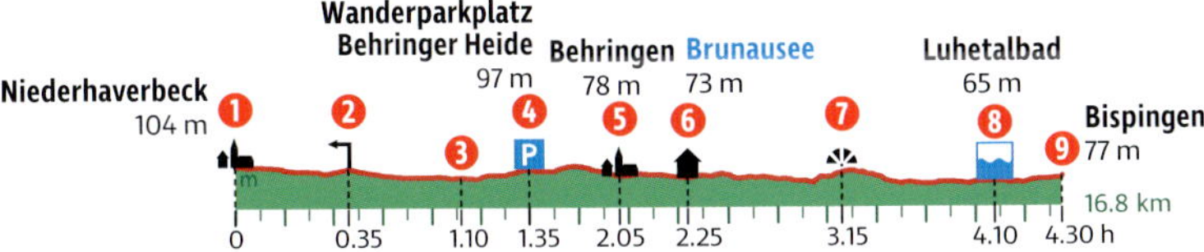

In **Niederhaverbeck** ❶ folgen wir zunächst der Landstraße bzw. dem Radweg links daneben südwärts und verlassen ihn 200 m nach Querung der Haverbeeke nach rechts. Der Heidschnuckenweg führt südwärts rechts vorbei am Gasthof Menke und rechts einer großen Heidefläche. Nach 30 Minuten zuletzt über offene Heidefläche schwenkt der Heidschnuckenweg bei einer **Kreuzung vor Wulfsberg** ❷ in einem Waldstück nach links auf einen breiten Weg, der zunächst durch Heide und anschließend links

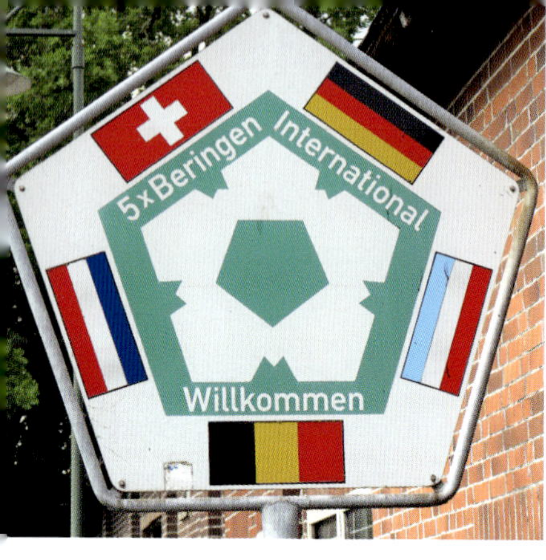

Fünffache internationale Städtepartnerschaft Be(h)ringens.

vorbei an einer Niederung führt, dem Quellgebiet der Brunau, die uns später begleiten wird.
Bei einer überdachten Bank zweigt der Heidschnuckenweg rechts ab Richtung Behringen (3,3 km), rechts an **Bockelmanns Schafstall** ❸ vorbei, auf Holzbohlen über eine Niederung in der Heide, durch Wald und an dessen Ende halb links durch die Behringer Heide, links vorbei an Bänken mit schöner Aussicht. 20 m nach einer Rechtskurve halten wir uns links (Behringen 1,7 km) und passieren den **Wanderparkplatz Behringer Heide** ❹, queren hier die Straße, um darauf dem parallel verlaufenden Radweg rechts Richtung Behringen zu folgen. 100 m nach einer Straßenkreuzung führt der Heidschnuckenweg links Richtung Friedhof in den Wald. Nach 10 m halten wir uns noch einmal links und folgen dem Waldpfad links am Friedhof vorbei und weiter durch Wald nach Behringen.
Nach der Waldpassage queren wir bei einem Fußballplatz eine kleine Asphaltstraße und folgen dem Heidschnuckenweg geradeaus rechts neben dem Feld. Beim Gasthaus Unter den Linden und der Bushaltestelle in **Behringen** ❺ schwenken wir links in die Mühlenstraße ein (Bispingen 9 km).

i *Das rund 1000 Einwohner zählende und im 12. Jh. erstmals urkundlich erwähnte Behringen bei Bispingen ist ein Ortsteil der Gemeinde Bispingen. Bekannt ist Behringen für* ***»5 × Be(h)ringe(n) International«*** *– eine internationale Partnerschaft mit anderen Orten (fast) desselben Namens in fünf Ländern unter dem Motto »Behringen verbindet«: Beringen (Belgien), Beringen (Luxemburg), Beringe (Niederlande), Beringen (Schweiz) und natürlich Behringen bei Bispingen, auf Plattdeutsch »Berdn«. Nach dem Fall der Mauer kamen noch die thüringischen Behringen am Hainich und Behringen an der Wipfra bei Arnstadt dazu, von daher müsste der Name der auf das Jahr 1956 zurückgehenden Partnerschaft heute eigentlich »7 × Be(h)ringe(n) International« lauten. Ein eigener Verein kümmert sich um die Zusammenarbeit mit regelmäßigen Treffen und einer eigenen Website: 5xbehringen-international.de. Auf der südlichen Seite des Brunausees erinnert der beim 7. Treffen »5 × Behringen International« im Jahr 1986 angelegte »Behringen Garten« an die Partnerschaft.*

Nach dem rechts abzweigenden Schulweg führt der Heidschnuckenweg halb rechts auf dem breiten Fußweg rechts neben der Straße und nach 50 m nach einer Rechtskurve durch den Park, links vorbei an Freiluftspielflächen für Boule und Schach. Am Ende des Parks folgen wir links der Straße und gleich darauf rechts dem Spurweg Richtung Brunausee (600 m), nach 200 m links an einem Campingplatz vorbei. Vor dem 7 ha großen See abwärts und weiter links am Ufer entlang. Nach 200 m erinnert ein Schild an den Winter: »Betreten der Eisfläche verboten«. Hier verlassen wir die kleine asphaltierte Straße, indem wir rechts auf den Uferpfad wechseln. Die Idylle am **Brunausee** 6 wird etwas gestört durch das Rauschen der nahen Autobahn, die wir gleich queren werden.
Vor einer Rechtskurve verlässt der Heidschnuckenweg den See und führt links aufwärts (Bispingen 7 km), kurz darauf scharf rechts zu einer Asphaltstraße und auf dieser unter der Autobahn hindurch. Nach einer Linkskurve rechts abwärts, durch das Gatter und geradeaus links der Brunau. Im Bispinger Ortsteil Borstel in der Kuhle quert der Heidschnuckenweg die Borsteler Straße und zweigt nach 150 m nach dem Ortsendeschild rechts ab. Abzweigungen nach rechts werden ignoriert. Nach einem leichten

Die zerklüftete Landschaft der Borsteler Kuhlen heißt auch »Borsteler Schweiz«.

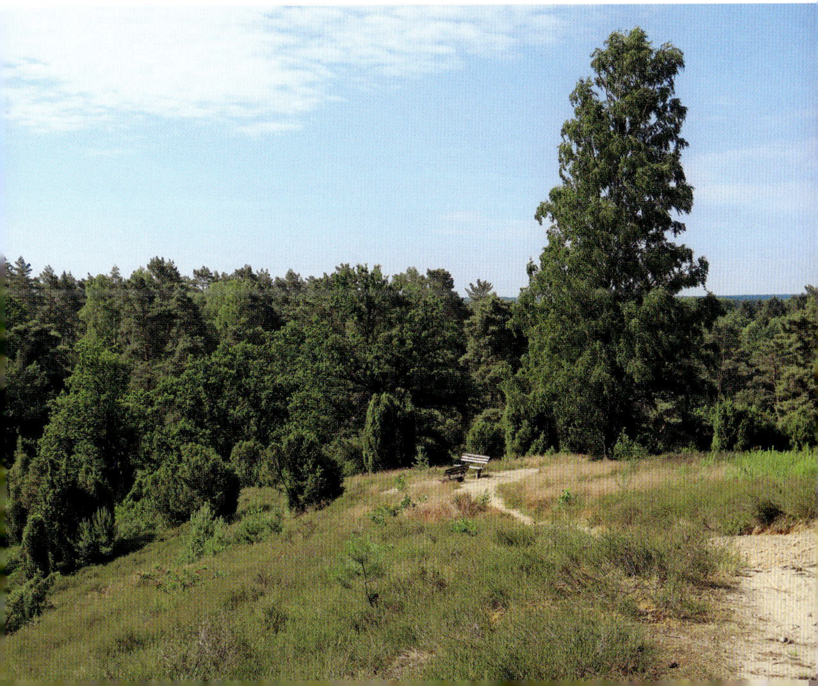

Linksschwenk öffnet sich der Wald zu einer offenen Fläche mit einer kleinen Schlucht vor uns. Mehrere Panorama-Bänke sowie eine überdachte Bank laden zum Genießen der **Aussicht** ein über die **Borsteler Schweiz** 7 genannte Landschaft, die im 19. Jh. von Heidemalern wie Eugen Bracht als Inspirationsquelle geschätzt wurde.
Nach der Hütte halten wir uns rechts, verlassen die Schlucht auf dem links abzweigenden Heidschnuckenweg und folgen den H-Markierungen nach einer Waldpassage über die Brunau und kurz darauf links über die Bahnstrecke nach Bispingen. 100 m nach dem Bahnübergang scharf rechts in die kleine Straße Zum Wintersberg auf einen Reiterhof zu, vor diesem links und auf asphaltiertem Weg links am Hof vorbei.
50 m nach dem Freibad- und Fitnesszentrum **Luhetalbad** 8 folgen wir dem Heidschnuckenweg zweimal links haltend über Steinhöfer Bach und Luhe. Auf dem 500 m langen Luhpadd begleitet der Heidschnuckenweg die Luhe und führt nach einer Rechtskurve bei der Ole Kerke in die Ortsmitte von **Bispingen** 9 mit der Schäfer-Statue vor der 1908 fertiggestellten neugotischen St.-Antonius-Kirche.

i *Die **St.-Antonius-Kirche** wurde 1908 erbaut, weil die Räumlichkeiten der Vorgängerkirche Ole Kerk nicht mehr ausreichten, nach ihrer Renovierung 1912 diente diese dann als Versammlungsstätte. Die Kanzel von 1648, das Altarbild und das Bronzetaufbecken von 1406 stammen noch aus der Ole Kerk. Für den Bau der neogotischen Kirche wurden regionale Materialien verwendet: für den Sockel und die Vermauerung des Turmes Feldsteine aus der Umgebung, für den restlichen Aufbau rund eine Million Ziegelsteine aus der Ziegelei im nördlich gelegenen Brackel. Die Baukosten lagen mit 107.000 Mark nur unwesentlich über dem Budget von 100.000 Mark, was nach heutiger Kaufkraft rund 650.000 € entspricht.*
Ereignisreich ist die Geschichte des Glockengeläuts: Von den ursprünglich drei Bronzeglocken wurden die beiden größten (1200 und 600 kg schwer) 1917 zu Rüstungszwecken konfisziert, sodass nach dem Ersten Weltkrieg, im Jahr 1925, zwei neue Glocken gekauft wurden, die gegen manchen Widerstand aus klanglich weniger günstigem Stahl gefertigt waren, was nicht nur finanzielle Gründe hatte (der Preis von 2876 Reichsmark, heute rund 11.200 €, entsprach rund der Hälfte des Preises für die alten Bronzeglocken), sondern einer neuerlichen Beschlagnahmung zu Militärzwecken vorbeugen sollte. Tatsächlich überstanden die Glocken den Zweiten Weltkrieg und wurden bis 1955 noch per Hand geläutet, ehe ein Läutwerk installiert wurde. Elf Jahre später – in sichereren Zeiten – entschied man sich dann wieder für (neue) Glocken aus Bronze, geschätzt wegen des besseren Klanges. Der Kaufbetrag von 17.200 DM (entspricht kaufkraftbereinigt heute rund 35.000 €) wurde aus Spenden finanziert. Eine der beiden alten Stahlglocken hängt heute in der alten Friedhofskapelle von Behringen.

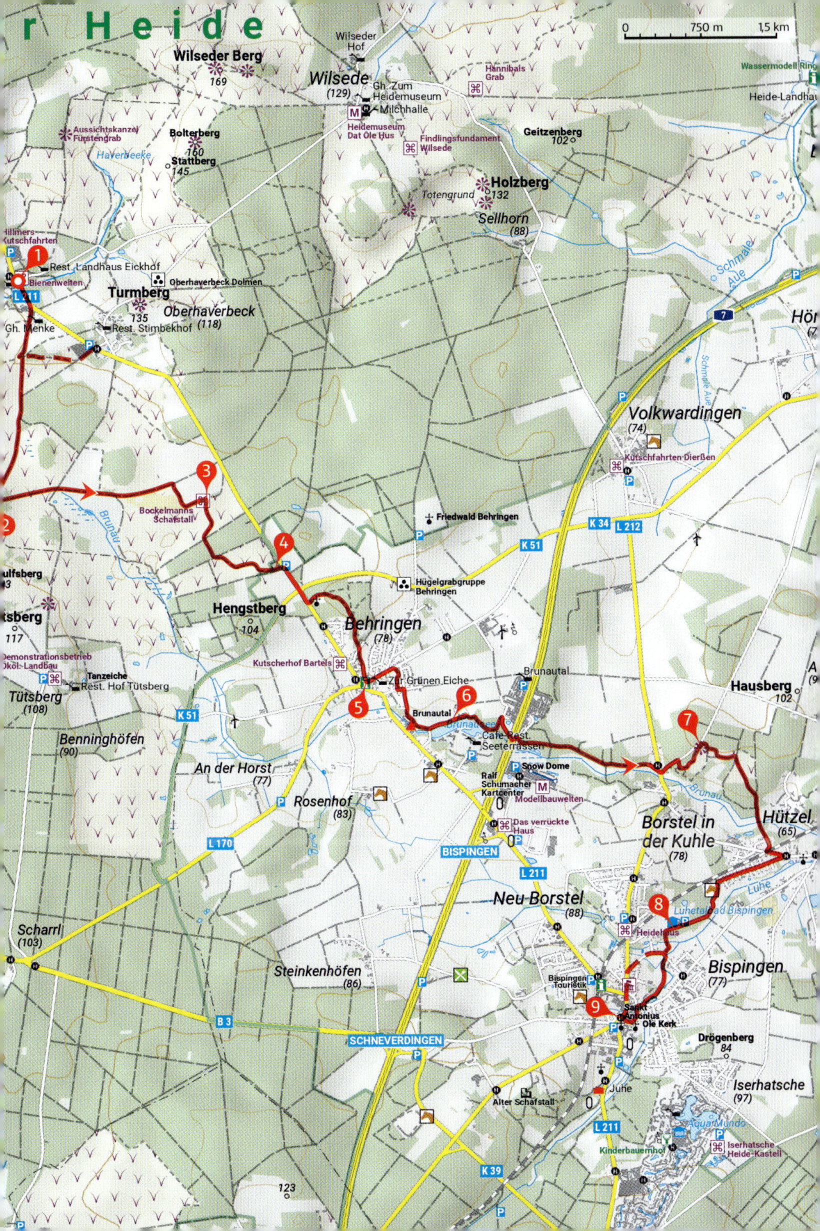

r Heide
0
750 m
1,5 km
Wilseder Berg
169
Wilseder Hof
Wilsede
(129)
Gh. Zum Heidemuseum
Milchhalle
Heidemuseum Dat Ole Hus
Hannibals Grab
Findlingsfundament Wilsede
Aussichtskanzel Fürstengrab
Bolterberg
160
Stattberg
145
Haverbeeke
Geitzenberg
102
Holzberg
132
Totengrund
Sellhorn
(88)
Wassermodell Ring
Heide-Landhau
Hillmers Kutschfahrten
Rest. Landhaus Eickhof
Bienenwelten
L 211
Oberhaverbeck Dolmen
Turmberg
135
Oberhaverbeck
(118)
Gh. Menke
Rest. Stimbekhof
Schmale Aue
7
Hör
Volkwardingen
(74)
Kutschfahrten Dießen
Bockelmanns Schafstall
Brunau
Friedwald Behringen
K 34
L 212
K 51
Hügelgrabgruppe Behringen
Hengstberg
104
Behringen
(78)
Kutscherhof Bartels
Zur Grünen Eiche
Brunautal
Tanzeiche
Rest. Hof Tütsberg
Demonstrationsbetrieb Ökol. Landbau
Tütsberg
(108)
117
K 51
Benninghöfen
(90)
Brunautal
Café-Rest. Seeterrassen
Hausberg
102
An der Horst
(77)
Rosenhof
(83)
Snow Dome
Ralf Schumacher Kartcenter
Modellbauwelten
Das verrückte Haus
Borstel in der Kuhle
(78)
Hützel
(65)
L 170
BISPINGEN
L 211
Neu Borstel
(88)
Luhetalbad Bispingen
Heidehaus
Luhe
Scharrl
(103)
Steinkenhöfen
(86)
Bispingen Touristik
Sankt Antonius
Ole Kerk
Bispingen
(77)
B 3
SCHNEVERDINGEN
Drögenberg
84
Iserhatsche
(97)
Alter Schafstall
Juhe
AquaMundo
L 211
Kinderbauernhof
Iserhatsche Heide-Kastell
K 39
123
1
2
3
4
5
6
7
8
9

5V Von Niederhaverbeck nach Behringen

5.30 h | 21,1 km | ↗100 m | ↘130 m

Durch die Osterheide

Diese Variante der fünften Etappe führt in einem westlichen Schlenker Richtung Schneverdingen zunächst entlang der Haverbeeke, auf dem Spitzbubenweg durch Wald und später durch die Osterheide, eine der größten zusammenhängenden Heideflächen der Lüneburger Heide. Nach dem Abzweig von/nach Scheverdingen wandern wir vorbei an den Höfen Möhr und Tütsberg nach Behringen, wo der reguläre Heidschnuckenweg wieder erreicht wird. Diese Variante ist ideal für einen Besuch von Schneverdingen oder einen Start bzw. ein Beenden der Wanderung am Bahnhof von Schneverdingen!

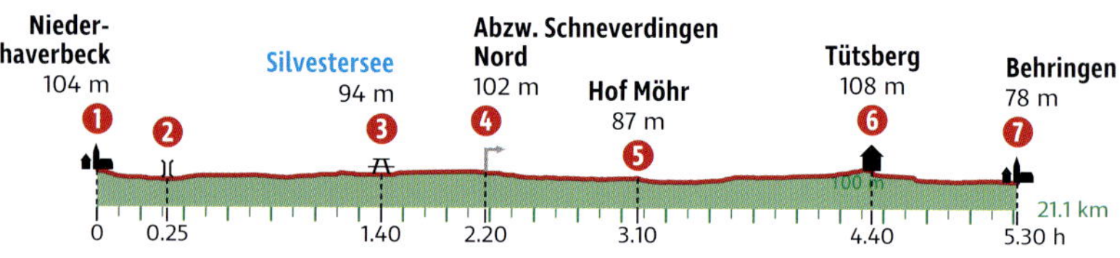

Ausgangspunkt: Niederhaverbeck mit Bushaltestelle und Parkplatz (Niederhaverbeck 17, 29646 Niederhaverbeck).
Endpunkt: Ortsmitte von Behringen. Ein großer Parkplatz liegt etwas außerhalb am Brunausee (Navi: Uhlenstieg 15, 29646 Bispingen).
ÖPNV: In der Sommersaison (15.7. – 15.10.) sind mehrere Orte entlang der Tour mehrmals täglich mit Heide-Shuttle-Ringbussen erreichbar – und zwar Niederhaverbeck, Schneverdingen-Feriendorf und Behringen, bedient durch die Linien 1 (von/nach Bispingen und Schneverdingen) und 4 (von/nach Soltau, Bispingen und Schneverdingen), heide-shuttle.de. Auf halber Strecke dieser Tour führt ein Zuweg nach Schneverdingen mit stündlichen Bahnverbindungen der Heidebahn Richtung Buchholz und Hannover via Soltau. Ansonsten verbindet Buslinie 156 an Schultagen 2 × täglich den Zielort Bispingen mit dem Ausgangsort Niederhaverbeck, kvg-bus.de/fahrplaene/landkreis-heidekreis.

Zuwege: 1. **Von Oberhaverbeck** (1,4 km) zunächst auf O3 nordwestwärts parallel zur Landstraße, dann zu dieser und rechts in nördlicher Richtung auf Radweg nach Niederhaverbeck, wo der Heidschnuckenweg links nach der Querung der Haverbeeke abzweigt bzw. Etappe 5a beginnt.
2. Der **nördliche Zuweg nach Schneverdingen** (zum Bahnhof 1,8 km, zum Zentrum 2,8 km) zweigt von der Kreuzung östlich von Schneverdingen ❹ ab; nach 200 m nehmen wir bei einer Bank den Pfad nach links und erreichen bei den ersten Häusern die Ernst-Dax-Straße, der wir vorbei an der Eine-Welt-Kirche Richtung Zentrum folgen.
3. Der **südliche Zubringer** (vom Bahnhof 1,7 km) führt **von Schneverdingen** vorbei an der Eine-Welt-Kirche, auf der Ernst-Dax-Straße ostwärts zum Ortsrand und den gelben H-Markierungen folgend durch Wald und Heide heran an den Heidschnuckenweg kurz vor dem Parkplatz Osterheide.

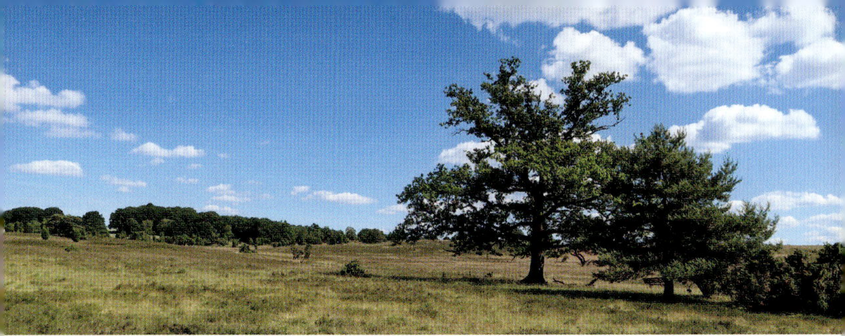

Weite Heidelandschaft oberhalb der Haverbeeke.

Anforderungen: Leichte Wanderung, durchgehend gut ausgebaute und befestigte Wege.
Einkehr: Schneverdingen (1 km abseits): Café-Restaurant Schäferhof bei Parkplatz Osterheide, und Hotel Hof Tütsberg (→ Unterkunft). **Behringen**: Hotel-Restaurants (→ Unterkunft), außerdem Café/Restaurant Seeterrasse am Brunausee (Di. Ruhetag), seeterrasse.de.
Unterkunft: Schneverdingen (1 km abseits): Zahlreiche Unterkünfte, z.B. Landhotel Schnuck (wd), Osterwaldweg 55, Tel. +49 5193 8080, landhotel-schnuck.de; Pension Heidschnucke, Mittelweg 3, Tel. +49 5193 9663377, pension-heidschnucke.de. Pietzmoor (0,2 km): Naturhotel Schäferhof (N), Heberer Str. 100, Tel. +49 5193 3547, naturhotel-schaeferhof.de. **Tütsberg:** Hotel Hof Tütsberg (wd, N), Tel. +49 5199 900, tuetsberg.de; **Behringen:** Hotel Zur Grünen Eiche, Mühlenstr. 6, Tel. +49 5194 98580, hotelzurgrueneneiche.de; Hotel Unter den Linden, MühlenStr. 1, Tel. +49 5194 1261, schumannsgasthaus.de; Hotel Niedersachsen Hof, Tel. +49 5194 970980, niedersachsenhof.de; Gästehaus Roßmeißl, Widukindstrasse 6, Tel. +49 5194 2072, gaestehausrossmeissl.jimdofree.com; Campingplatz Brunautal, Seestr. 17, Tel. +49 5194 4188022, camping-brunautal.de.
Einkauf: Schneverdingen: Supermarkt und Bäcker am Zielort.
Heideschleifen am Weg: Heideschleifen Haverbeeke (HS7), Heideschleife Tütsberg (HS8) und Pietzmoor (HS9).
Information: Schneverdingen: Schneverdingen Touristik, Rathauspassage 18, Tel. +49 5193 93800, schneverdingentouristik.de.
Tipps: Abstecher nach Schneverdingen mit Eine-Welt-Kirche und nettem Stadtbrunnen vor dem Rathaus.

In **Niederhaverbeck** ❶ nehmen wir südlich vom Landhaus Haverbeckhof den gepflasterten Weg nach rechts Richtung Schneverdingen (N1, H) und folgen nach 100 m der Markierung N1 links durch das Tal der Haverbeeke. Wir orientieren uns an den Markierungen H und zunächst auch N1. Bei den nächsten Gelegenheiten halten wir uns rechts, queren die Haverbeeke über einen **Holzbohlenweg** ❷ und biegen bei einer Kreuzung links in den Schotterpfad Richtung Wümmeberg (N1). 100 m nach einer weiteren (der dritten) Bachquerung – über die Wümme – folgen wir geradeaus dem Sandweg Richtung Schneverdingen bzw. dem Pfad daneben (H, Lila Krönung und Jacobusweg), während N1 links auf den Wümmeberg führt. Bei einem kreuzenden Pfad halten wir uns halb links Richtung Schneverdingen

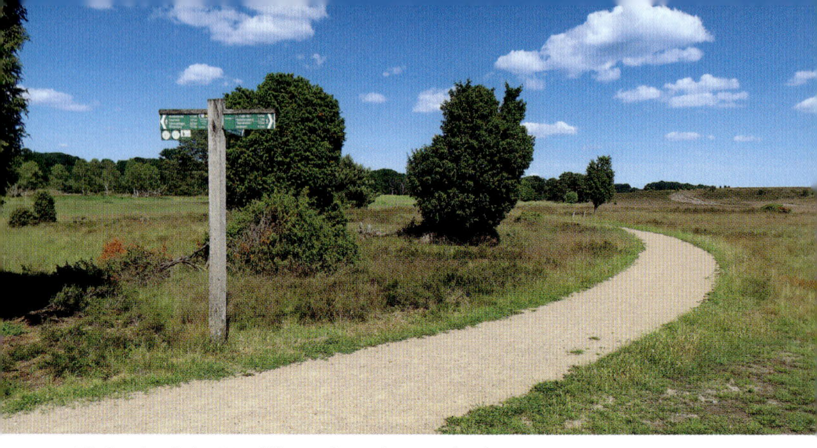

Ein barrierefreier Weg führt entlang der Haverbeeke.

(6,5 km); der Heidschnuckenweg folgt dem Spitzbubenweg durch den Wald. Dieser alte Salzschmugglerpfad endet an einem Parkplatz bei einer Straße. Wir halten uns rechts Richtung Schneverdingen, queren die Bundesstraße 3 und folgen geradeaus der Straße Richtung Schneverdingen, jetzt auch zusammen mit dem Freudenthalweg (F). Nach 100 m wechseln wir links auf den parallel zur Straße verlaufenden Fußweg und biegen nach 150 m bei einer Kreuzung links ab. Am **Silvestersee** 3 laden Bänke zur Pause ein.

i *Der nur mit Regenwasser gespeiste und nach einem britischen Offizier benannte **Silvestersee** entstand durch Verdichtung des Untergrunds, als schwere Militärgefährte bis heute sichtbare Spuren hinterließen. Das ganze Gebiet der **Osterheide** diente seit Ende des Zweiten Weltkrieges bis 1994 kanadischen und britischen Truppen als Übungsgelände, von dem ein 4600 ha großer Teil besonders intensiv militärisch genutzt wurde – nach der Farbe der Darstellung in Übungskarten als »Rote Flächen« bezeichnet. Von weit mehr als 1000 stationierten Panzern waren 100 fast täglich unterwegs und hinterließen entsprechend ihre Spuren. Der damalige Zustand wird im ersten Band der VNP-Schriftenreihe bildhaft beschrieben: »Den Höhepunkt der intensiven (militärischen) Nutzung … bildete die Vorbereitungsphase für den Ersten Golfkrieg Ende der achtziger Jahre, in der es durch den Fahrbetrieb tatsächlich gelang, wüstenähnliche Landschaften mit entsprechenden Sandstürmen zu schaffen.« Nach Einstellung des Übungsbetriebs wurde die weiträumige Heidelanschaft durch den VNP rekultiviert mit eingestreuten Mooren, Waldinseln und Magerrasen sowie Rad- und Wanderwegen. Die Renaturierungsarbeiten lohnten sich, 25 Jahre später titelte die Lüneburger Zeitung: »Rote Flächen wieder lila«.*

Am See folgen wir dem Weg geradeaus und halten uns bei der folgenden T-Kreuzung mit einer Bank rechts Richtung Schneverdingen (3,9 km). Nach einer 1,4 km langen Geradeaus-Strecke durch die Osterheide östlich von Schneverdingen biegen wir bei einer Kreuzung mit Infotafel links ab Richtung Pietzmoor, immer noch auf derselben Route wie der Jakobs- und Freudenthalweg. Nach 0,5 km zweigt an einer Kreuzung rechts der (nördliche) **Zubringer nach Schneverdingen** 4 ab (zum Bahnhof 1,9 km), kurz darauf vor einem Parkplatz der südliche Zubringer (vom/zum Bahnhof 1,7 km).

i ***Schneverdingen** ist bekannt durch die anlässlich der EXPO 2000 überwiegend aus heimischem Holz und Glas erbaute **Eine-Welt-Kirche**, deren Brettstapelbauweise in Norddeutschland eher ungewöhnlich ist. Die Herkunft der Hölzer – Kiefer und Eiche – ist regional, während der Eine-Erde-Altar im Inneren der Kirche einen globalen Anspruch hat mit mehreren Tausend Erdbüchern – Bodenproben bzw. Erdspenden aus allen Teilen der Erde. Bei diesem laufenden Projekt sollen am Ende 7000 Erdbücher das Naturelement Erde mit dem Kultursymbol Buch verbinden. Herkunft und Spender von derzeit rund 5500 Büchern sind online abrufbar (eine-erde-altar.org).*

Ohne Abstecher nach Schneverdingen gehen wir bei der ersten Kreuzung am nördlichen Abstecher geradeaus (Hof Möhr 3,5 km) und folgen dem Heid-

Die Schneverdinger Eine-Welt-Kirche wurde 1999 zur EXPO 2000 in Hannover erbaut.

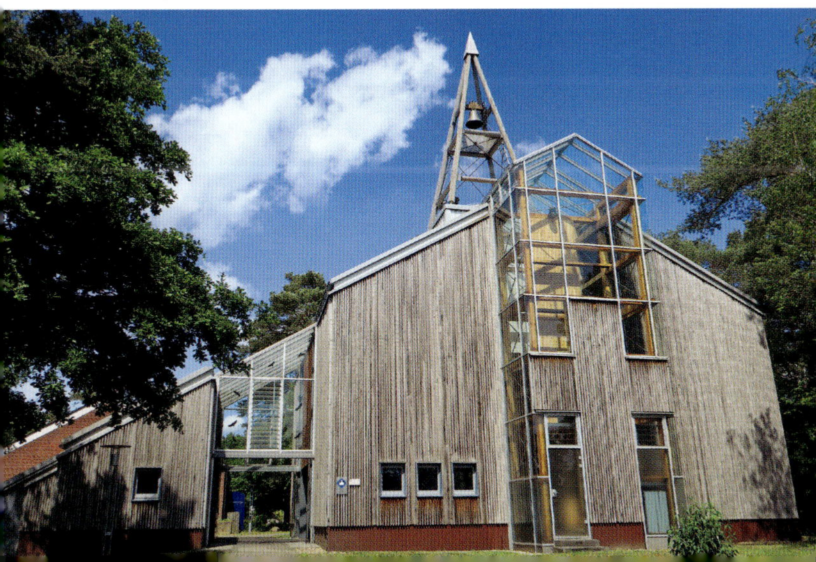

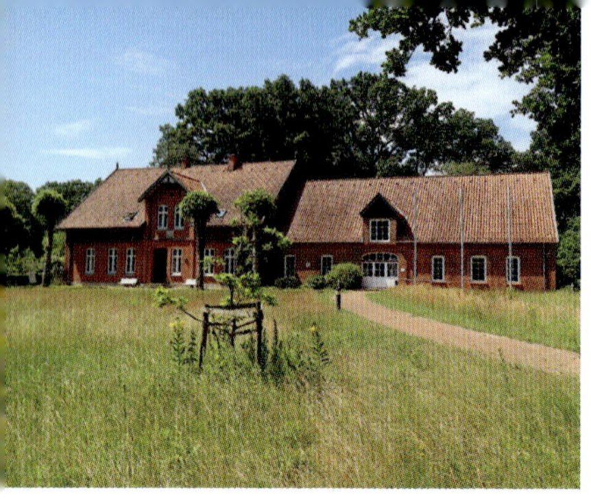

Links: Hof Möhr ist Sitz der niedersächsischen Alfred Toepfer Akademie für Naturschutz.
Rechts: Der ehemalige Heidebauernhof Tütsberg wird als Hotel bewirtschaftet.

schnuckenweg östlich an Schneverdingen vorbei. Bei der Kreuzung vor dem Parkplatz mit dem südlichen Zuweg von/nach Schneverdingen auf Heidschnucken- und Hauptweg links Richtung Behringen (11,0 km; H, F) links parallel zur Straße. 30 m nach einer Linkskurve verabschieden wir uns von dem links verlaufenden Kutschenweg, indem wir dem Spurweg nach rechts folgen. 100 m nach einer Infotafel über Heide-Podsol-Boden führt der Heidschnuckenweg über einen Holzbohlenweg und danach in den Wald, wo wir beim Hof **Möhr** 5 der gepflasterten Straße nach links folgen, links an den Gebäuden vorbei.

*i Der im 14. Jh. erstmals urkundlich erwähnte **Heidehof Möhr** mit dem jetzigen Hauptgebäude aus dem Jahr 1892 verdankt seinen Namen vermutlich dem niederdeutschen »Mör« (Moor) für das umliegende Sumpfgebiet. Der Hamburger Kaufmann Alfred Töpfer erwarb 1977 als Vorsitzender des VNP den Hof für den Naturschutz. Seit 1982 hat hier die nach dem Heidemäzen benannte niedersächsische Alfred Toepfer Akademie für Naturschutz ihren Sitz mit weitgefächerten Aktivitäten in den Bereichen Umweltbildung, Öffentlichkeitsarbeit und praxisorientierter Forschung in der Lüneburger Heide. Sichtbare Beispiele der Arbeit sind der Bauerngarten, Schafweide, Streuobstwiese, Teich und Pflanzen-Kläranlage sowie an der Rückseite des Nebengebäudes eine Wand mit Nisthilfen für Vögel und Insekten.*

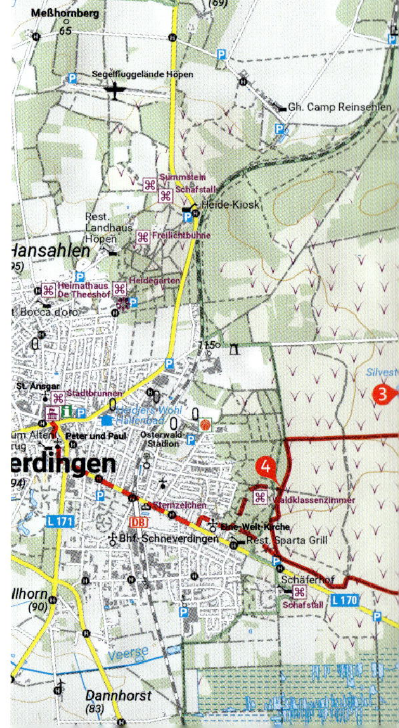

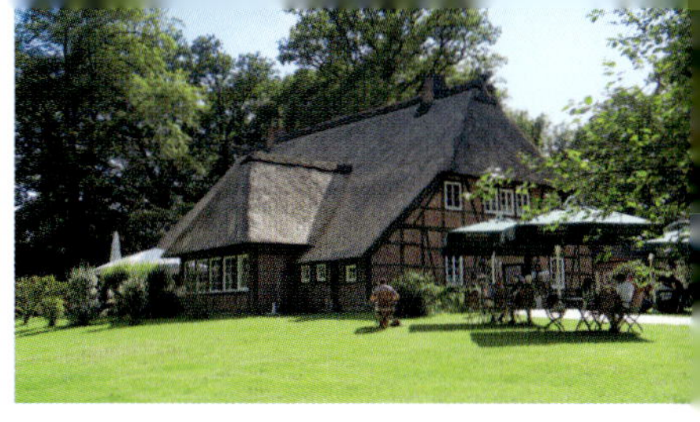

Nach dem Gutshof folgen wir dem Heidschnuckenweg durch die Linkskurve, bei der B3 dem Radweg für 200 m nach links, und weiter dem Heidschnuckenweg rechts Richtung Behringen. Bei einer Kreuzung am Waldrand entscheiden wir uns für den mittleren Weg Richtung Behringen (6,5 km). Nach einer längeren Passage erst durch Heide, dann durch Wald gehen wir bei einer Kreuzung links Richtung Tütsberg und nach 500 m rechts zum ehemaligen Gutshof **Tütsberg** 6, heute ein vom VNP betriebenes Hotel mit Café. Weiter geht es geradeaus, rechts vorbei an einem Weiher. Gleich nach dem Weiher biegen wir rechts in den Feldweg ab und bei der folgenden Kreuzung vor dem Wald nach links. Weiter ostwärts bis Behringen und dabei über eine Straße und die Brunau. Bei den ersten Häusern stoßen wir auf die Heberer Straße und folgen dieser geradeaus in die Ortsmitte von **Behringen** 7 mit Touristinfo und Bushaltestelle.

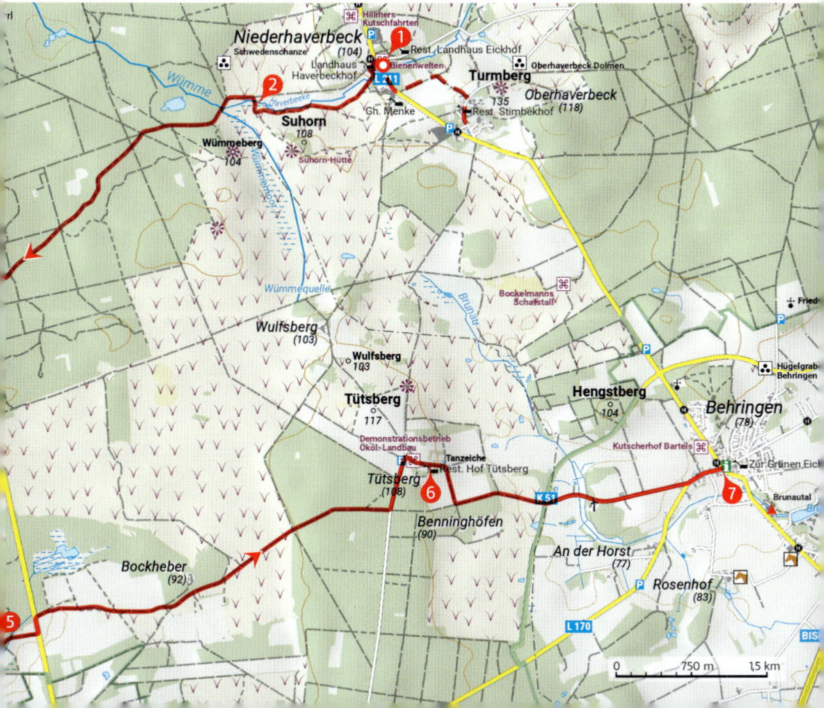

6 Von Bispingen nach Soltau

5.30 h	22,5 km
↗160 m	↘170 m

Drei Flüsse-Wanderung am Südrand des Naturschutzgebietes

Vorbei an einer der ältesten Kirchen der Lüneburger Heide, verlassen wir Bispingen und wandern großteils durch eine Landschaft mit Wald und Feld, wo ein Abenteuerspielplatz und Angelteiche für Abwechslung sorgen sowie der Kreuzberg, die letzte große Heidefläche der Nordheide. Stellenweise begleiten uns zwei Flüsse: kurz nach Bispingen die Luhe, vor Soltau die Böhme, die durch den Park der Spielestadt mit Schwimmbad, Skulpturen und spielerischen Brunnen neben uns fließt.

Ausgangspunkt: Bispingen-Ortsmitte. Parkgelegenheit am Rathaus (Navi: Borsteler Straße 4, 29646 Bispingen).
Endpunkt: Soltau mit mehreren Parkgelegenheiten, auch am (Bus-)Bahnhof (Navi: Am Bahnhof, 29614 Soltau).
ÖPNV: Buslinie 150 verbindet Mo. – Sa. mehrmals täglich Bispingen mit Soltau mit Halt u. a. in Deimern und Timmerloh, vnn.de. Am Endpunkt Soltau täglich stündlich Bahnverbindungen Richtung Hannover und Hamburg via Buchholz sowie alle zwei Stunden Richtung Uelzen und Bremen. In der Sommersaison (15.7. – 15.10.) sind mehrere Orte entlang der Tour mehrmals täglich mit Heide-Shuttle-Ringbus 4 erreichbar – und zwar Bispingen, Timmerloh, Wolterdingen-Drögeheide sowie Soltau (Wihelmstraße). Außerdem verbindet Linie 1 Bispingen mit Schneverdingen, heide-shuttle.de.
Zuweg: Zubringer aus/nach Wolterdingen mit Bahnhof (1,3 km) auf Radweg entlang der Straße und südlich vorbei am Campingplatz Auf dem Simpel.
Anforderungen: Mittelschwere Wanderung überwiegend über Forstwege, aber auch Asphalt sowie Pfade.
Einkehr: Großes Angebot in Soltau, vor allem in der Innenstadt.
Unterkunft: Heidepark Soltau: Abenteuerhotel & Holiday Camp, heide-park.de → Übernachten. **Wolterdingen:** Campingplatz Auf dem Simpel (auch Gästezimmer), Auf dem Simpel, Tel. +49 5191 3651, aufdem-simpel.de. **Soltau:** große Auswahl, z. B. folgende Unterkünfte am Böhmepark: Hotel-Pension Am Böhmepark, Bornemannstraße 3, Tel. +49 5191 98020, hotel-am-boehmepark.de; Hotel ‚Dat greune Eck', Alter Badeweg 2, Tel. +49 5191 16357, dat-greune-eck-soltau.de; Hotel MyLord, Mühlenweg 7, Tel. +49 5191 978615, mylord2000.de.
Einkauf: Supermärkte, Bioladen und Bäcker am Ausgangs- und Zielort.
Information: Soltau: Soltau Touristik, Am Alten Stadtgraben 3, Tel. +49 5191 828 282, soltau-touristik.de.
Tipps: Soltau mit Filzausstellung (felto) (s. u.); Salzmuseum, Bahnhof Str. 6, salzmuseum-soltau.de; Spielmuseum sowie stadtgeschichtlicher Sammlung, Postraße 11.

Startpunkt der sechsten Etappe ist die Schäferstatue vor der St.-Antonius-Kirche in **Bispingen** ❶. Die Hauptstraße im Rücken gehen wir rechts an Rieckmanns Gasthof vorbei und nach 50 m auf gepflastertem Weg durch eine Rechtskurve mit links der im 14. Jh. aus Feldsteinen erbauten Ole Kerk, der ältesten Kirche im Altkreis Soltau. Nach einem Gatter folgen wir dem Heidschnuckenweg links zwischen der Schule mit Spielplatz (rechts) und dem Kindergarten (links) und weiter auf dem Radweg links an der Sport-

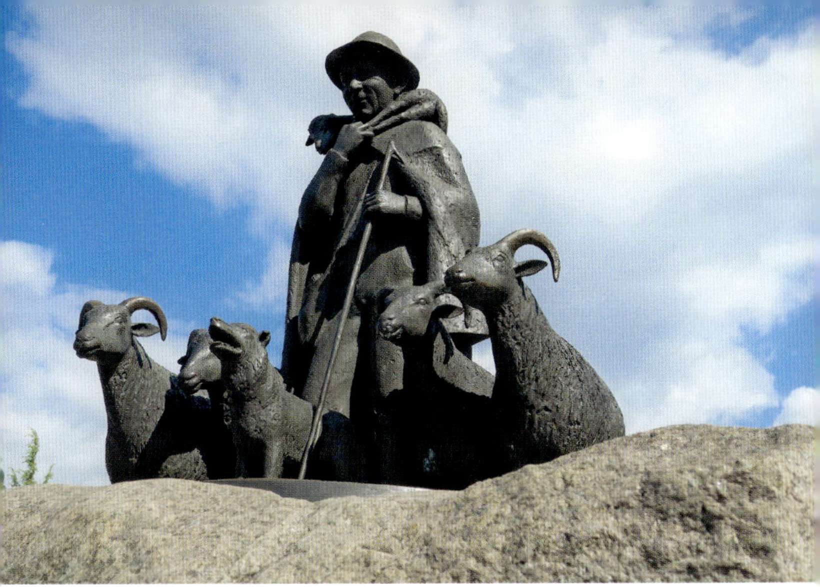

In Bispingen erinnert diese Figurengruppe an die Tradition der Heidschnuckenhaltung.

halle und dem Beachvolleyballfeld vorbei. Vor einem Holzzaun und hinter dem Restaurant-Café Bockelmann halten wir uns rechts und kurz darauf vor einer Bank noch einmal rechts.

Der Heidschnuckenweg führt links neben der Luhe entlang bis zur Töpinger Straße, auf der wir nach rechts die Luhe queren, um danach zusammen mit dem Europäischen Fernwanderweg E1 (X) links abzubiegen in südwestliche Richtung links von einer Bahnstrecke, die nur noch sehr selten von Güterzügen und sonntags im Sommer von einer Museumsbahn namens »Ameisenbär« zwischen Döhle und Soltau via Bispingen befahren wird.

Nach einer Straßenunterführung erreichen wir neben der Bahnstrecke den schon vorher ausgeschilderten **Abenteuerspielplatz Luhegrund** ❷ mit Rastgelegenheit. Wir passieren die Seilbahn und Rutsche und folgen dem Heidschnuckenweg entlang einer etwas eintönigen Passage links

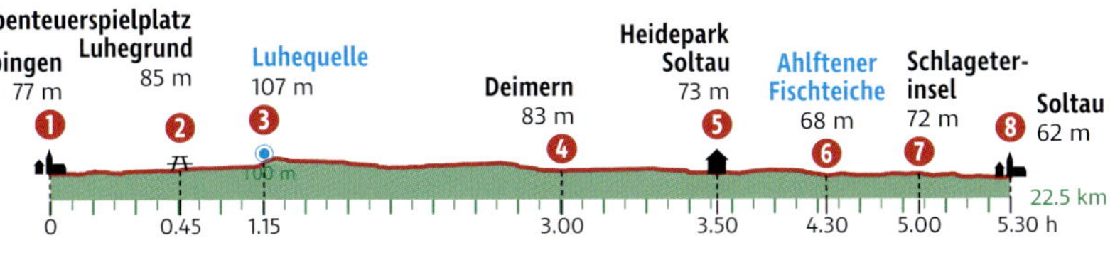

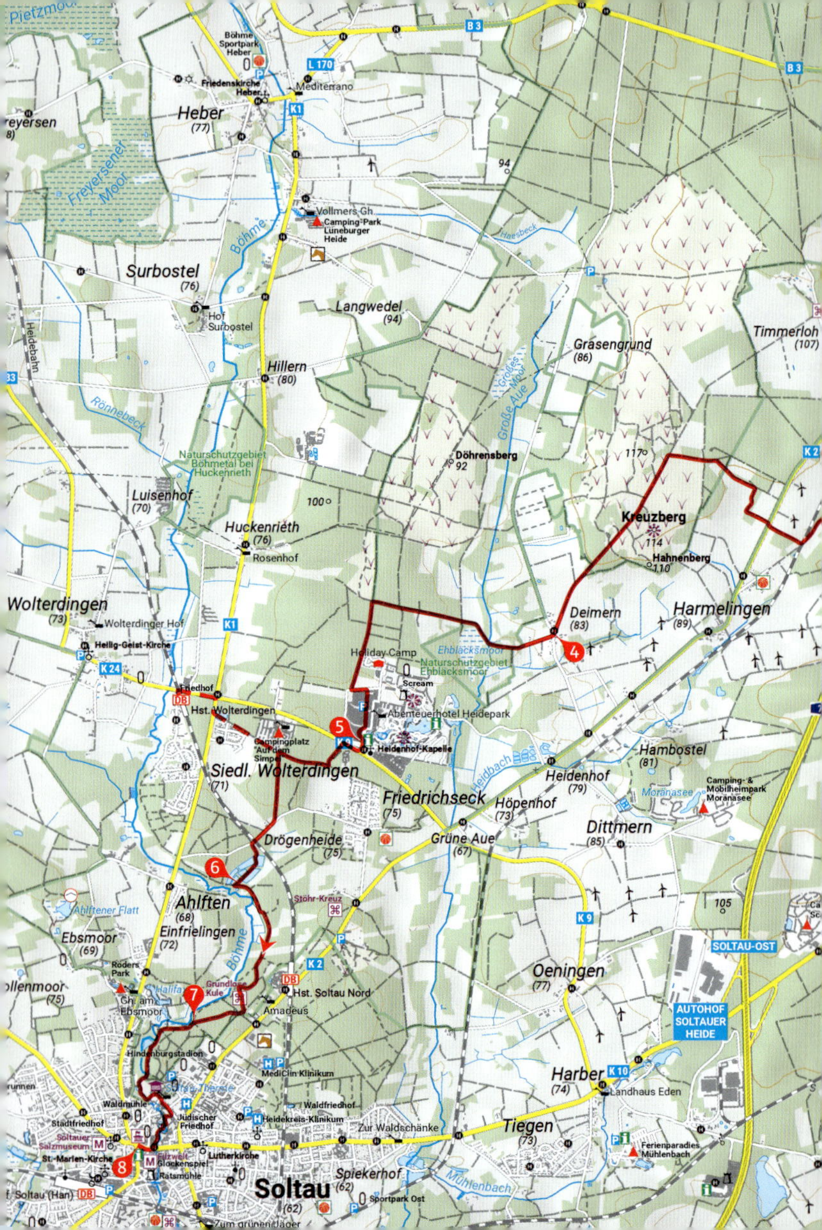

Heber
(77)
Surbostel
(76)
Langwedel
(94)
Hillern
(80)
Gräsengrund
(86)
Timmerloh
(107)
Döhrensberg
92
Kreuzberg
114
Hahnenberg
110
Luisenhof
(70)
Huckenrieth
(76)
Rosenhof
Wolterdingen
(73)
Deimern
(83)
Harmelingen
(89)
Heilig-Geist-Kirche
Holiday Camp
Naturschutzgebiet Ehblacksmoor
Abenteuerhotel Heidepark
Heidenhof-Kapelle
Siedl. Wolterdingen
(71)
Friedrichseck
(75)
Hambostel
(81)
Heidenhof
(79)
Höpenhof
(73)
Dittmern
(85)
Camping- & Mobilheimpark Moranasee
Drögenheide
(75)
Grüne Aue
(67)
Ahlften
(68)
Einfrielingen
(72)
Ebsmoor
(69)
Oeningen
(77)
SOLTAU-OST
AUTOHOF SOLTAUER HEIDE
Hst. Soltau Nord
Harber
(74)
Landhaus Eden
Tiegen
(73)
Ferienparadies Mühlenbach
Soltau
(62)
Spiekerhof
(62)
Naturschutzgebiet Böhmetal bei Huckenrieth
Freyersener Moor
Camping-Park Lüneburger Heide
Hst. Wolterdingen
Campingplatz "Auf dem Simpel"
MediClin Klinikum
Heidekreis-Klinikum
Salzmuseum
St.-Marien-Kirche
Filzwelt
Glockenspiel
Lutherkirche
Ratsmühle
Sportpark Ost
Zum grünen Jäger

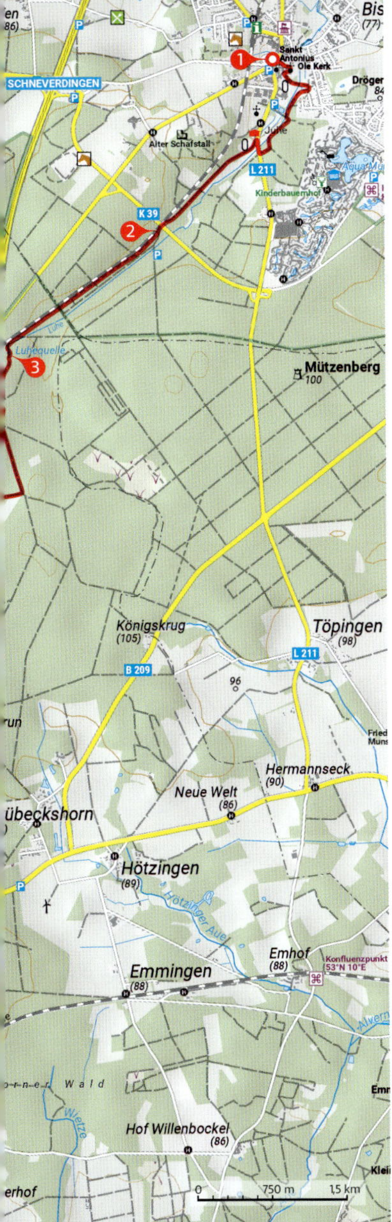

neben der Bahnlinie. Für etwas Abwechslung sorgen unterwegs die Stationen des Trimmpfades. 100 m vor der Autobahn steigt der Heidschnuckenweg links an und passiert die **Luhequelle** ❸ mit einer Sitzgelegenheit. In den Teichen sammelt sich das aus den darüber liegenden Erdschichten austretende Wasser, das danach weitgehend unterirdisch fließt und erst kurz vor Bispingen sichtbar als Fluss in Erscheinung tritt und schließlich nach 58 km bei Winsen in die Ilmenau mündet.

Bei einer Kreuzung vor der Autobahn zweigen der Heidschnuckenweg und E1 nach links ab, um bei der folgenden Gelegenheit bei einem Feld nach rechts zu führen und dabei erst die Autobahn und danach die Bahnstrecke zu queren. Nach der Bahn halb rechts auf Spurweg gemächlich aufwärts (Soltau 15 km) und bei der nächsten Straßenkreuzung um 10 m nach rechts versetzt geradeaus. Nach einem Waldstück knickt der Heidschnuckenweg nach rechts ab und folgt dem Feldrand – auch nach einer Linkskurve. 100 m nach einem NSG-Schild halten wir uns links und bei der folgenden T-Kreuzung mit einem Spurweg wieder links (Soltau 13 km). Der Heidschnuckenweg führt jetzt über die Heidefläche des Kreuzbergs (114 m) und damit wieder in das Naturschutzgebiet Lüneburger Heide. In der Ferne sind die höchsten Punkte von Freizeitattraktionen des Heideparks erkennbar. Im Dorf **Deimern** ❹ folgen wir beim Wendekreisel mit der Bushaltestelle der kleinen Asphaltstraße geradeaus (Soltau 11 km).

Wälder und offene Flächen wechseln sich ab vor und nach Querung der Großen Aue. Bei einer Kreuzung mit links einer rot-weißen Schranke gehen wir geradeaus und bei der nächsten mit einer kleinen Holzbank nach links. Der breite Waldweg führt an den beachtlichen Parkplatz vom Heidepark Soltau heran. Die H-Markierungen weisen 150 m weiter links den Weg quer über den riesigen Parkplatz und schließlich rechts am Eingangsbereich des **Heideparks Soltau** 5 vorbei.

*i Der **Heidepark Soltau** ist mit rund 1,5 Mio. Besuchern Deutschlands zweitgrößter Freizeitpark und einer der großen Besuchermagnete in der Lüneburger Heide. Der 1978 eröffnete Heidepark wurde bis 2001 familiär geführt und dann von der Tussauds Gruppe übernommen, die 2007 von der Merlin Entertainments Group geschluckt wurde als Betreiber großer Parks wie Legoland, Gardaland sowie Sealife-Aquarien. Neben diversen Attraktionen wurden im Heidepark 1997–2003 die Weltmeisterschaften im Pfahlsitzen ausgerichtet, die ein Pole 2002 mit fast 200 Tagen und einem Eintrag im Guinessbuch der Rekorde gewann (heide-park.de).*

Ein asphaltierter Fußweg führt zwischen den zwei Teichen mit Springbrunnen hindurch zur Ampel, über die wir die Zufahrtsstraße queren. Weiter geht es rechts entlang der Straße (Radweg), ehe nach 100 m der Heidschnuckenweg links in den Wald abzweigt.

Eher unscheinbar entspringt in einer Senke die zunächst unterirdisch fließende Luhe.

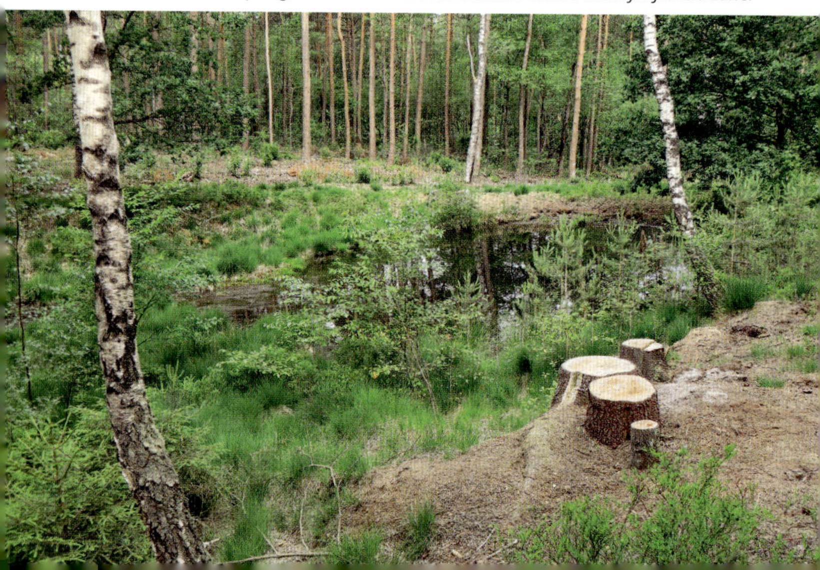

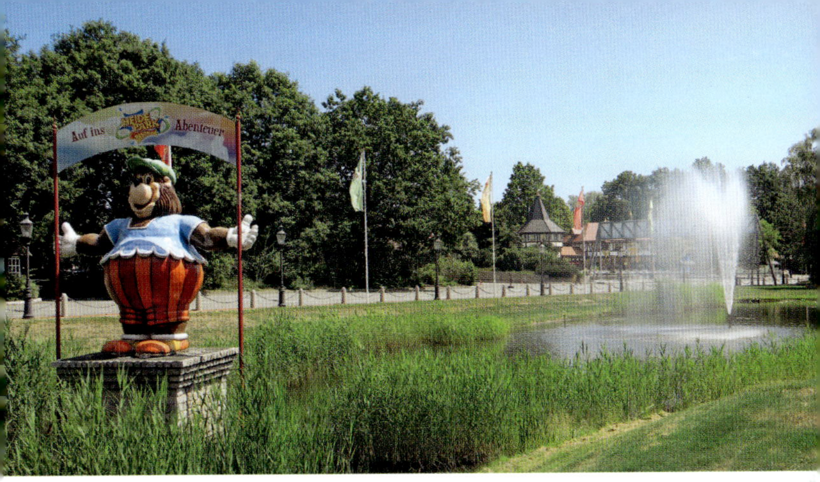

Der Heidepark Soltau ist eine der großen Touristenattraktionen der Lüneburger Heide.

Bei der Gabelung vor einem Gatter gehen wir rechts und halten uns bei einer Wegespinne vor einem Campingplatz mit Ferienhütten ganz links. Der Heidschnuckenweg führt durch Wald und an dessen Ende nach rechts, über Bahngleise und dahinter auf dem Schotterweg links in den Wald (Verkehrsverbot), der sich gleich darauf lichtet. Einer Allee gleich schlängelt sich der Weg zwischen den **Ahlftener Fischteichen** 6 hindurch, an deren Ende eine Tafel über Fischarten informiert.

*i Der 151 km lange **Freudenthalweg** führt als einer der ältesten Fernwanderwege der Lüneburger Heide von Hamburg über Wilsede und Walsrode nach Verden. Benannt ist er nach den in Fallingbostel um 1850 geborenen Brüdern August und Friedrich Freudenthal – beide Heimatschriftsteller, von denen der eine (Friedrich) überwiegend niederdeutsch schrieb, während August Freudenthals bedeutendste Werke in hochdeutscher Sprache erschienen. Von denen wurden vor allem die Reiseberichte in die Lüneburger Heide bekannt.*

Bei dieser Infotafel zweigt der Heidschnuckenweg nach links ab und führt uns bis Soltau auf der linken Seite der Böhme, die 1810 – 13 als Grenzfluss das napoleonische Frankreich vom Königreich trennte, wenn auch nur symbolisch, denn Westphalen mit Napoleons Bruder Jérôme als König galt als französischer Satellitenstaat. Wir wandern weitgehend entlang derselben Trasse wie die mit »F« markierte Fernwanderroute Freudenthalweg, kurzzeitig auch auf parallel zueinander verlaufenden Wegen.

Die Sole der Soltau-Therme wird aus 200 m Tiefe gefördert.

Wir folgen den F und/oder H-Markierungen durch Wald links von der Böhme und halten uns 100 m nach einer Schneise mit einer Hochspannungsleitung rechts. Bei einer Kreuzung links von einer Brücke über die Böhme folgen wir geradeaus dem Waldweg links neben der Böhme.
Wir erreichen eine kleine künstliche Insel in der Böhme mit Holzbrücke und Stein. Die 15 m lange und 5 m breite **Schlageterinsel** 7 mit zwei markanten Bäumen (Kastanie und Ulme) wurde benannt nach dem umstrittenen Freikorpskämpfer Albert Leo Schlageter (1894 – 1923), der nach seiner Hinrichtung infolge des Urteils eines französischen Militärgerichts von rechten Kreisen zum Märtyrer erhoben wurde (»Schlageter-Kult«).
Hier bieten sich zwei Optionen an, die beide nach 150 m wieder zusammentreffen: Die Markierung weist die einfachere Option geradeaus auf dem Hauptweg, wo es bei der folgenden Gabelung nach rechts geht. Die abenteuerliche Version führt auf kleinem Pfad links direkt am Böhmeufer entlang. Bei einer Kreuzung folgen wir den Markierungen H und F geradeaus und weiter den Fernwegmarkierungen links neben der Böhme hinein nach Soltau, wo wir zuerst den Park der Therme erreichen. Dort halten wir uns bei Bänken nahe einer Stahlbrücke links und wandern rechts an der Therme vorbei, einem der beliebtesten und meistbesuchten Bäder Norddeutschlands, deren Wasser mit Salz aus einer Tiefe von mehr als 200 m versetzt ist. Nach der Therme führt der Heidschnuckenweg durch eine Rechtskurve zum Böhme-Familienpark. Durch den Park folgen wir den Markierungen H, F und der Jakobsmuschel. Bei einem Spielplatz links, vor einem Teich mit Springbrunnen über die Böhme und links am Teich vorbei. Der Park endet an der Wilhelmstraße bei der gleichnamigen Bushaltestelle. Hier halten wir uns rechts und biegen kurz darauf links in die zentrale Marktstraße, die Fußgängerzone von **Soltau** 8, mit etwas weiter rechts der Touristinfo.

*i Kulturell bietet Soltau neben einem Spiel-, Salz- und Heimatmuseum die **Filzausstellung »felto«**, die zurückgeht auf ein wirtschaftlich wichtiges Produkt: Filz – früher wie heute vielseitig verwendet, etwa zum Dämmen, Isolieren und als Filtermaterial. Seit 1851 wird in Soltau Filz produziert. Der Rohstoff liegt bzw. läuft vor der Tür: Wollfilz wird mithilfe von Feuchtigkeit, Druck und Wärme aus Schafwolle hergestellt, die im Überfluss vorhanden war – im 19. Jh. lieferten rund 380.000 Schafe des Regierungsbezirks Lüneburger Heide rund 1000 t Wolle. In einem ehemaligen Lagergebäude der Filzfabrik veranschaulicht »felto« viele Facetten rund um Filz. Die mit einem gläsernen Fahrstuhl erreichbare Aussichtsplattform bietet einen weiten Blick.*
Marktstraße 19, filzwelt-soltau.de.

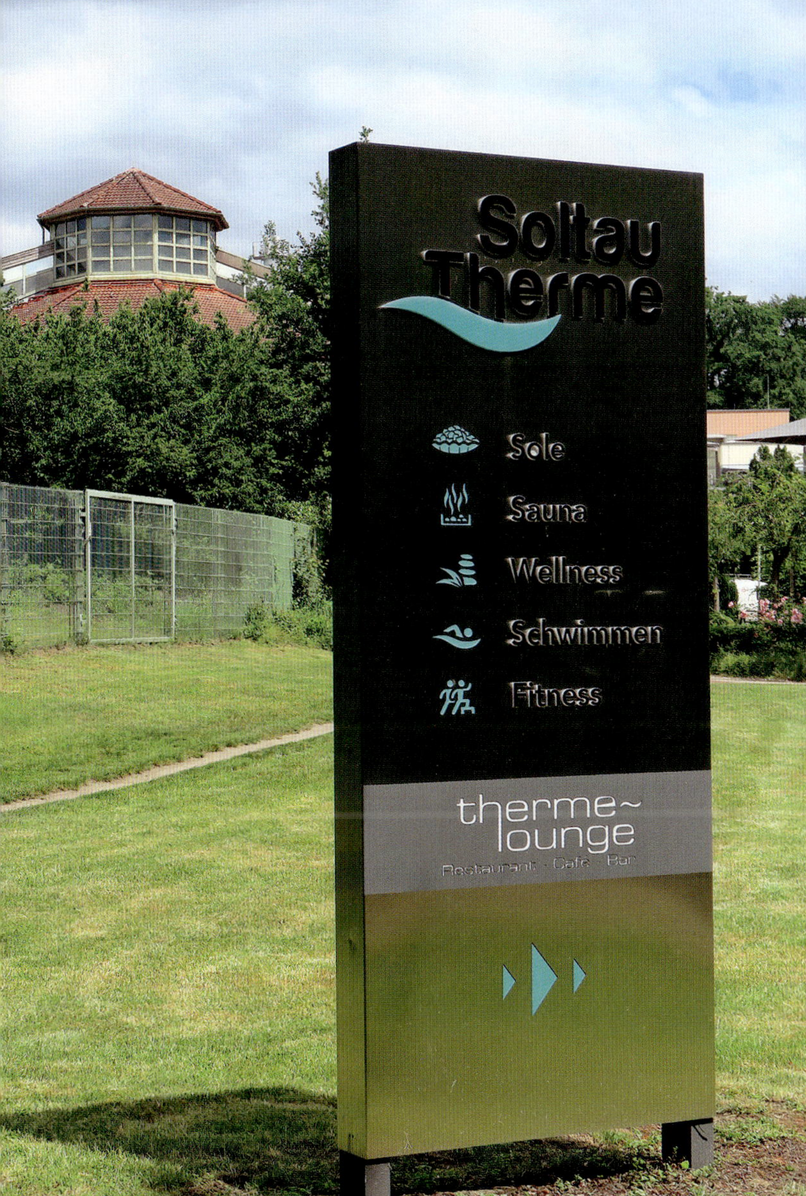
Soltau
Therme
Sole
Sauna
Wellness
Schwimmen
Fitness
therme~
lounge
Restaurant · Café · Bar

7 Von Soltau nach Wietzendorf

5.30 h | 20,9 km
↗170 m | ↘160 m

Im Zeichen der Jakobsmuschel von der Spielestadt in das Honigdorf

Diese Etappe folgt großteils dem Jacobusweg Lüneburger Heide, dessen rund 400 Kilometer langes Netz in der Lüneburger Heide als Teil bzw. Ergänzung der von Fehmarn über Lüneburg nach Eisenach führenden Via Scandinavica ausgebaut wurde, nachdem im Jahr 2000 mehr als 50 Pilgerzeichen in der Lüneburger Heide entdeckt worden waren. Nach dem Verlassen von Soltau wandern wir durch die Parkanlage Breidings Garten, ehe Felder und Wälder uns empfangen. Auf dem Weg in das Honigdorf Wietzendorf passieren wir nette Bachtäler mit Auewiesen. Diese Tour mit längeren Abschnitten auf Feldwegen oder entlang (verkehrsarmer) Straßen gehört zu den weniger ereignisreichen Etappen des Heidschnuckenweges, weshalb die offizielle Broschüre des Heidschnuckenweges andere Aspekte hervorhebt: »Entdeckung der Langsamkeit, ... Gehen mit allen Sinnen ...«.

Ausgangspunkt: Soltau mit mehreren Parkgelegenheiten, darunter auch einer am (Bus-)Bahnhof (Navi: Am Bahnhof, 29614 Soltau).
Endpunkt: Wietzendorf. Einige Parkstellplätze an der Rückseite vom Rathaus (Navi: Königstraße, 29649 Wietzendorf).
ÖPNV: Buslinie 355 verbindet Mo. – Sa. mehrmals täglich Soltau mit Wietzendorf, vnn.de. Am Ausgangspunkt Soltau täglich stündlich Bahnverbindungen Richtung Hannover und Hamburg via Buchholz sowie alle zwei Stunden Richtung Uelzen und Bremen. In der Sommersaison (15.7. – 15.10.) fährt der Ringbus Heide-Shuttle 4 mehrmals täglich zwischen Schneverdingen, Bispingen und Soltau, heide-shuttle.de.
Anforderungen: Leichte Wanderung über Forst- und Feldwege sowie längere Passagen entlang Straßen.
Einkehr: Eingeschränktes Angebot in Wietzendorf, etwa Eiscafé oder Bistro-Pizzeria im Landgasthaus Wietzendorf.
Unterkunft: Wietzendorf: Landgasthaus Wietzendorf, Hauptstr. 17, Tel. +49 5196 1679, landgasthaus-wietzendorf.de, Südsee-Camp mit Zelt- und Übernachtung in Wohnwagen oder Chalet (1 km westlich von 5, Südsee Camp 1, Tel. +49 5196 980116, suedsee-camp.de).
Einkauf: Supermarkt und Bäcker am Start- und Zielort.
Information: Wietzendorf: Wietzendorf Touristik, Kampstraße 4, Tel. +49 5196 2190, wietzendorf.de.
Tipp: In Wietzendorf Fachwerk-Bauernhof Peetshof aus 19. Jh. mit Heimatmuseum (Mai – September Di., Do. Fr. 15 – 17 sowie Do. 10 – 12 Uhr, sonst Führungen auf Anfrage, Tel. +49 5196 664), peetshof-wietzendorf.de. Badeparadies und -see im Südsee-Camp, 1 km westlich von 5, auch für Tagesgäste, suedsee-camp.de.

In **Soltau** 1 folgen wir der Fußgängerzone (Marktstraße) in südliche Richtung und gehen bei dem Platz mit Glocken links Richtung Wietzendorf (18,5 km); geradeaus führt der Weg zum Bahnhof (0,6 km). Die kleine Straße (Burg) erreicht nach Querung der Soltau die Straße Böhmheide. Dort schräg rechts und rechts an dem Discounter (Aldi) vorbei (Charlottenstraße)

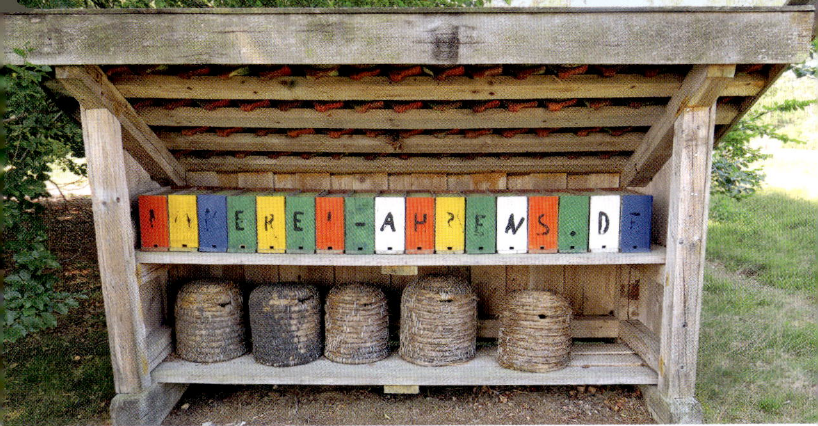

Wietzendorf ist bekannt für die Imkerei und das jährliche Honigfest im September.

Richtung Dorfmark. Nach der Bahnunterführung links auf den Radweg und nach 200 m rechts in den Park. Der Heidschnuckenweg schlängelt sich links haltend südwärts durch den im 19. Jh. nach dem Vorbild eines englischen Landschaftsparks angelegten **Breidings Garten** ❷.
In einem Linksbogen führt der Heidschnuckenweg anschließend nach Tetendorf, quert und begleitet kurz die Celler Straße. Links abzweigend wandern wir über die Große Aue, vorbei an einer Fabrik für Gusstechnik, kurvenreich durch Wald und am Waldrand entlang in nordöstliche Richtung. Nach etwa 1 Stunde quert der Heidschnuckenweg nach dem **Tierheim Tiegen** ❸ die Bahngleise und zweigt dahinter rechts in den Schotterweg, jetzt wieder begleitet vom Jacobusweg.

i *Die in West-Ost-Richtung verlaufende Bahnstrecke zwischen Uelzen und Bremen wird im Zweistundentakt von der DB Regio befahren und ist Teil der 1873 eröffneten* ***»Amerikalinie«*** *zwischen Bremerhaven und Stendal sowie weiterführend nach Berlin. Für Hunderttausende Auswanderer aus östlichen Teilen des Deutschen Reiches sowie Europas war diese umgangssprachlich nach dem Emigrationsziel benannte Bahnstrecke die letzte Reise-Etappe innerhalb der alten Heimat zum Auswandererhafen Bremerhaven, dem Tor nach Amerika. In der Gegenrichtung belieferten Güterzüge die Reichshauptstadt mit frischem Fisch. Die in den Jahrzehnten nach dem Zweiten Weltkrieg vernachlässigte und stellenweise zurückgebaute Strecke soll in Zukunft für den Güterverkehr wieder an Bedeutung gewinnen zur besseren Anbindung der Containerhäfen Bremerhaven und JadeWeserPort; dazu sind Verbesserungen wie durchgehender zweigleisiger Ausbau und Elektrifizierungen geplant.*

Bei Gabelungen halten wir uns rechts und queren schließlich wieder die Bahnlinie, etwas später eine Hochspannungsleitung und Autobahn. Nach Letzterer folgen wir vor dem **Hof Abelbeck** ❹ dem breiten Schotterweg nach links Richtung Wietzendorf (11 km).

Bei einer Kreuzung mit Schranke erreicht der Heidschnuckenweg eine Kreisstraße und folgt dieser 20 – 30 Gehminuten nach links. Alternativen gibt es nicht wegen der beidseitig der Straße liegenden militärischen Artillerie-Außenstellung des Truppenübungsplatzes Munster.

Nach 1,7 km verlassen wir die Straße auf dem rechts abzweigenden Forst-

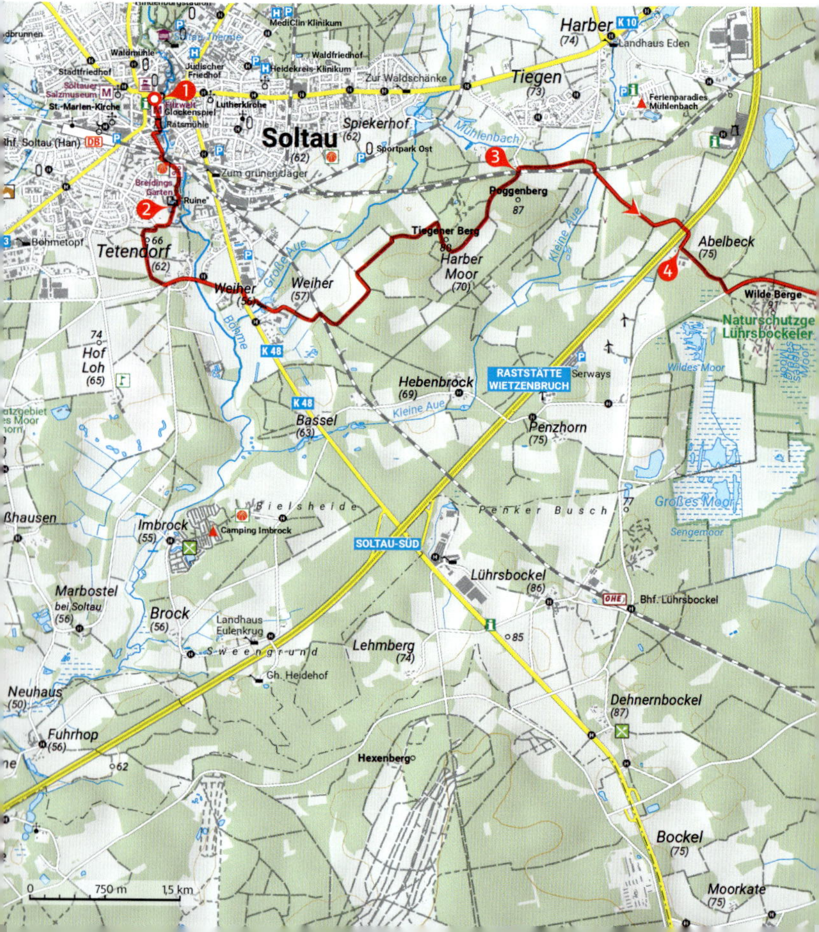

weg Richtung Wietzendorf (8,5 km). 5 Gehminuten nach der zweiten Kreuzung am Waldrand links auf Feldweg Richtung Wietzendorf (6,5 km). Bei der folgenden T-Kreuzung steuern wir links auf ein Haus zu und biegen 150 m vor dem Haus scharf rechts in den Waldweg Richtung Wietzendorf ab. Der Heidschnuckenweg führt zu einer T-Kreuzung im Dorf **Meinholz** 5 und weiter rechts entlang dem Radweg neben der Straße rechts Richtung Wietzendorf (4,9 km), hinüber über die Hötzinger Aue und vorbei an einer Bushaltestelle. Links liegt der Leverenzhof, ein 400 Jahre alter Landwirtschaftsbetrieb, der 1980 als Hobby mit der Fischzucht begann und heute mit jährlich 700 t produzierten Forellen aus Aquakultur als einer der größten Forellenproduzenten Deutschlands gilt mit dem Markennamen Heidefisch.

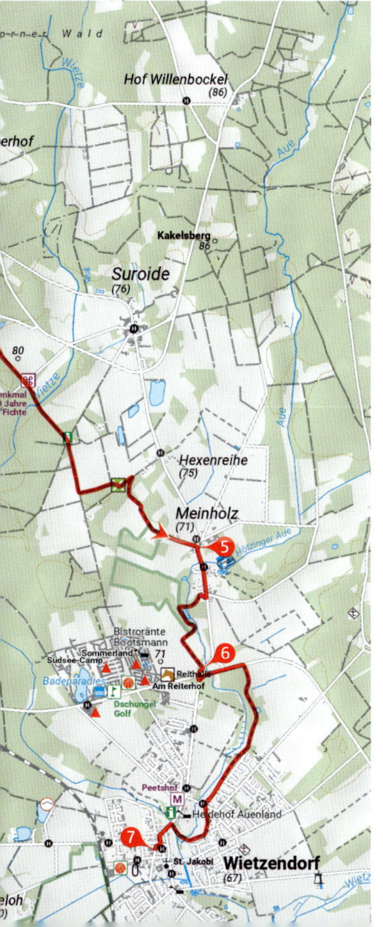

Kurz vor dem Ortsende von Meinholz schwenken wir nach rechts Richtung Wietzendorf und halten uns nach 50 m bei einer Gabelung links. Der Heidschnuckenweg führt über die Hötzinger Aue und danach am Südrand des unter Naturschutz stehenden Wittenmoors durch Wald.

Bei einem **Parkplatz mit Schutzhütte** 6 folgt der Heidschnuckenweg dem Radweg neben der Straße nach rechts und quert die rechts zur Ferienanlage Südsee-Camp führende Kreisstraße, von der uns rechts der Reitplatz trennt. Nach der Straßenquerung links auf Fußweg auf der rechten Seite der Straße Richtung Wietzendorf und nach 0,4 km rechts am Waldrand entlang. Bei einer Gabelung hinter Teichen halten wir uns rechts und folgen dem Heidschnuckenweg geradeaus am Ortsrand, immer auf der linken Seite der Hötzinger Aue.

Bei einem Bushäuschen 50 m links von einer Straßenbrücke gehen wir links und nach 20 m beim Weidetor vor einem Haus auf dem Pfad nach rechts. Im weiteren Verlauf halten

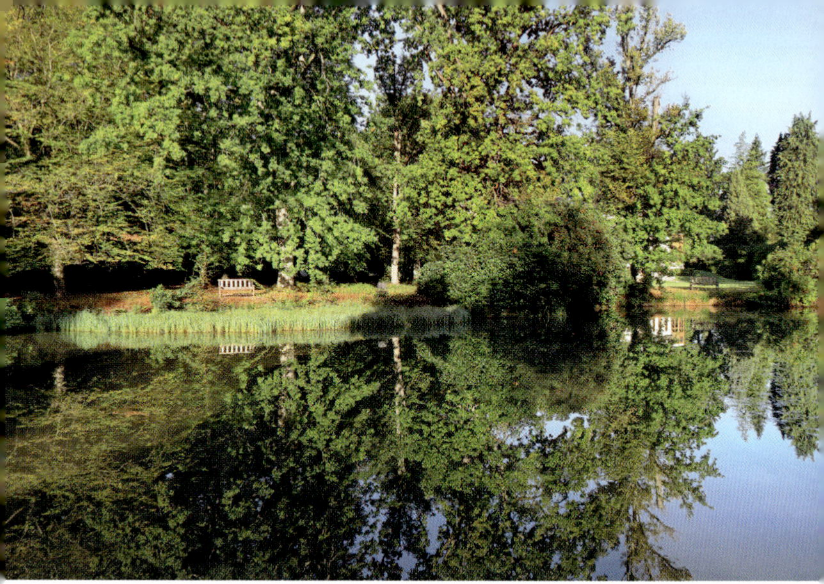

Breidings Garten bei Soltau.

wir uns rechts, bis der Heidschnuckenweg die Hauptstraße erreicht. Etwas rechts liegt der Peetshof, ein typischer Fachwerk-Bauernhof aus dem 19. Jh., in dem der Heimatverein ein Museum zur Orts- und Regionalgeschichte eingerichtet hat. Der Heidschnuckenweg führt links entlang der Hauptstraße über die Wietze nach **Wietzendorf** 7, an dessen Rathaus das Wasser eines Brunnens mit sechs Findlingen sprudelt, die dort gefunden wurden und die sechs Ortsteile der Gemeinde symbolisieren. Daneben erregt »Yellow Boy« die Aufmerksamkeit, seit 2020 Teil des »Skulpturenweges Wasserkunst« genauso wie die rote »Sitzende« vor dem Peetshof. Beide sind Werke der Munsteraner Künstler Wladimir und Natalia Rudolf, die 2020 auch den begehbaren und beleuchteten »Bienenkorb« vor der Kirche erschaffen haben, der den Ruf als »Honigdorf« unterstreicht: 100 Imker betreuen mehrere hundert Bienenvölker in Wietzendorf mit zusammen mehr als 20 Millionen Bienen.

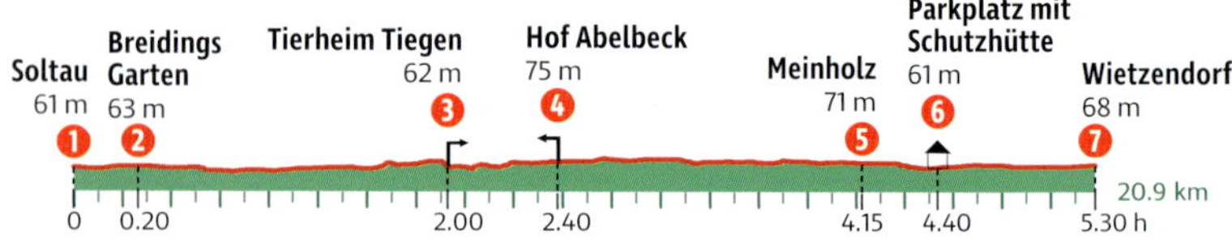

i ***Wietzendorf** ist alljährlich Ende September Austragungsort eines Honigfestes mit mehr als 100 Ausstellern, an dem an zwei Tagen mehr als 10.000 Besucher den Ort besuchen. Ähnlich hoch ist die Anzahl der Bienenvölker in der Region inklusive der Wanderimker.*
***Imkerei** hat eine lange Tradition in der Lüneburger Heide und geht schon auf die Römerzeit zurück. Im Mittelalter hatte fast jeder Bauernhof einen Bienenzaun, in den die damals aus Stroh und Wurzeln geflochtenen und mit Mist überzogenen Bienenkörbe gestellt wurden. Heute werden Bienen in der Regel in Kästen gehalten. **Heidehonig** ist von der Konsistenz gelartig und kann daher nicht so einfach geschleudert werden wie andere Sorten. Das Lösen des dickflüssigen Honigs aus den Waben ist arbeitsaufwendig, wodurch sich der hohe Preis für Heidehonig mit seinem intensiven herben Aroma erklärt. Für ein Glas Honig (500 g) fliegen die Bienen rund 2 Millionen Blüten an und legen dabei eine Strecke zurück, die der zweimaligen Umrundung des Erdäquators entspricht.*
*Zwei Skulpturen an der 1876 im neugotischen Stil errichteten **St.-Jakobi-Kirche** Wietzendorf erinnern an die Imkerei: die Statue eines Imkers und der »Bienenkorb«. Im Inneren der Kirche sind das bronzene Taufbecken aus dem 14. Jh. und die hölzerne Kanzel aus dem 19. Jh. von Bedeutung. Der hölzerne Kirchturm von 1765 mit seinen drei großen Glocken geht zurück auf die Vorgängerkirche.*

Der »Yellow Boy« in Wietzendorf ist Teil des »Skulpturenweges Wasserkunst«.

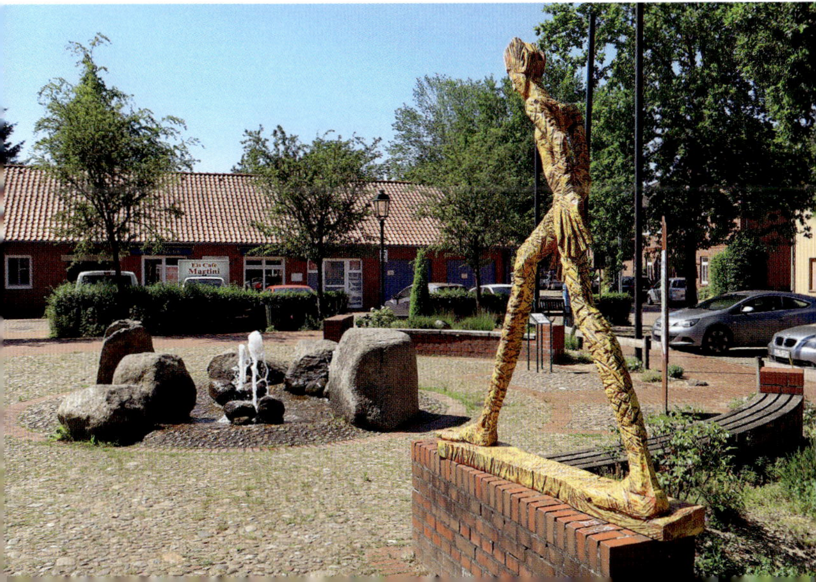

8 Von Wietzendorf nach Müden an der Örtze

3.30 h | 13,6 km | ↗70 m | ↘80 m

Auf den Spuren von Hermann Löns in die Heideperle Müden

Von Wietzendorf wandern wir durch Wald, vorbei an Windrädern und kleinen Heideflächen. Häteler Berg, Hetendorf-Windpark und Hohenbackeberg heißen die Stationen. Unterwegs informieren mehrere Tafeln über landschaftliche Besonderheiten. Ziel ist Müden am Zusammenfluss von Wietze und Örtze. An positiven Attributen zu Müden (Örtze) herrscht kein Mangel: »romantischer Urlaubsort, uriger Heideort, schönstes Dorf der Heide, Perle der Südheide, Heide-Perle mit Sylt-Charakter«. Der Heidedichter Hermann Löns verbrachte zweimal seinen Urlaub in Müden (Örtze) und war begeistert von dem Dorf und besonders der Aussicht vom Wietzer Berg auf das Örtzetal – kein Wunder, dass ihm hier 1921 ein Denkmal gesetzt wurde – Höhepunkt dieser Etappe. Unauffälliger Begleiter dieser Tour ist die Wietze, die wir nur am Anfang und Ende der Etappe zu Gesicht bekommen.

Ausgangspunkt: Wietzendorf. Einige Parkstellplätze an der Rückseite vom Rathaus (Navi: Königstraße, 29649 Wietzendorf).
Endpunkt: Müden an der Örtze mit Parkplatz an Touristinfo in der alten Wassermühle (Navi: Unterlüßer Str. 5, 29328 Faßberg).
ÖPNV: Wietzendorf wird Mo. – Sa. mehrmals täglich durch Buslinie 355 von/nach Soltau bedient, vnn.de. In Müden hält der zwischen Hermannsburg und Faßberg fahrende CeBus 220 mehrmals täglich, cebus-celle.de.
Anforderungen: Leichte Wanderung über stellenweise lange geradeaus verlaufende Forst- und Feldwege, kurzzeitig auch entlang von Straßen.
Einkehr: Kiosk-Bistro am Parkplatz unterhalb vom Lönsstein (in Sommersaison täglich, sonst oft am Wochenende), Müden mit größerer Auswahl, bekannt ist Ole Müllern Schün Bauerncafé in der Alten Dorfstraße 6 mit Bauerngarten (Mo. und teilw. Di. Ruhetag), ole-muellern-schuen.de.
Unterkunft: **Müden (Örtze):** Niemeyers Posthotel, Hauptstraße 7, Tel. +49 5053 989 064, niemeyers-posthotel.de; Landhotel Bauernwald, Alte Dorfstraße 8, Tel. +49 5053 9899-0, landhotel-bauernwald.de; JH Müden (wd, 1 km südlich an der Örtze, Richtung Etappe 9V), Wiesenweg 32, Tel. +49 5053 225, jugendherberge.de → Müden.
Einkauf: Supermarkt und Bäcker am Start- und Zielort.
Heideschleifen am Weg: Heideschleife Müden (HS9).
Information: Tourist-Information Müden (Örtze), Unterlüßer Straße 5, Tel. +49 5053 989222, touristinformation-mueden.de.
Tipps: Wildpark Müden mit 30 meist einheimischen Arten, aber auch Alpaka, Elch, Waschbär, wildparkmueden.de.

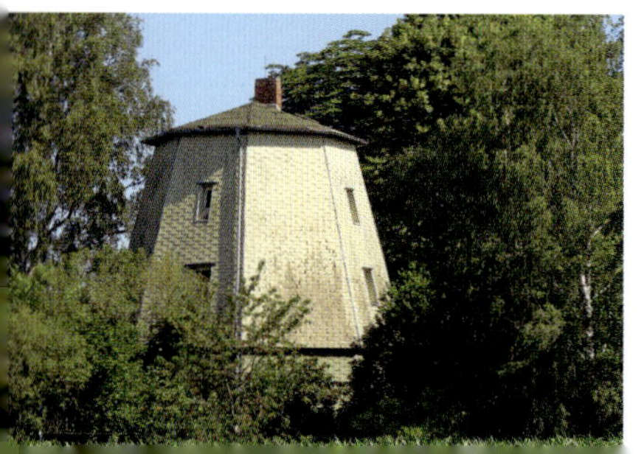

Die alte Windmühle von Wietzendorf ist schon seit mehr als 100 Jahren außer Betrieb.

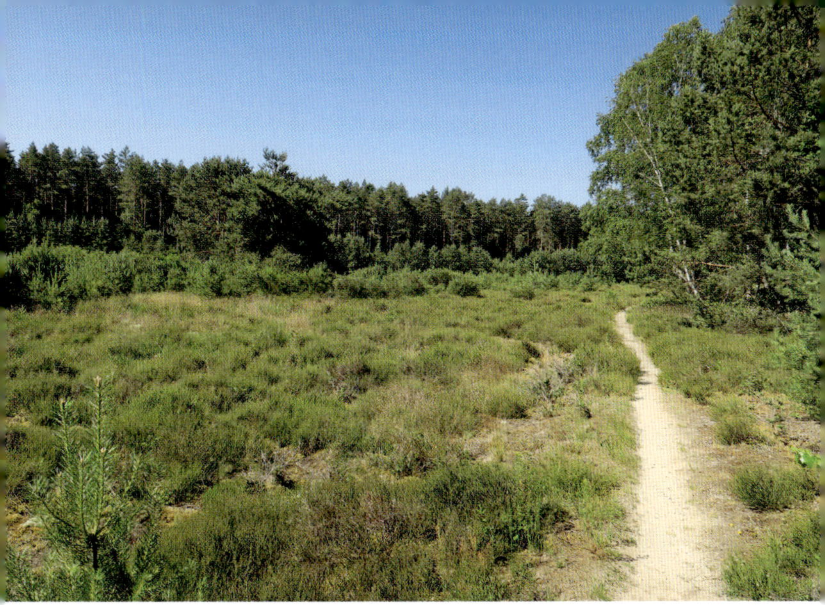

Am Häteler Berg wird eine kleine Heidefläche von Wäldern umrahmt.

Vom Rathaus in **Wietzendorf** ❶ folgen wir der Hauptstraße südwärts vorbei an der Bushaltestelle und an der neugotischen St.-Jakobi-Kirche mit markantem hölzernem Turm sowie vor der Kirche den Statuen eines Imkers und dem begeh- und beleuchtbaren »Bienenkorb«, beide erinnern an das alljährliche Honigfest in Wietzendorf Ende September. 200 m nach dem Ortsendeschild führt uns die Straße über den Suhrbach, ehe wir bei der Rechtskurve der Straße bei einer Kreuzung dem Heidschnuckenweg auf der kleinen Asphaltstraße geradeaus folgen, links vorbei am Picknicktisch und der überdachten Bank. Links hinter uns steht die alte Windmühle, 1879 als dreistöckiger Gallerieholländer erbaut und bis 1920 in Betrieb. Später diente das Gebäude als Wohnung und Basis eines Waldkindergartens.
Bei einer Infotafel über die Verteilung der Ackerflur führt der Heidschnuckenweg in den Wald, wo wir eine umzäunte Blaubeerplantage zur Rech-

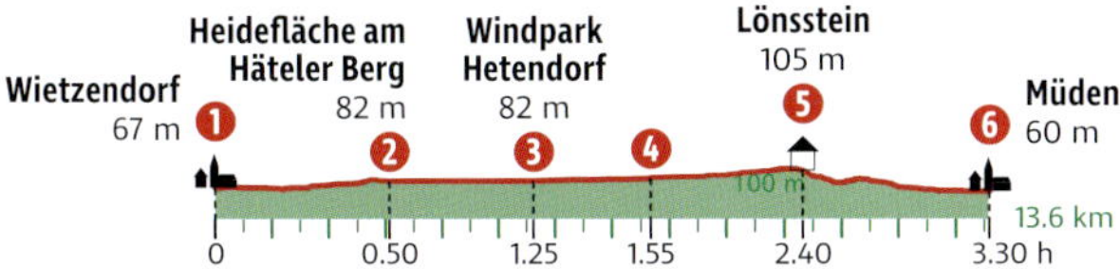

ten passieren. Bei einer Kreuzung mit Schutzhütte nach einer Kiesabbaugrube und dahinter dem Häteler Berg zur Rechten erinnert ein Stein an die geografischen Koordinaten bzw. den 10. Grad östlicher Länge: Vom Nordpol trennen uns 4000 km und vom Äquator 5900 km.
Der Heidschnuckenweg führt geradeaus am Waldrand entlang und nach 150 m links auf einen Waldweg Richtung Wietzer Berg und Müden. Kurz darauf erwartet uns als landschaftlicher Höhepunkt die kleine **Heidefläche am Häteler Berg** ❷, an deren Ende wir bei einer Kreuzung mit der Straße geradeaus gehen. Bei einer überdachten Bank stößt der Heidschnuckenweg auf eine Straße und folgt ihr für 10 Gehminuten links auf dem Radweg, der in einer Rechtskurve der Straße bei Windrädern wieder verlassen wird, indem wir dem Schotterweg am Waldrand in der bisherigen Gehrichtung geradeaus folgen, den **Hetendorfer Windpark** ❸ im Blick.

i *Der **Windpark Hetendorf** ging 2003 mit 15 Windrädern von jeweils 1,5 MW ans Netz und wurde 2006 mit 9 weiteren jeweils 150 m hohen Anlagen erweitert. Die Gesamtkapazität von 40 MW entspricht rechnerisch dem jährlichen Stromverbrauch einer Stadt mit 40.000 Haushalten. Der Windpark geriet im Oktober 2019 in die Schlagzeilen, als ein Rotor aus zunächst unbekannter Ursache abbrach.*

Gelegentlich weisen Schilder auf das links liegende Militärgebiet hin, das als Artillerie-Feuerstellung 21 zum Truppenübungsplatz Munster gehört. Bei einer **Wegespinne** ❹ mit sieben Abzweigungen und links Warnschildern »Gun Position« führt der Heidschnuckenweg halb rechts auf dem Schotterweg weiter Richtung Müden. Bei der Kreuzung mit Bank vor einem Haus folgen wir dem Spurweg nach links Richtung Müden (2,5 km) und nach 10 Minuten kurz nach Eintritt in den Wald

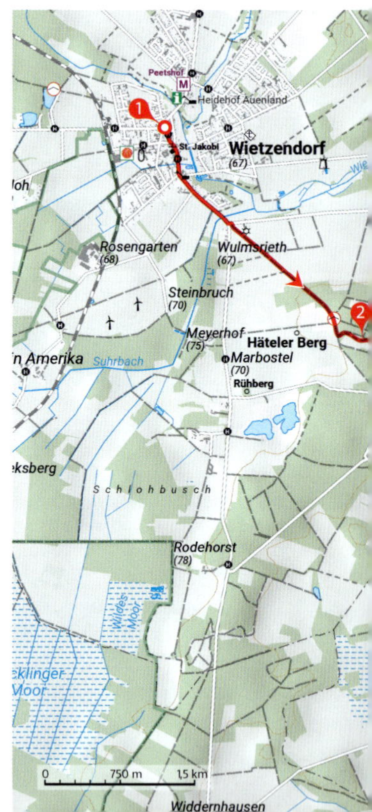

dem Grasweg nach rechts Richtung Wietzer Berg (0,6 km). Bei Abzweigungen geradeaus, in offener Landschaft vorbei an einem Schafstall zum **Lönsstein** ❺, einem Denkmal des Heidedichters mit Sitzgelegenheiten und Holzhütte. Unterhalb des Denkmals erinnert eine lange Bank als Nachbau an die Pommernbank, die 1955 in Gedenken an den Landkreis Belgard in Pommern eingeweiht wurde und heute restauriert im Bonner Haus der Geschichte steht.

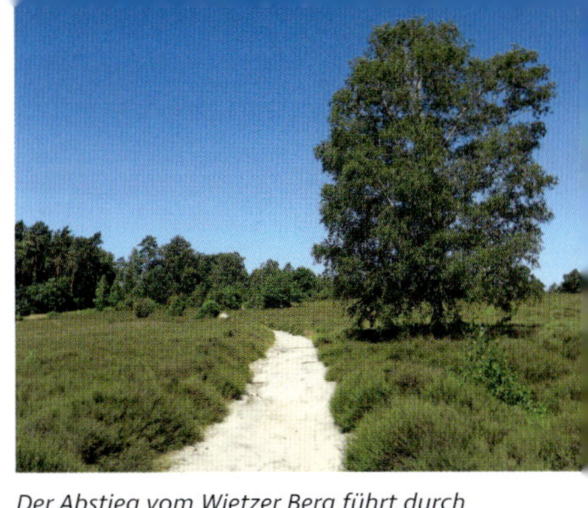

Der Abstieg vom Wietzer Berg führt durch offene Heidelandschaft.

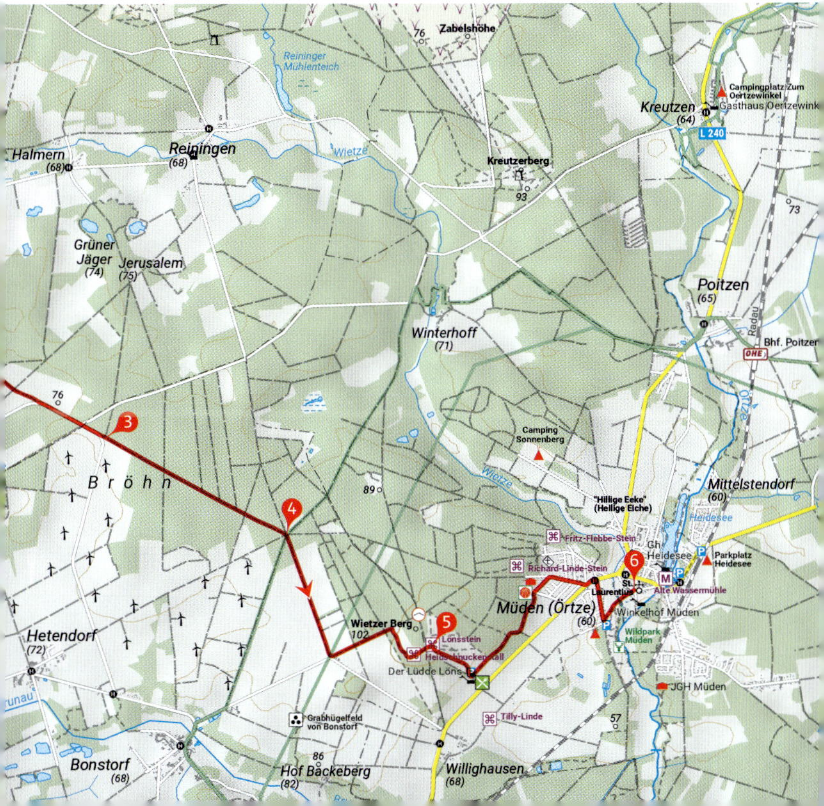

*Der überwiegend in Hannover als Journalist lebende **Hermann Löns** (1866–1914) machte sich einen Namen als Heide-Dichter und Heimatschriftsteller, den es in der Zeit der aufkommenden Industrialisierung oft in die Einsamkeit und Natur der Lüneburger Heide zog, wo er wochenlang in seiner Jagdhütte im Westenholzer Bruch wohnte und sich dabei zu Werken inspirieren ließ wie Heidegedichten sowie Tier- und Jagdgeschichten. Er verherrlichte die Natur und setzte sich für ihren Schutz ein, nach Kritikermeinung aber weniger aus ökologischen Motiven, sondern aus Vaterlandsliebe, weshalb Löns später auch von den Nazis vereinnahmt wurde. Obwohl der Heidedichter nach einem häufig zitierten Satz den Naturschutz mit Rassenschutz gleichsetzte, lebt der Name Löns in Deutschland fort in mehr als 700 Gedenkstätten sowie Straßen- und Platznamen. Löns starb im Ersten Weltkrieg nach einem Monat Kriegsdienst 1914 als Freiwilliger an der französischen Front und wurde im Tietlinger Wacholderhain bestattet. Bei Müden soll Hermann Löns die Ruhe und Aussicht am Wietzer Berg genossen haben, wo ihm 1921 der Deutsche Jägerbund ein Denkmal setzte, den **Lönsstein**.*

Der Heidschnuckenweg führt vom Lönstein rechts abwärts, vorbei an einer Bank (Müden 3,8 km) und nach 30 m bei einer Gabelung nach links. Vor einem Parkplatz mit davor kaum noch sichtbaren (fünf) jungsteinzeitlichen Grabhügeln halten wir uns links, bei der Gabelung am Waldanfang rechts und gleich darauf bei einer spitzen Weggabelung im Wald noch einmal

Kurz hinter dieser Wietzebrücke erreicht der Heidschnuckenweg die Dorfmitte von Müden.

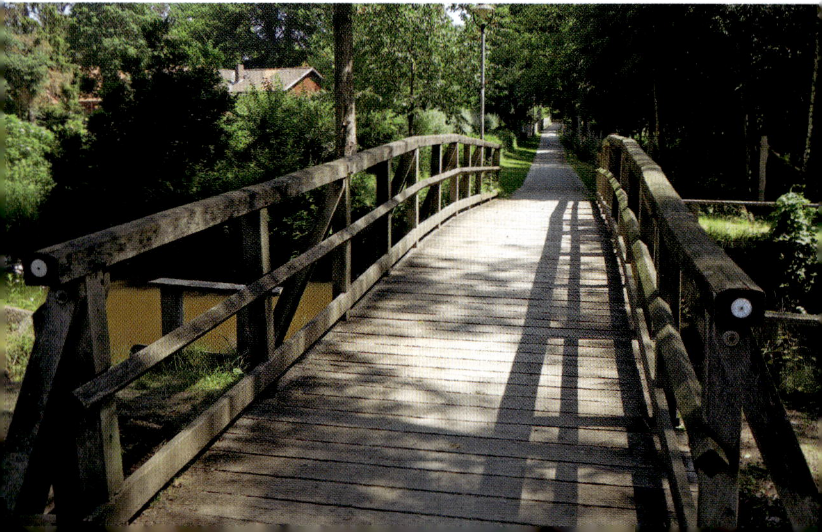

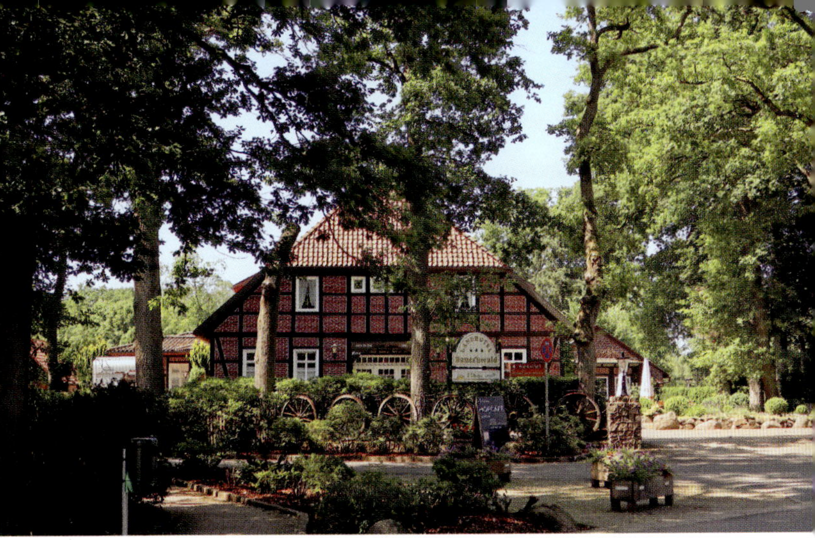

Müden bietet stilvolle Einkehr- und Übernachtungsgelegenheiten.

rechts. Nach der Waldpassage geht es am Waldrand entlang hinein nach Müden, wo wir wenige Meter nach rechts gehen und dann links in den Bromberger Weg abbiegen. Weiter rechts in den Wietzendorfer Weg, am Ende links in die Hauptstraße (Hermannsburger Straße) und nach 100 m beim Hotel Landhaus Müden rechts (Heuweg). Vor dem Wildpark Müden zweigt der Heidschnuckenweg scharf links ab und führt auf einem Radweg über die Wietze auf die St.-Laurentius-Kirche zu in die Dorfmitte von **Müden** 6 mit seinen Fachwerkhöfen und Bauerngärten. Jenseits der Örtze ist links die alte Wassermühle mit der Touristinfo.

*i Mittelpunkt von **Müden (Örtze)** ist die St.-Laurentius-Kirche mit frei stehendem hölzernen Glockenturm. Die auf das 13. Jh. zurückgehende Kirche wurde 1444 im frühgotischen Stil umgebaut, im Inneren ist das bronzene Taufbecken von kunsthistorischer Bedeutung. Hinter der Kirche steht der hölzerne Treppenspeicher von 1706, eines der ältesten noch erhaltenen Wirtschaftsgebäude dieser Art in der Lüneburger Heide, die dem Lagern von landwirtschaftlichen Produkten und Geräten dienten. Seit dem 15. Jh. wird in Müden das Wasser bzw. das Gefälle der Örtze für eine Korn- und Sägemühle genutzt, die Getreidemühle war bis 1965 in Betrieb. Heute ist in dem in den 1990er-Jahren sanierten Gebäude die Touristinfo untergebracht. Die Staustufe können Fische und Kleintiere über eine Umlaufrinne ungestört umschwimmen.*

9 Von Müden (Örtze) über Faßberg nach Gerdehaus

4.30 h | 18,5 km
↗100 m | ↘100 m

Durch Wacholderwald und Heide

Die neunte Etappe bietet mehrere Sehenswürdigkeiten sowieso ausgesprochen schöne und abwechslungsreiche Abschnitte. Zunächst folgen wir der Örtze nordwärts aus Müden auf einem urigen Uferpfad, ehe wir Poitzen passieren und in Faßberg den gleichnamigen Flugplatz erreichen, von dem nach dem Zweiten Weltkrieg die Rosinenbomber zur Versorgung Berlins starteten. In der Teufelsheide wandern wir durch Wacholderwald und erreichen nach dem ehemaligen Kieselgur-Abbaugebiet Schmarbeck-Grube den kleinen Weiler Gerdehaus, optional auch den Ferienpark Heidesee in Oberohe.

Ausgangspunkt: Müden an der Örtze mit Parkplatz an Touristinfo in der alten Wassermühle (Navi: Unterlüßer Str. 5, 29328 Faßberg).
Endpunkt: Gerdehaus mit Bushst. Gerdehaus-Ortsmitte und Wanderparkplatz.
ÖPNV: Müden an der Örtze wird durch CeBus 220 mehrmals täglich bedient von/nach Hermannsburg. CeBus 261 verbindet mehrmals täglich Faßberg via Schmarbeck mit Gerdehaus (Haltestellen Siedlung sowie Ortsmitte am Etappenende) sowie Oberohe und fährt weiter nach Unterlüß (Sa. und So. mit telefonischer Anmeldung bis 1 Stunde vorher, Tel. +49 5141 2788200), cebus-celle.de. In Unterlüß Anschluss an die Regionalbahn Richtung Hannover und Uelzen. Verbindungen zwischen Faßberg und Müden mehrmals täglich durch CeBus 220 sowie den Faßberger Bürgerbus (Mo.–Fr.), fassberger-buergerbus.de.
Anforderungen: Leichte Wanderung über Forst- und Feldwege sowie auf kleinem Pfad an der Örtze.
Einkehr: Poitzen-Bahnhof (tagsüber nur So.), Faßberg mit mehreren Einkehrgelegenheiten sowie bei Variante über Neuohe »Heidehexe« vor dem Parkplatz Oberhohe (Anfang Mai bis Anfang Oktober täglich außer Di. und in Nebensaison Mo.).
Unterkunft: Poitzen: Zum Heidebach (Ferienhäuschen und Zeltgelegenheit), Poitzen Nr. 61, Tel. +49 5053 94056, zumheidebach.de. **Oberohe** (bei Variante): Ferienpark Heidesee (auch Mietwohnwagen und Fewo für 1 Nacht), Oberohe 25, Tel. +49 5827 970546, campingheidesee.com; Heidehexe (nur Mi.–Sa.), Oberohe 8, Tel. +49 5827 7528, zur-heidehexe.de. **Gerdehaus:** nur Campingplatz Heidecamping für Wanderer mit Zelt (1,2 km südlich von Gerdehaus Richtung Etappe 10), Gerdehaus 79, Tel. +49 5055 590286, heidecamping-gerdehaus.de. Alternativ mit Bus (→ ÖPNV) nach Müden (→ Etappe 8) oder Unterlüß (→ Etappe 10).
Einkauf: Supermarkt und Bäcker in Müden und Faßberg.
Varianten: 1. **Abkürzung von Schmarbeck** 4 direkt Richtung Schmarbeck-Grube (3,8 km kürzer, ohne Wacholderwald!).

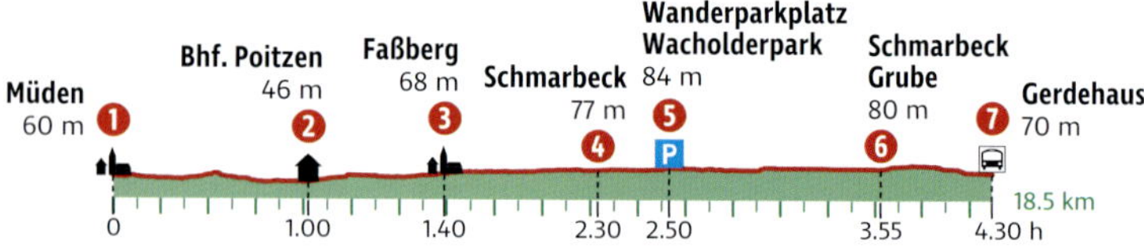

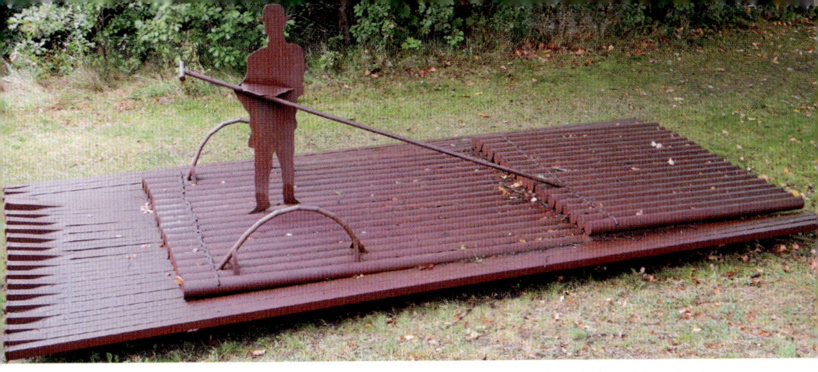

Die Holzflößer-Skulptur in Müden erinnert an die große Zeit der Flößerei im 19. Jh.

2. **Variante über Heidesee und Oberoher Heide** statt Niederohe (von Müden bis Oberohe mit Übernachtungsgelegenheit und Bushaltestelle Oberohe etwa 17 km, von dort zu Etappe 10 etwa 2,5 km): 2,2 km nach dem Parkplatz am Wacholderwald 5 bzw. 200 m nach einer Rechtskurve geradeaus weiter Richtung SSW statt dem Heidschnuckenweg nach rechts zu folgen (Schild: »Variante Neuohe«, u. a. Ferienpark Heidesee 2,6 km). Der von einem Campingplatz umgebene Heidesee wird rechts passiert. Bei der T-Kreuzung südlich vom Campingplatz links zum Heidesee oder rechts zur Bushaltestelle an der Landstraße. Die mit gelbem H markierte Variante führt weiter südwärts, vorbei an der Heidehexe (Einkehr), einem Wanderparkplatz, alten Kieselgur-Abbaugruben, und erreicht 2,2 km nach der Landstraße kurz vor einer Hütte die 10. Etappe.

3. **Umleitung am Heidesee** (unwesentlich länger; vorauss. bis einschl. 2024): Infolge einer defekten Holzbrücke wird der Heidschnuckenweg nördlich von Müden durch eine Ferienhaussiedlung umgeleitet und erreicht bei Mittelstendorf wieder die Route.

Heideschleifen am Weg: Heideschleife Müden (HS9).

Tipp: Luftbrückenmuseum in Faßberg (April – Oktober täglich 13 – 17 Uhr), Waldweg 1, luftbrueckenmuseum.de.

Von der St.-Laurentius-Kirche in **Müden** 1 folgen wir der Alten Dorfstraße und der Unterlüßer Straße über die Örtze. Nach der Brücke führt ein netter Fußweg links entlang der Örtze vorbei an einem eisernen Holzflößer von 2012 als Teil des »Skulpturenweges Wasserkunst« und einer Wassertretstelle zur alten Wassermühle mit der örtlichen Touristinfo.

i Seit dem 17. Jh. wurde auf der Örtze Holz mittels bis zu 20 m langen und 3 m breiten Flößen transportiert. Die ***Flößerei*** *boomte im 19. Jh. wegen des enormen Holzbedarfs in Hafenstädten wie Bremen und Bremerhaven für den Schiff- und Häuserbau. 1874 wurden 1946 Flöße auf der Örtze gezählt, in den folgenden Jahrzehnten ging die Zahl infolge Versandung der Örtze im Unterlauf rapide zurück.*

Hinter der Touristinfo queren wir links auf der Fußgängerbrücke erneut die Örtze und halten uns vor dem Heidesee rechts. Der Heidschnuckenweg führt östlich an diesem 1974 angelegten See entlang und an dessen Nordende rechts in nördlicher Richtung, zunächst auf Pflastersteinen, dann Gras. Bei einer Kreuzung zweigt der Heidschnuckenweg nach rechts (Faßberg 5,5 km) und nach einer Holzbrücke nach links ab. Es folgt eine sehr schöne Passage auf urigem Pfad entlang der Örtze. Nach einer Brücke über einen Nebenbach gehen wir bei einer Kreuzung leicht nach rechts versetzt geradeaus. Ein Pfad führt uns am Wiesen- und Waldrand zum Dorf Poitzen, wo wir kurz links und dann rechts gehen (Faßberg 3,6 km). Bei einer T-Kreuzung vor dem alten Sprüttenhus (Spritzenhaus) halten wir uns rechts. Beim Bahnübergang passieren wir zur Rechten den alten **Bahnhof Poitzen** ❷, heute ein Gasthof. Die 1910 eröffnete Bahnstrecke zwischen Beckedorf und Munster wird heute nur noch sporadisch von Güterzügen befahren, spielte

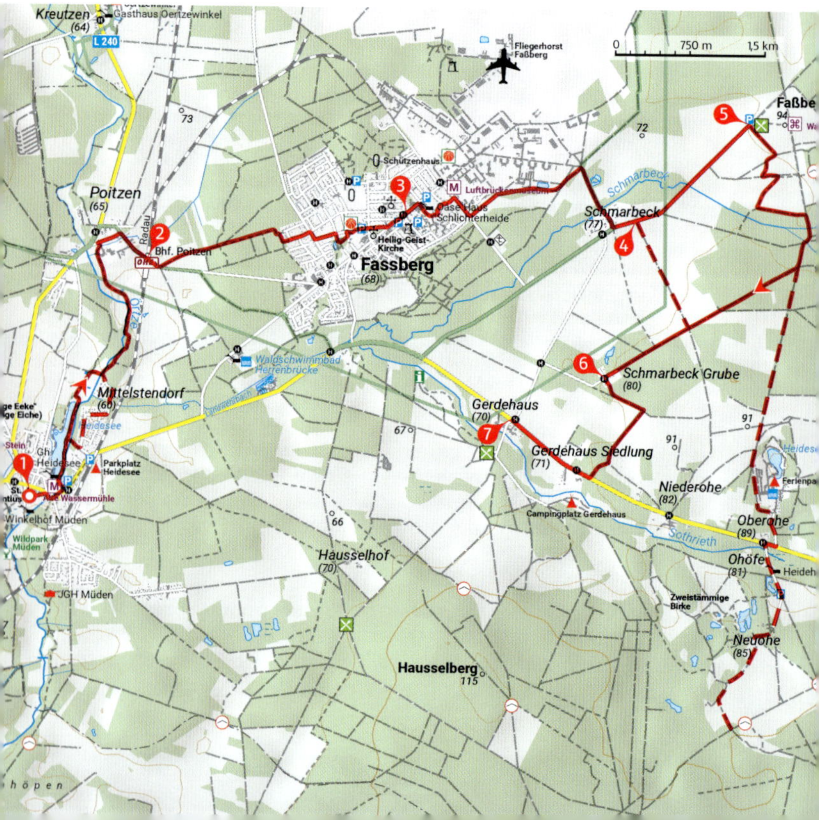

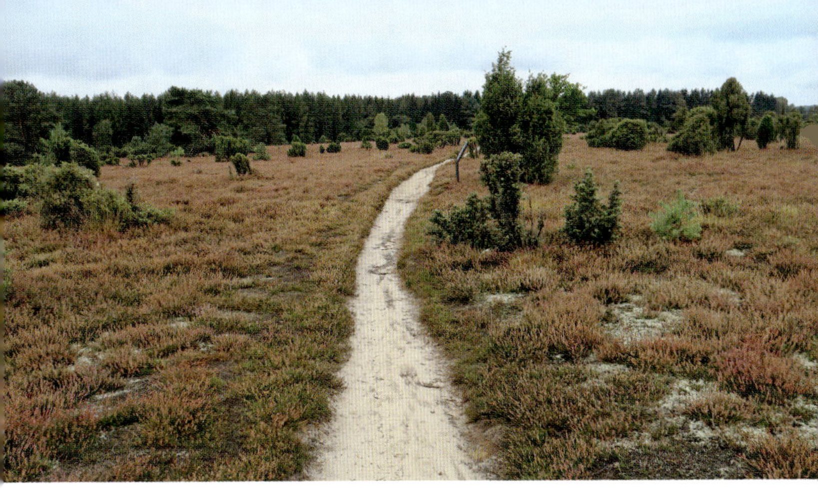

Die Teufelsheide bei Schmarbeck ist bekannt für ihren Wacholderbestand.

aber eine große Rolle zur Zeit der Berliner Luftbrücke für den Transport von Kohle.
100 m nach dem Bahnhof biegen wir links in den Feldweg ein, dessen Befahren mit Militärfahrzeugen vom Kommandanten ausdrücklich per Schildaushang verboten wird. Nach 500 m folgen wir dem Heidschnuckenweg geradeaus durch den Wald. Kurz vor Faßberg rechts und nach 70 m bei einem Metallzaun links in ein Wohngebiet, dort bei einer Kreuzung rechts in die Lindenstraße und nach 80 m links in den Haselweg. Beim Birkenweg zur Linken biegen wir rechts in einen geschotterten Weg, der durch einen Park führt, wo wir uns nach einem umzäunten Wasserbecken links halten. Nach Verlassen des Parks queren wir schräg links die Straße am Anger und folgen dem Heidschnuckenweg links an der Feuerwehr vorbei über den Parkweg. Bei einem Spielplatz geradeaus in die Gartenstraße und zum Ortszentrum von **Faßberg** ❸ mit Einkehr- und Einkaufsgelegenheiten. In Faßberg führt uns die Große Horststraße links in nordöstliche Richtung vorbei an der Bushaltestelle – dahinter das Rathaus – sowie dem kleinen Yerville-Park, benannt nach der französischen Partnerstadt.
200 m nach der Bushaltestelle vor dem Hotel Oase-Schlichternheide rechts in den Pfad und bei der Kreuzung im Stadtwald links. Bei einer großen Verkehrsinsel mit mehreren Kiefern – insgesamt stehen hier 14 Bäume – in einem Wohngebiet folgen wir der Straße nach links und nach dem Brunnenplatz der Lindenallee geradeaus zur Waldschänke am Ortsrand. Links liegt das Luftbrückenmuseum, das an die Zeit nach dem Zweiten Weltkrieg erinnert, als vom Faßberger Flughafen aus die berühmten »Rosinenbom-

ber« für die Versorgung Berlins sorgten, die entgegen ihrem Namen übrigens überwiegend Steinkohle in die eingeschlossene ehemalige deutsche Hauptstadt flogen.

*i Der von den Nazis gegründete Fliegerhorst Faßberg erlebte seine Blüte zur Zeit der **Berliner Luftbrücke** zwischen Juni 1948 und Mai 1949, als US-Amerikaner und Briten zur Versorgung der eingeschlossenen ehemaligen deutschen Hauptstadt im Drei-Minuten-Abstand lebenswichtige Güter nach Berlin-Tempelhof flogen. Damit das logistisch klappte, mussten die Flugzuge in 5 Ebenen fliegen und im Einwegverkehr durch drei mögliche Korridore: im Norden und Süden hin, in der Mitte Richtung Hannover zurück. Auf diese Weise konnten mehr als 12.000 Tonnen pro Tag nach Berlin gebracht werden. Insgesamt waren es 277.728 Flüge und damit fast doppelt so viel wie die Zahl der vor der lang erwarteten Eröffnung des neuen Berliner Flughafens jährlich in Berlin-Tegel abgefertigten Flüge.*

Die Straße Waldweg führt uns rechts zum Ortsende, wo wir bei einer Bank links dem Heidschnuckenweg auf einem Radweg Richtung Schmarbeck folgen am Südrand eines Militärgeländes entlang mit einem der größten Flugplätze der Bundeswehr, der aber anders als das Kasernen-Klärbecken nicht zu sehen ist.
Bei einem Eingang folgen wir dem Heidschnuckenweg rechts über die betonierte Zufahrtsstraße und erreichen nach einer Bachquerung **Schmarbeck** 4 mit rechts der gleichnamigen Bushaltestelle und einem Picknickplatz. Der Heidschnuckenweg führt links über den gepflasterten Weg vorbei an einigen netten Höfen und 100 m nach dem Ortsende bei einer Gabelung nach links. Nach etwas monotonen 1,2 km auf der geradlinigen Zufahrtsstraße zur Teufelsheide erreichen wir den **Wanderparkplatz Wacholderwald** 5 und biegen vor diesem rechts in den Spurweg (Wacholderwald 0,5 km). Vor einem Feld bei einer Gabelung rechts und bei der folgenden Gabelung zwischen Feldern links, wo uns nach einer Infotafel über Heidschnucken der Wacholderwald empfängt. Der Heidschnuckenweg zweigt noch einmal nach links, nach 100 m nach rechts ab und führt über Heidefläche mit Wacholder auf einen Waldrand zu, wo wir uns links halten. Bei der folgenden T-Kreuzung biegen wir rechts in den breiten Weg (Dübelsheide 3,6 km).
Nach 500 m biegen wir bei einer alten Holzschranke zur Linken rechts in den Spurweg, gehen bei einer 5-fach-Kreuzung geradeaus und erreichen **Schmarbeck Grube** 6 mit rund 10 Häusern, das seinen Namen dem frühere Abbau von Kieselgur verdankt.
Bei dem Briefkasten in Schmarbeck zweigt der Heidschnuckenweg nach links ab, führt nach einer Linkskurve geradeaus über einen Pfad und nach einer Rechtskurve am Feldrand entlang. Am Ende des Felds rechts in den

*Die **Teufelsheide** (plattdeutsch »Dübelsheide«) ist das Relikt einer einst 350 ha großen Heidefläche östlich von Schmarbeck. Der Name geht vermutlich zurück auf den Teufelszwirn, eine bis zu 80 cm lange Schmarotzerpflanze, die sich wie ein Zwirnsfaden durch das Heidekraut schlängelt und dabei von anderen Pflanzen wie der Besenheide ihre Nährstoffe bezieht.*

Der 20 ha große Wacholderwald in der Teufelsheide gilt als größter seiner Art in Niedersachsen. Wacholder wurde zur Zeit der Heidebauernwirtschaft vielfach verwendet: Das Holz diente zum Heizen, Drechseln und Räuchern von Fischen. Die Beerenzapfen des Wacholders hatten und haben kulinarische Bedeutung: als Gewürz zur Verfeinerung von Sauerkraut und Sauerbraten sowie als Rohstoff von Gin, für dessen Produktion im 19. Jh. jährlich 90 t Wacholderbeeren nach Frankreich geliefert wurden. Im Volksglauben galt Wacholder als Heilpflanze, der auch mystische Bedeutung zugesprochen wurde: Ein Zweig über der Haustür oder im Stall sollte vor Teufeln, Hexen, Geistern, Giftschlangen und Einbrechern schützen. Im Mittelalter wurden Wacholderzweige zum Ausräuchern der Pesthäuser verwendet.

Der bis zu 15 m hohe Wacholder, 2002 in Deutschland Baum des Jahres, gilt heute als bestandsbedroht, da die von ihm bevorzugten nährstoffarmen und lichten Standorte in der heutigen überdüngten Kulturlandschaft immer seltener werden.

schmalen Waldstreifen mit einer Heidefläche zur Linken und an deren Ende geradeaus auf Pfad durch Wald zur Straße. Zum Etappenziel **Gerdehaus** 7 sind es noch 10 Gehminuten nach rechts, vorbei an der Bushaltestelle Gerdehaus-Siedlung. Gerdehaus bietet mit Ausnahme eines 1 km vor uns liegenden Campingplatzes keine Übernachtungsgelegenheit, dafür (wenige!) Busverbindungen von der Haltestelle Gerdehaus-Ortsmitte (und Siedlung) in benachbarte Orte wie Unterlüß oder Faßberg.

***Kieselgur** ist eine weißliche Substanz aus Siliziumdioxid, gebildet aus den Schalen fossiler Kieselalgen, die in der Lüneburger Heide seit Mitte des 19. Jhs. im Tagebau gewonnen wurde – bis in die 1990er-Jahre, als der Abbau in Deutschland preislich mit importiertem Kieselgur nicht mehr mithalten konnte. Im 19. Jh. hatte der Celler Ingenieur Wilhelm Berkefeld die günstige Filtriereigenschaft des Kieselgurs entdeckt und daraus einen Filter entwickelt, der bei der Bekämpfung der Cholera-Epidemie in Hamburg erfolgreich eingesetzt wurde. Verwendet wurde bzw. wird Kieselgur daneben für Füllstoffe in Baumaterialien sowie als Zusatz in Politur-, Reinigungs- und Schädlingsbekämpfungsmitteln, aber auch (zu einem Viertel) als Bestandteil von Dynamit.*

9V Von Müden (Örtze) zur Misselhorner Heide

3.00 h | 10,8 km | ↗70 m | ↘60 m

Vom Flusstal zum Lüßplateau

Diese abwechslungsreiche und mit einem gelben »H« markierte Variante spannt den Bogen vom Flusswanderweg entlang der Ötze zum Lüssplateau mit der Misselhorner Heide. Die naturnah verlaufende Örtze begleitet uns bis Hermannsburg mit mehreren Kirchen und Weltkugelbrunnen sowie dem Ludwig-Harms-Haus – Reminiszenzen an Ludwig Harms, den Erweckungsprediger der Südheide. Hinter Hermannsburg schwenkt der Heidschnuckenweg in östliche Richtung und führt auf das Lüßplateau mit der Misselhorner Heide, wo wir auf die elfte Etappe des Heidschnuckenwegs treffen.

Ausgangspunkt: Müden an der Örtze mit Parkplatz an Touristinfo in der alten Wassermühle (Navi: Unterlüßer Str. 5, 29328 Faßberg).
Endpunkt: Weesen, Wanderparkplatz Misselhorner Heide und Tiefental (Navi: Misselhorn/K17, 29320 Hermannsburg).
ÖPNV: Der CeBus 220 verbindet mehrmals täglich Hermannsburg mit Müden und fährt weiter nach Faßberg, cebus-celle.de. CeBus 260 fährt von Hermannsburg und Misselhorner Hof 5 nach Unterlüß (mehrmals täglich, teilw. sowie Sa./So. ausschließlich als Rufbus, Tel. +49 5141 2788200 bis zu 60 Minuten vor Abfahrt), und CeBus 200 verkehrt mehrmals täglich zwischen Hermannsburg und Celle, cebus-celle.de.
Zuwege: Kurzer Zubringer zur Ortsmitte von **Hermannsburg** (0,4 km), vorbei an der St.-Peter-&-Paul-Kirche und durch die Welfenstraße.
Anforderungen: Leichte Wanderung über Uferpfade sowie Wald- und Feldwege sowie kurzzeitig kleine Straßen.
Einkehr: Hermannsburg mit größerem gastronomischem Angebot, Misselhorner Hof (tagsüber nur Sa/So).
Unterkunft: Hermannsburg: Hotel Heidehof, Billingstraße 29, Tel. +49 5052 9700, bestwestern.de → Heidehof; Ludwig-Harms-Haus, Harmsstraße 2, Tel. +49 5052 69270, ludwig-harms-haus.de. **Weesen** (1 km nördlich vom Endpunkt der Variante): Hotel Im Wiesengrund (wd), Weesener Str. 17, Tel. +49 5052 98 94-0, hotel-im-wiesengrund.de; Heidehotel Gut Landliebe, Postweg 2, Tel. +49 5052 2088, gut-landliebe.de.
Einkauf: Supermärkte und Bäcker in Müden und Hermannsburg.
Heideschleifen am Weg: Heideschleife Müden (HS9).
Information: Hermannsburg: Touristinformation Gemeinde Südheide in Hermannsburg, Am Markt 3, Tel. 5052/6574, hermannsburg-urlaub.de.
Tipps: Hermannsburg mit Heimatmuseum, Ludwig-Harms-Haus, Weltkugelbrunnen und mehreren beachtenswerten Kirchen.

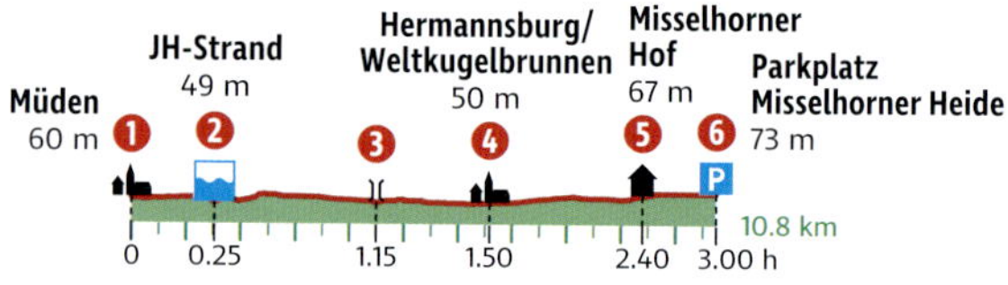

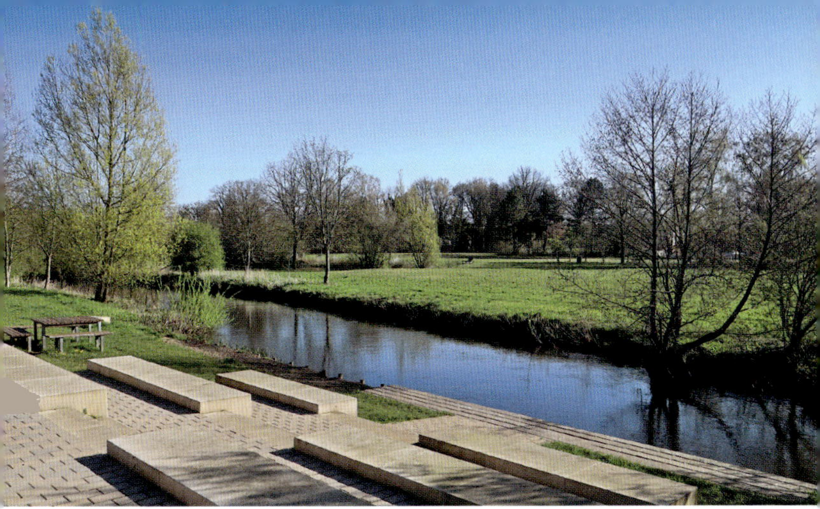

Direkt an der Örtze liegt in Hermannsburg der nach ihr benannte Park.

Von der Ortsmitte in **Müden** ❶ gehen wir östlich zur Örtzebrücke und nehmen hinter der Brücke den rechts beim Kilometerschild 15,1 hinunterführenden Grasweg (u. a. Hermannsburg 6,5 km). Bei der Gabelung vor einer Wiese biegen wir links in den Wilhelm-Martens-Weg.

i ***Wilhem Martens**, Maurer mit Müdener Wurzeln (1913 – 1977) erhielt als Exponent der »dörflichen Kultur« mehrfach den Freudenthal-Preis für Dichtungen in plattdeutscher Sprache. Sich selbst bezeichnete der dichtende Handwerker als »Prolet und Poet«.*

Der Weg führt durch ein kleines Waldstück, ehe wir bei einer T-Kreuzung mit dem nach rechts weisenden Schild »Hofcafé« dem Wegweiser »Kleiner Flusspfad« nach links folgen und nach 100 m nach rechts. Bei der nächsten Kreuzung geht es links über die Bahngleise und danach rechts, weiter südwärts entlang dem kleinen Flusspfad, E1 und H. Kurzzeitig wandern wir geradeaus entlang der Straße Suerbruch und passieren kurz darauf zur Linken die JH Müden, ehe wir bei der Badestelle der JH mit Tisch und Bank die Örtze erreichen. Der Uferbereich mit dem kleinen **Sandstrand** ❷ darf laut Schildaushang nur mit JH-Ausweis betreten werden, aber verantwortungsbewusste Wanderer, die keinen Müll hinterlassen, sind willkommen.
Der Flusspfad führt weiter südwärts links von der Örtze durch Wald, der sich stellenweise lichtet. Nach der dritten Querung eines Nebenbaches gehen wir bei einer Kreuzung von Pfaden links und biegen nach 20 m rechts

in einen breiten Weg, nach wenigen Minuten rechts vorbei an einer Schutzhütte. Die Örtze ist auf diesem 1,5 km langen etwas monotonen Abschnitt in einiger Entfernung rechts von uns. Wir sehen den Fluss erst bei einer **Straßenbrücke** 3 wieder mit davor einem **Bootsanlegeplatz** und einer Infotafel über Flößerei, wo wir links der Straße folgen bzw. dem auf der Flussseite verlaufenden Radweg (Radschild Hermannsburg 1,5 km).
Wir queren den Lutterbach (auch Weesener Bach), der rechts in die Örtze mündet. Rechts davor betrieb beim heutigen Lutterhof ein heute noch existierendes oberschlächtiges Wasserrad seit 1757 eine Sägerei. Nach dem Ortsschild von Hermannsburg halten wir uns in dem Wohngebiet immer geradeaus (Waldstraße) und queren am Anfang eines Park rechts auf einer Brücke die Örtze (X, E1). Nach 5 Minuten wäre bei der St.-Peter-und-Paul-Kirche nach rechts ein Abstecher möglich in den Ort Hermannsburg mit Einkaufs- und Einkehrgelegenheiten.

i *Das im 11. Jh. als »Heremannesburc« erstmals urkundlich erwähnte* ***Hermannsburg*** *hat als ehemalige Wirkungsstätte des Missionars Ludwig Harms (s. u.) zwei sehenswerte Kirchen in der Ortsmitte:*
Die 52 m hohe ***Große Kreuzkirche*** *wurde 1878 erbaut nach Gründung der Großen Kreuzgemeinde und Trennung von der (preußischen) Staatskirche – seit 1866 war das ehemalige Königreich Hannover preußisch regiert worden. Als Missionskirche wurde sie räumlich sehr großzügig für bis zu 1000 Besucher konzipiert. Das hölzerne Kirchenschiff ohne tragende Säulen gilt als eines der größten seiner Art in Europa. Nach einem Intermezzo als Hermannsburg-Hamburger Freikirche gehört die Große Kreuzkirche heute der Selbständigen Evangelisch-Lutherischen Kirche (SELK) an, einem Zusammenschluss mehrerer selbstständiger lutherischer Kirchen mit Sitz in Hannover, die großteils im 19. Jh. entstanden waren in Ablehnung der von Preußen angeordneten Union lutherischer Kirchen. Eine Besonderheit dieser Kirche mit ihren 174 Gemeinden: Die SELK finanziert sich nicht durch Kirchensteuern, sondern durch Beiträge der Kirchenmitglieder (in Höhe von 3% des Bruttoeinkommens).*
Die (täglich geöffnete) ***St.-Peter-und-Paul-Kirche*** *der »normalen« Lutherischen Landeskirche ist ein Neubau aus dem 20. Jh., nachdem die gotische Vorgängerkirche in den 1950er-Jahren wegen missglückter Sanierungsarbeiten eingestürzt war; lediglich Teile der Apsis und der Dachstuhl sind noch original. Weiße Linien auf dem Fußboden der Kirche erinnern an die früheren Grundrisse. Von den sechs Glocken geht die älteste auf das 15. Jh. zurück.*
Das ***Hermannsburger Heimatmuseum*** *in der Harmsstraße 3a zeigt Wohnkultur, wechselnde Ausstellungen sowie historische Gebäude auf dem Museumsgelände, darunter ein altes Lehmbackhaus (Do. und So. 15-17 Uhr, heimatbund-hermannsburg.de/heimatmuseum).*

Der Heidschnuckenweg führt links durch den Park auf der rechten Seite der Örtze, die am Parkende wieder links über die Straßenbrücke gequert wird (H, X). Weiter auf der Lotharstraße für 100 m zum Heidjer-Grill. Links gegenüber der Hermannsburger **Weltkugelbrunnen** 4 mit dem Ludwig-Harms-Haus dahinter und auf der rechten Straßenseite der Kleinen Kreuzkirche.

i *Das Hermannsburger* ***Harms-Haus****, eine Begegnungsstätte mit Hotel, Restaurant, Café, Weltladen und Buchhandlung, ist benannt nach dem Missionar Ludwig Harms (1808 – 1865), der in Hermannsburg 1849 eine Mission gründete und dadurch den Ort zum Zentrum der Erweckungsbewegung machte. Anlässlich des 200-jährigen Geburtstags des Erweckungspredigers Harms entstand der Hermannsburger* ***Weltkugelbrunnen****, eine 2,5 t schwere Erdkugel aus Granit auf einem dünnen Wasserfilm, die das »Weltumfassende« der Mission symbolisieren soll; ein Großteil der Kosten von 73.000 € wurde durch Spenden finanziert.*
Die ***Kleine Kreuzkirche*** *wurde 1886 erbaut und 2012 umfassend modernisiert. Die Kirchengemeinde entstand durch Abspaltung von der Großen Kreuzkirchengemeinde nach Auseinandersetzungen über die Nachfolge im Pfarramt. Dadurch gehörten beide Gemeinden vorübergehend unterschiedlichen lutherischen Kirchenkörpern an, die später in der SELK wieder zusammenkamen.*

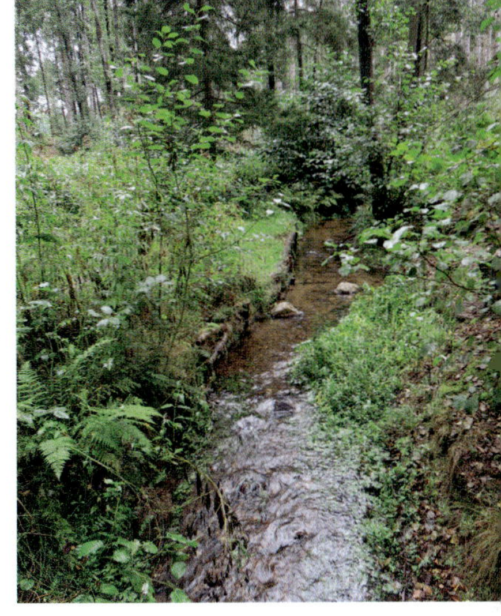

Zwischen Müden und Hermannsburg werden mehrere Nebenbäche der Örtze gequert.

Der Weltkugelbrunnen erinnert vor dem Ludwig-Harms-Haus an den Missionar.

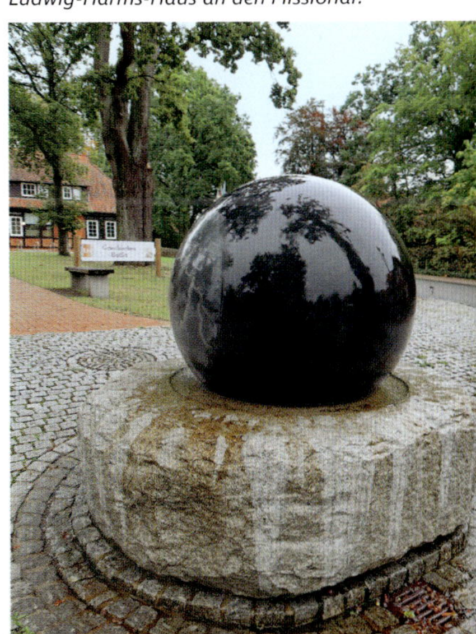

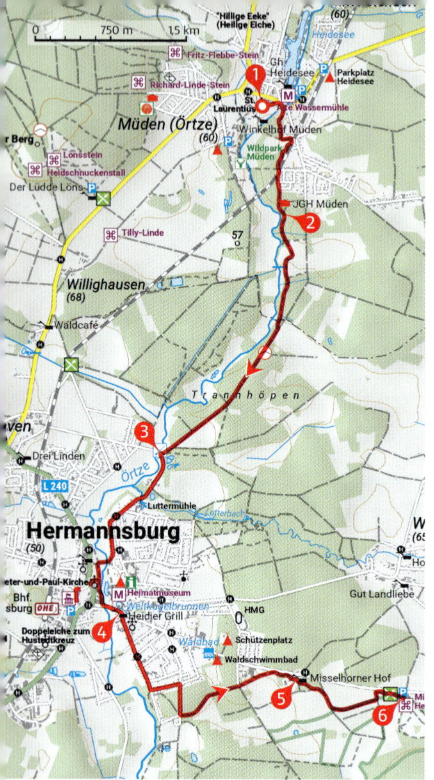

Die Große Kreuzkirche in Hermannsburg bietet bis zu 1000 Besuchern Platz.

Hinter dem Heidjer-Grill biegen wir rechts in die Georg-Haccius-Straße und folgen am Ende der Straße dem Peter-Schütze-Weg nach links. Bei einer Kreuzung rechts in den Schlüpke-Weg Richtung Oldendorf (Verkehrsverbot) und beim Pflegeheim Haus Hogrefe schließlich links in den Forstweg am Zaun entlang (W10). Nach einem Waldstück quert der Heidschnuckenweg eine Straße und führt geradeaus links an einem Reitplatz entlang. Als weitere Markierungen tauchen X, W10 und die Jakobsmuschel auf. Vor dem **Misselhorner Hof** 5 folgen wir der Beschilderung über das Gelände des Hofs. Bei einem Feld geht es in einen Grasweg rechts (W10, H, X) und vor einem Wald links, vorbei am NSG mit lichtem Kiefernwald. Vor einem Hof links Richtung Straße und kurz vor dieser rechts zum **Parkplatz Misselhorner Heide** 6, wo wir auf Etappe 11 des Heidschnuckenwegs stoßen (beim Wegpunkt 3).

Am Örtze-Strand bei der Müdener Jugendherberge laden Tisch und Bänke zur Rast ein.

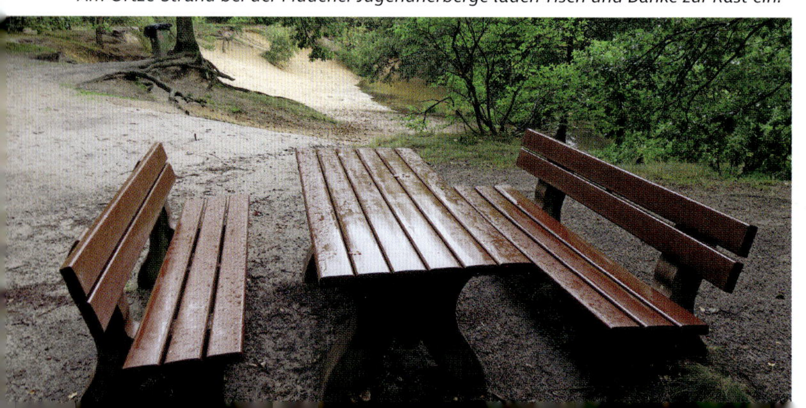

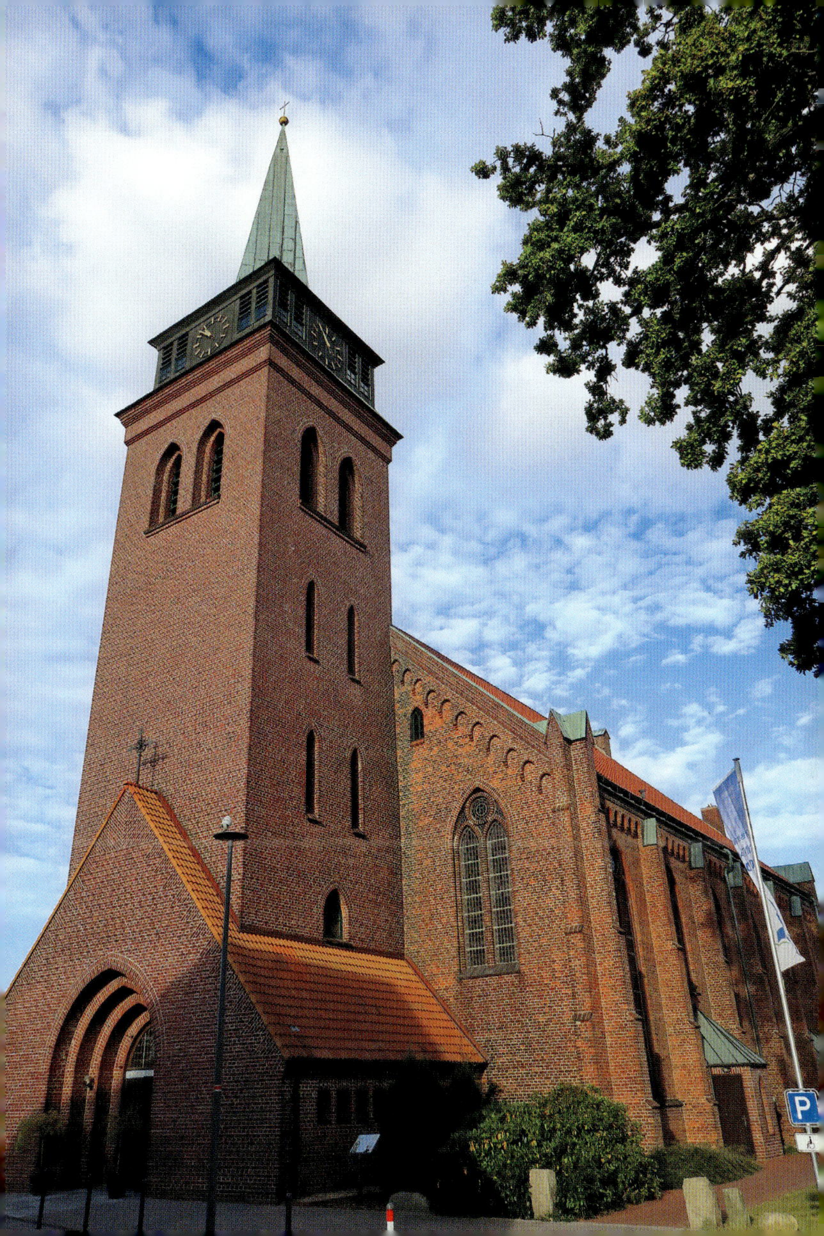
P

10 Von Gerdehaus nach Lutterloh

3.30 h	13,9 km
↗110 m	↘90 m

Auf den Spuren der Gauß'schen Geländevermessung

In der Südheide wird das Gelände wieder hügeliger mit schöner Aussicht vom 118 Meter hohen Haußelberg, bekannt für die Gauß'schen trigonometrischen Landvermessungen in der Lüneburger Heide. Nicht weit von dort ist es zur Oberoher Heide, einer der größten zusammenhängenden Flächen der Südheide. Durch lichten Wald sowie die Schneise einer Gasleitung wandern wir südwärts zum Schillohsberg, wo uns die dritte Heidefläche erwartet mit einem lehrreichen Erlebnispfad, ehe wir den kleinen Zielort Lutterloh erreichen. Unterwegs zweigen an zwei Punkten Zuwege ab nach Unterlüß mit Bahnanschluss und Unterkunfts-, Einkehr- und Einkaufsmöglichkeiten. Der wichtigste Arbeitgeber des Ortes passt weniger zum Idyll-Image der Südheide: Rheinmetall, eine der größten Waffenschmieden des Landes, produziert hier Panzer. Der südliche Zubringer von/nach Unterlüß führt am Breitehorn vorbei mit einem weiteren Messpunkt von Gauß.

Gemälde in der Haußelberger Heide: Heike Schlobinskis »Herbstschnucke«.

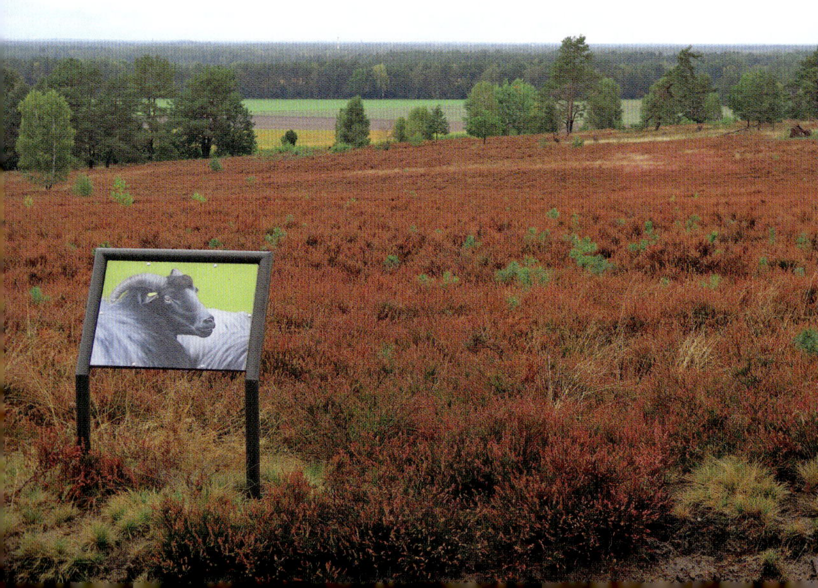

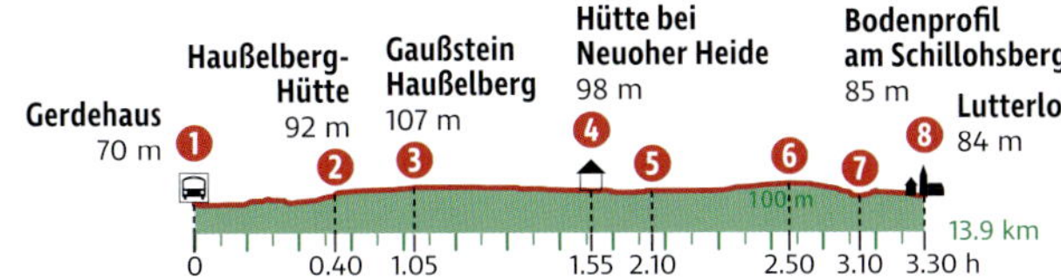

Ausgangspunkt: Gerdehaus mit Bushaltestelle Gerdehaus-Ortsmitte und Wanderparkplatz (Navi: Gerdehaus 1A, 29328 Faßberg).
Endpunkt: Lutterloh (Navi: Dorfstraße, 29345 Unterlüß).
ÖPNV: Von/nach Gerdehaus-Ortsmitte mehrmals täglich Busverbindungen Richtung Faßberg und Unterlüß durch CeBus 261 (Sa. und So. mit telefonischer Anmeldung bis 1 Stunde vorher, Tel. +49 5141 2788200). Vom Zielpunkt Lutterloh und vorher von Neu-Lutterloh nahe 5 CeBus 260 mehrmals täglich (Mo. – Fr. stündlich) Richtung Hermannsburg und Unterlüß, cebus-celle.de. Zuwege führen nach/von Unterlüß mit stündlichen Bahnverbindungen nach Hannover und Uelzen (und weiter nach Hamburg).
Zuwege: Zubringer aus/nach **Unterlüß** (jeweils rund 6 km) mit Übernachtungs- und Einkehrgelegenheiten sowie Bahnhof.
1. Der **nördliche Zubringer** (5,9 km) zweigt links ab bei der T-Kreuzung nach der Jagdhütte und bei der folgenden T-Kreuzung nach rechts. Bei der Kreuzung mit einer Hütte links und auf markiertem Zubringer durch Wald mit weiteren Abzweigungen zum Siedlungsanfang von Unterlüß. Dort rechts in den Altensothriethweg, links in die Urwaldschneise und hinter dem Rathaus rechts in die Müdener Straße zur Ortsmitte mit kurz dahinter dem Bahnhof.
2. Der **südliche Zubringer** (5,4 km) führt von Unterlüß zur Querung des Heidschnuckenweges mit der Hermannsburger Landstraße 6 nach Neu-Lutterloh: Vom Bahnhof Unterlüß der Müdener Straße durch Rechtskurve folgen und geradeaus auf Hermannsburger Straße zum Ortsende, dort bei Notrufpfahl CE-007 links in Siedenholzbahn durch Wald und zweiten Weg rechts Richtung Gaußstein. Nach Abstecher (rechts) zum Gaußstein weiter geradeaus durch Wald, dann rechts am Waldrand zur Hermannsburger Landstraße und auf dieser links durch Neu-Lutterloh zum Heidschnuckenweg-Übergang bei 6.
Anforderungen: Leichte Wanderung über gut ausgebaute und befestigte Wege.
Einkehr: Unterlüß (Zuweg, 6 km): Gasthaus Unikat (→ Unterkunft) sowie pakistanisches Restaurant Sahi und Döner-Imbiss an der Müdener Straße.
Unterkunft: Gerdehaus: Campingplatz Heidecamping für Wanderer mit Zelt südlich von Gerdehaus (nach etwa 1 km), Gerdehaus 79, Tel. +49 5055 590286, heidecamping-gerdehaus.de. **Unterlüß** (Zuweg, knapp 6 km oder per Bus): Gasthaus Unikat, Müdener Straße 25, Tel. +49 5827 215, gasthaus-unikat.de. **Lutterloh:** Ferienhof Meyer (für 1 Nacht nur Unterkunft in Bauwagen), Dorfstraße 12, Tel. +49 5827 1254, meyer-ferienhof.de.
Einkauf: In Lutterloh Hofladen am Hof Meyer (täglich), in Unterlüß Supermarkt in Ortsmitte und Discounter am Bahnhof.
Variante: Vor der Hütte bei der Neuoher Heide 4 mündet die von Etappe 9 abzweigende Variante via Heidesee und Oberohe ein (ab Bushaltestelle Oberohe 2,3 km, ab Ferienpark Heidesee 2,8 km).
Tipp: Rekonstruierter Treppenspeicher in Lutterloh 8 mit multimedialer Ausstellung zur Vogelwelt der Heide (täglich 9 – 19 Uhr), Albert-König-Museum in Unterlüß (Zuweg oder Bus) mit Werken des 1944 in Unterlüß verstorbenen Künstlers (Di. – So. nachmittags), Albert-König-Str. 10, albertkoenigmuseum.de.

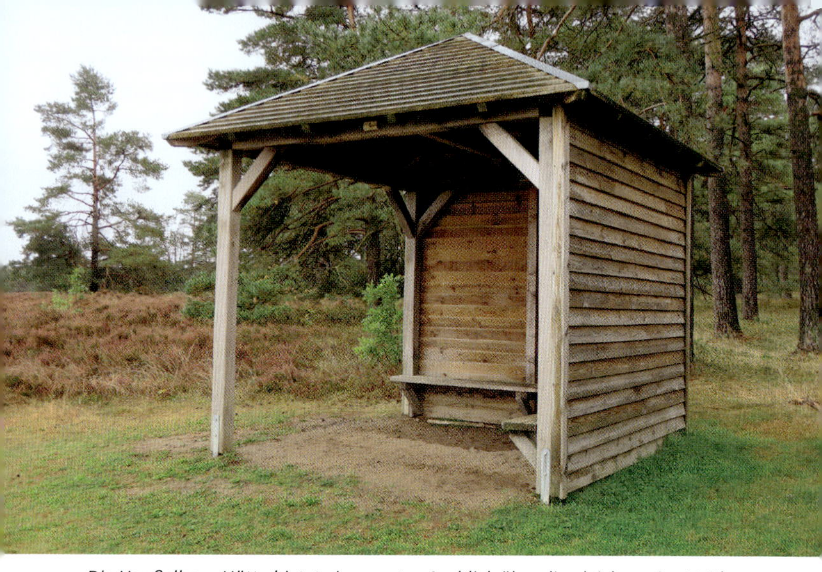

Die Haußelberg-Hütte bietet einen guten Ausblick über die gleichnamige Heide.

Von **Gerdehaus** ❶ mit der Bushaltestelle Gerdehaus-Siedlung führt der Heidschnuckenweg südwärts entlang der Zufahrtsstraße zum Heidecamping Gerdehaus und nach 5 Minuten nach einem Wanderparkplatz zur Rechten durch eine Linkskurve. Nach 500 m verlassen wir nach einer leichten Linkskurve kurz vor dem Campingplatz die Straße (Schild: LSG) und folgen dem Heidschnuckenweg geradeaus bzw. leicht rechts in den Wald. Nach einer Kreuzung halten wir uns bei den folgenden beiden Gabelungen rechts und genießen den Blick nach links über die Heidefläche. Vor einem Feld halb links, auf einem Spurweg am Feldrand entlang und vor einem Wald nach links (Weesen 17,5 km) mit der Heidefläche wieder an der linken Seite. Kurz darauf erreichen wir die **Haußelberg-Hütte** ❷ mit malerischem Blick über die Heidefläche. Drucke von Kunstwerken und eine Infotafel weisen auf Maler hin, die sich von der Heide inspirieren ließen, darunter Albert König (Museum in Unterlüß) und Eugen Bracht, Maler von »Hannibals Grab«.

i *Der in Eschede geborene Maler und Holzschneider* ***Albert König*** *(1881–1944) verewigte viele Motive seiner Heimat vor allem aus der Natur: Bäume und Kieselgurlandschaften waren besonders beliebte Objekte. Das Albert-König-Museum in Unterlüß zeigt wechselnde Ausstellungen aus einem Fundus von 1800 Werken des Künstlers, albertkoenigmuseum.de.*

Nach der Hütte bei einer Gabelung links, kurz darauf am Waldrand rechts und bei der folgenden T-Kreuzung im lichten Wald links. Vor einer Heidefläche empfangen uns eine Hütte und der **Gaußstein** 3 am **Haußelberg**. Der Göttinger Mathematiker und Astronom nutzte 1828 den 118 m hohen Haußelberg als Messpunkt der vom Königshaus Hannover angeordneten Landvermessung. Der jetzige eckige Gaußstein ist kein Original, sondern wurde 2005 in der Nähe des ursprünglichen Messsteins aufgestellt.

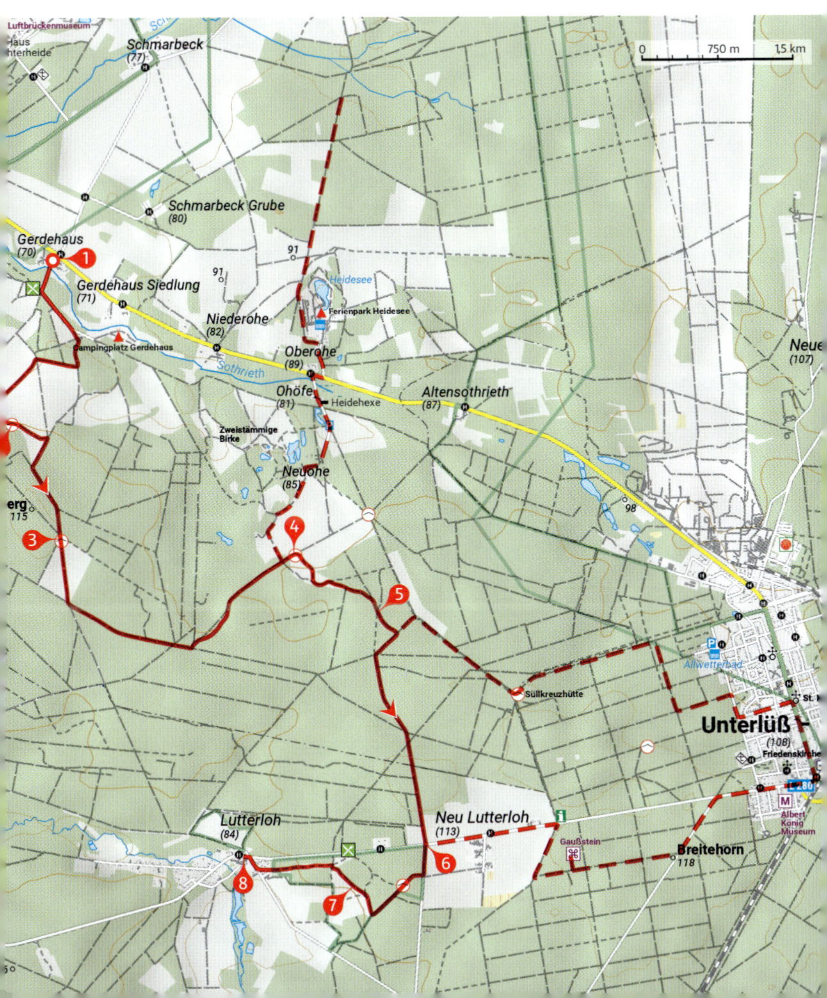

Der Mathematiker, Astronom und Physiker ***Carl Friedrich Gauß*** *(1788–1855) unternahm von 1821 bis 1825 im Auftrag des Königreichs Hannover Landvermessungen in Norddeutschland, wobei er im Rahmen der Triangulation (mit insgesamt über 3000 Punkten) das Gebiet in Dreiecke aufteilte, deren Punkte weithin in der Landschaft sichtbare Gipfel waren wie der Wilseder Berg (Etappe 4), der Haußelberg (Etappe 10) oder das Breithorn (südlicher Zuweg von/nach Unterlüß). Die optischen Messungen der letztgenannten zwei Punkte wären heute kaum möglich, da die Hügelkuppen weitgehend im Wald liegen, damals aber – vor den großen Aufforstungen im 19. Jh. –, als Heideflächen freie Sicht boten, offensichtlich schon. Die Vermessungspunkte werden bis heute zu seinem Gedenken in Ehren gehalten.*

Am Ende der Heidefläche zweigt der Heidschnuckenweg bei einer Kreuzung links in den Wald (Oberoher Heide 2,6 km) und dort links in einen Weg mit Kiesbelag Richtung Oberohe (1,3 km) ab. Bei einer Kreuzung mit Birken mündet von links die Variante über den Heidesee und Oberohe von Etappe 9 ein. Wir gehen geradeaus und zweigen hinter der **Hütte** bei der **Neuoher Heide** 4 rechts auf den Grasweg (u.a. Lutterloh 6,5 km) durch lichten Birken- und Wacholderwald sowie offene Heidefläche. Bei der Kreuzung am Anfang einer **Gasleitungsschneise** 5 mit Jagdhütte und Zecken-Warnschild gehen wir geradeaus. Der Heidschnuckenweg führt durch Wald und bei einer Kreuzung mit optionalem Abstecher nach Unterlüß (links) nach rechts (Lutterloh 5 km), um bei der folgenden Kreuzung wieder auf

Diese Steinsäule am Haußelberg erinnert an einen von mehreren Messpunkten Gauß'.

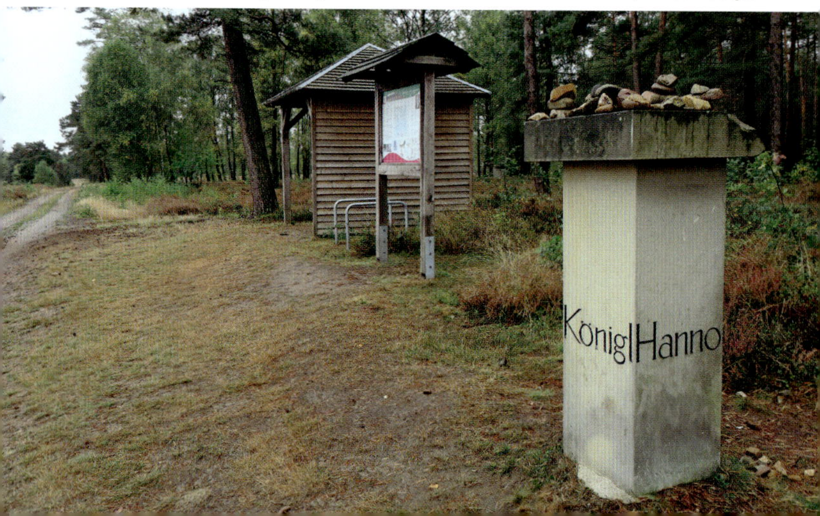

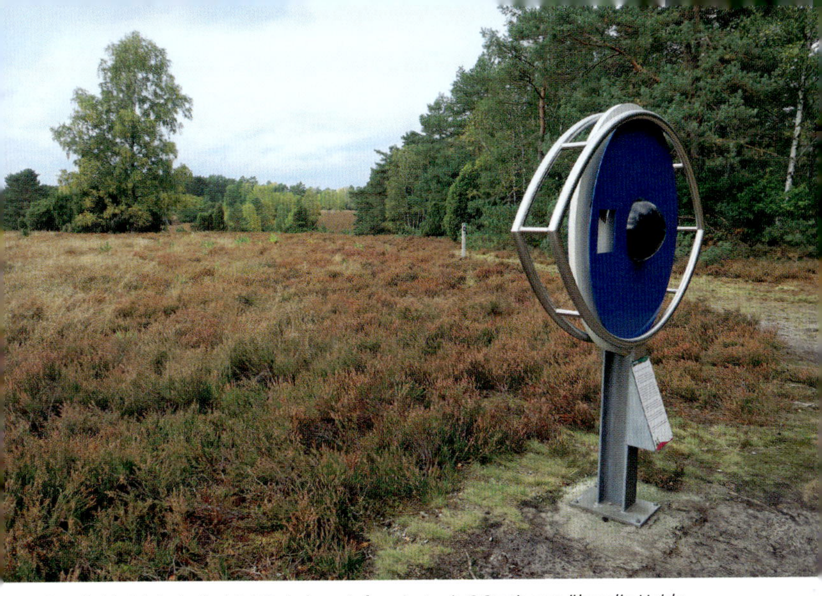

Der HeideErlebnispfad Schillohsberg informiert mit 6 Stationen über die Heide.

die Gasleitungsschneise zu treffen, der wir links in südliche Richtung folgen nach Neu-Lutterloh an der **Hermannsburger Landstraße** 6.
Der Heidschnuckenweg quert die Straße geradeaus Richtung Waldpädagogisches Zentrum und Lutterloh (2,6 km). Der (südliche) Zubringer nach Unterlüß (5,4 km) führt (zunächst) links über die Straße vorbei an der Bushaltestelle Neu-Lutterloh (0,5 km) und einem Gaußstein.
Nach wenigen Minuten am Waldrand taucht der Heidschnuckenweg rechts in den Wald ein (Lutterloh 2,3 km). Bei einer Hütte mit Tisch und Bank sowie einer Infotafel über Mistkäfer beachten wir die rechte Abzweigung nicht und gehen geradeaus, um bei einer Gabelung vor einem Wacholderbaum dem Heidschnuckenweg rechts am Waldrand zu folgen. Links bieten sich schöne Blicke über die **Heide am Schillohsberg**, durch die ein Erlebnispfad mit 6 Stationen führt. Nach einer dieser Stationen, einer Skulptur und Infotafel (»Eismassen ...«), geht es hinunter, vorbei an einem **Bodenprofil** 7 und wieder hinauf, ehe wir am Ende der Heide bei einer T-Kreuzung mit Bank nach rechts und nach 20 m nach links gehen (Lutterloh 0,9 km). Durch Wald führt der Heidschnuckenweg parallel zur Landstraße zu einem Ferienhof mit Spielplatz im Zielort **Lutterloh** 8. Der Theerhofer Weg führt rechts zur überschaubaren Ortsmitte mit einem Dorfladen, etwas weiter links der Bushaltestelle und einem kleinen Park mit einem historischen hölzernen Treppenspeicher sowie Picknickgelegenheit unter schattenspendenden Bäumen.

11 Von Lutterloh nach Dehningshof

4.30 h | 18,7 km
↗140 m | ↘160 m

Lutterbach und Lüßplateau

Von Lutterloh wandern wir stellenweise durch Heide und Kiefernwald in das Dorf Weesen mit dem Lutterbach, von wo uns der Heidschnuckenweg zwischen Wald und Feldern zur Misselhorner Heide führt. Diesem schmalen sichelförmigen Heidestreifen folgt der Heidschnuckenweg in südliche Richtung ins Tiefental, wo der Hermannsburger Missionar Ludwig Harms bei den Missionsfesten 1860 vor »Scharen von Pilgern« aus der Umgebung predigte. Bei einer Infotafel über Bienen tauchen wir wieder in den Wald ein und erreichen nach der Umgehung des Angelbecksteichs den idyllisch im Wald gelegenen Dehningshof.

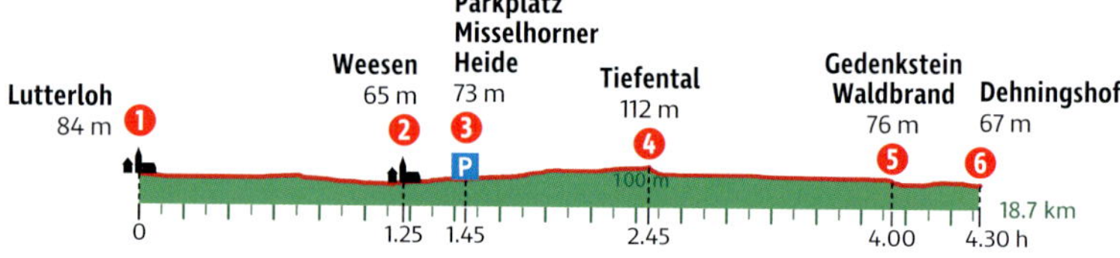

Ausgangspunkt: Lutterloh (Navi: Dorfstraße, 29345 Unterlüß).
Endpunkt: Dehningshof mit Parkplatz (Navi: Zur Alten Fuhrmanns-Schänke, Dehningshof 1, 29320 Hermannsburg).
ÖPNV: Vom Ausgangspunkt Lutterloh CeBus 260 Mo. – Fr. stündlich (Wochenende mehrmals täglich) Richtung Hermannsburg und Unterlüß. Nächstgelegene Bushaltestelle von Dehningshof ist Hermannsburg-Oldendorf mit Anschluss nach Hermannsburg und Celle mit CeBus 200 und 230 (mehrmals täglich), cebus-celle.de.
Zuwege: 1. Am Etappenanfang aus **Unterlüß** (2,6 km entlang Etappe 10 und 5,4 km auf südlichem Zuweg zu Etappe 10 aus Unterlüß → Etappe 10),
2. in der Mitte aus **Hermannsburg** (4,5 km; Etappe 9a),
3. am Etappenende auf Radweg von/nach **Oldendorf** (3 km), dazu auf der Westseite des Angelbecksteichs rechts zur Straße abzweigen und auf dem Radweg der Escheder Straße Richtung NW, vorbei an den Teichen der 2007 eingestellten Kiesabbaugruben, heute ein Wasservogeleldorado.
Anforderungen: Leichte Wanderung über gut ausgebaute und befestigte Wege.
Einkehr: Gasthöfe in Weesen, Hermannsburg-Misselhorn (800 m abseits), Oldendorf (3 km abseits): Hotel-Restaurant Gutshof → Unterkunft. Außerdem Sommercafé am Rabehof in Oldendorf (3 km abseits) sowie weitere Einkehrmöglichkeiten in Hermannsburg (→ 4,5 km).
Unterkunft: Weesen: Hotel Im Wiesengrund (wd), Weesener Str. 17, Tel. +49 5052 98 94-0, hotel-im-wiesengrund.de; Heidehotel Gut Landliebe, Postweg 2, Tel. +49 5052 2088, gut-landliebe.de. **Hermannsburg-Misselhorn** (800 m westlich vom Wanderparkplatz): Misselhorner Hof, Misselhorn 1, Tel. +49 5052 8001, misselhornerhof.de. **Dehningshof:** Zur Alten Fuhrmanns-Schänke (Zimmer und Heuhotel, N), Dehningshof 1, Tel. +49 5054

98970, fuhrmanns-schaenke.de. **Oldendorf** (3 km abseits): Hotel-Restaurant Gutshof im Oertzetal, Escheder Straße 2, Tel. +49 5052 542971-0, gutshof-im-oertzetal.de. Am Nordostrand von Oldendorf (3,5 km): Wildwood Camping Lüneburger Heide, Dicksbarg 46, Tel. +49 5052 3072, wildwoodcamping.de. **Hermannsburg** (4,5 km abseits): Hotel Heidehof, Billingstraße 29, Tel. +49 5052 9700, bestwestern.de → Hermannsburg; Ludwig-Harms-Haus, Harmsstraße 2, Tel. +49 5052 69270, ludwig-harms-haus.de.
Einkauf: Hofläden in Lutterloh (De lüttsche Laden) und (3 km abseits) in Oldendorf (Rabehof). Die nächstgelegenen Supermärkte und Bäcker sind in Hermannsburg und Unterlüß (→ Zuwege).
Varianten: Zwei Abkürzungsmöglichkeiten: 1. **Ab Tiefental ④ bis Angelbecksteich auf dem Jakobsweg** (2,6 km kürzer): Am Anfang des Tiefentals rechts und bis Angelbecksteich der Jakobsmuschel folgen. Der Weg führt großteils über eine kleine Straße und ist daher eintöniger, aber kürzer.
2. Kurz vor Schluss kann **auf die Umgehung des Angelbecksteichs verzichtet** werden (0,8 km kürzer), indem man geradeaus geht, links am Teich vorbei.
Heideschleifen am Weg: Heideschleife Misselhorner Heide (HS11).

In **Lutterloh** ① zweigt der Heidschnuckenweg zusammen mit einem Radweg nordwestlich von der Hauptstraße ab Richtung Weesen (5,5 km) und führt entlang eines Schotterwegs rechts vorbei an dem kleinen Park mit dem alten Treppenspeicher. Der Radweg nach Müden verabschiedet sich bald bei einer Bank nach rechts, während uns der Heidschnuckenweg oberhalb vom Tal des Lutterbachs Richtung Weesen führt. Bei einer Bank und einem Schild »Wasserschutzgebiet« gabelt sich der Weg: Beide Varianten führen nach Weesen; der linke als Radweg, der rechte und schöner zu gehende als Heidschnuckenweg (Müden 2,8 km). Bei einer Kreuzung folgen wir dem breiten Weg nach links und erreichen nach 1,5 km Weesen, wo wir bei einem Fahrradgeschäft rechts in den Lutterloher Weg einbiegen.

Dieses Arrangement in Weesen erinnert an den gleichnamigen Ort in der Schweiz.

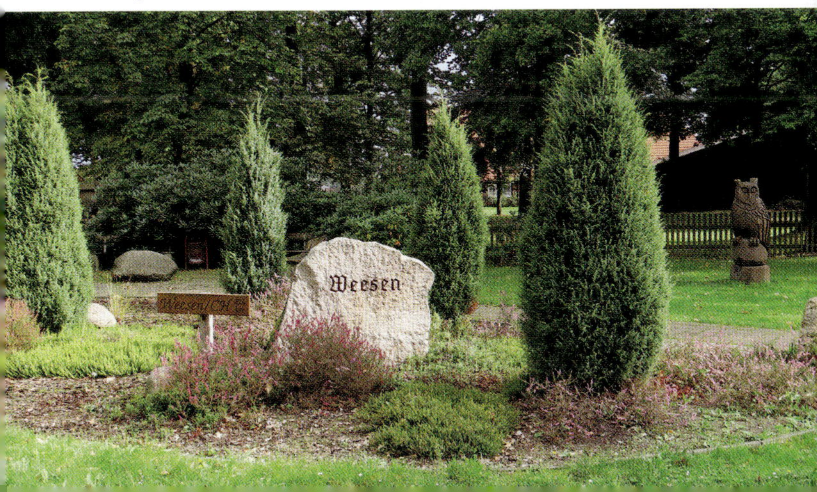

Der Heidschnuckenweg folgt der Straße bei einer Bushaltestelle und einem Trafoturm um die Linkskurve. Der efeuumrankte Trafoturm von 1914 sollte 1991 abgerissen werden, wurde aber auf Initiative der Naturschutzfreunde Weesen e.V. restauriert als Behausung für Fledermäuse und Eulen.
Rechts vorbei am Hotel-Restaurant Wiesengrund, über den Weesener Bach, auch Lutterbach genannt, zu einer Rechtskurve im Zentrum von **Weesen** ❷, links davor ein nettes Arrangement mit Findling, Heide und Wacholder. Ein Holzschild erinnert an den gleichnamigen schweizerischen Ort in 816 km Entfernung, Bänke laden zur Pause ein.
Dahinter folgen wir dem Heidschnuckenweg nach links (Postweg), nach 100 m bei einer Gabelung am Ortsende mit einer Sitzbank um einen Ei-

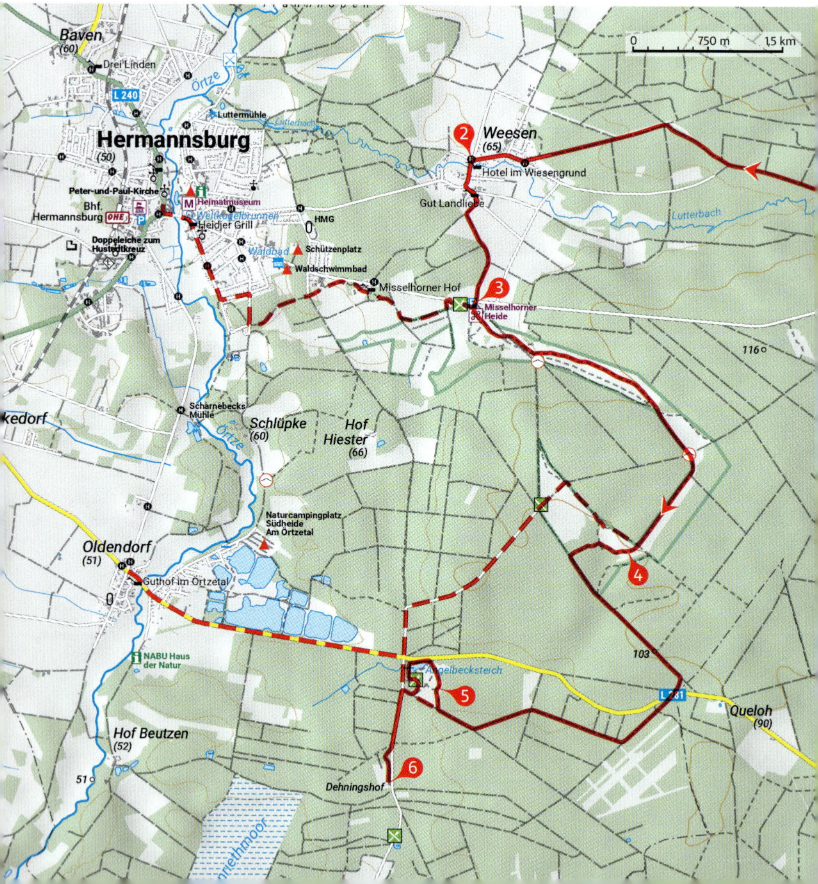

chenstamm herum nach rechts. Kurz darauf rechts in einen Spurweg und nach 100 m nach links, rechts neben einem Holzzaun. Bei einer Gabelung am Waldrand – 2020 war hier ein fahrbarer Jagdsitz (auf einem Anhänger) – folgen wir dem Heidschnuckenweg nach rechts und queren nach 5 Minuten eine Landstraße mit dahinter dem **Wanderparkplatz Misselhorner Heide** ❸. Dort geradeaus vorbei an einer Holzschranke und links haltend auf einem Pfad durch hügelige Heidelandschaft sowie stellenweise lichten Kiefernwald.

Wir passieren eine kraterähnliche Vertiefung zur Linken, die nicht etwa mit den (militärischen) Sprengungen des Tiefentals in Verbindung steht, sondern durch den Abbau von Kies und Sand entstanden sein soll. Hoffnun-

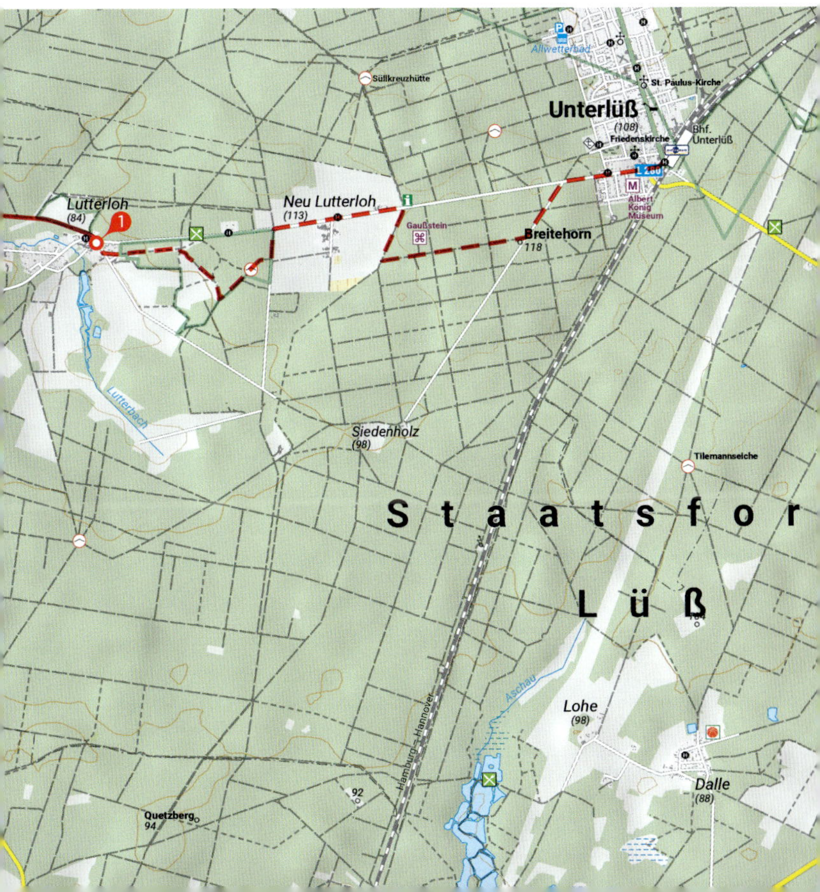

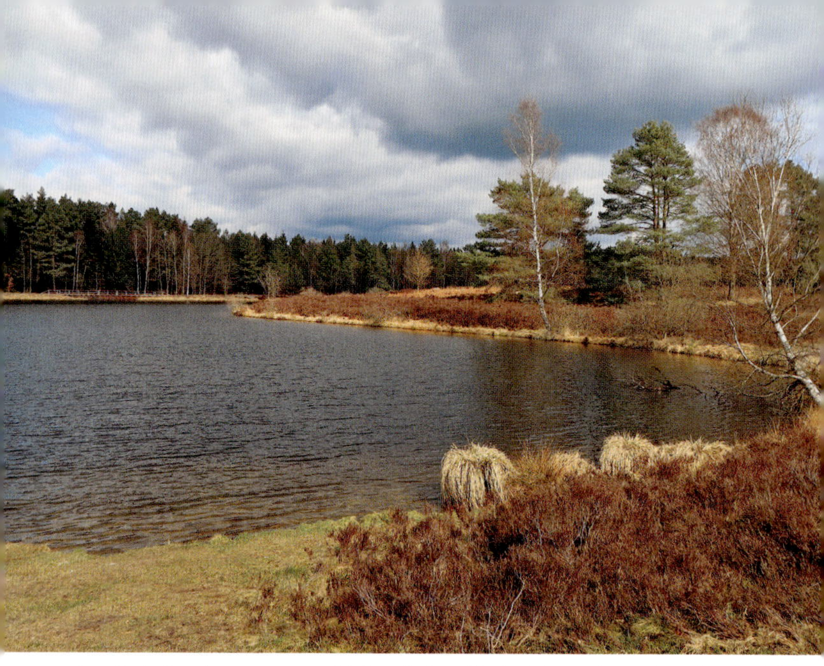

Der Heidschnuckenweg umrundet den als Feuerlöschteich angelegten Angelbecksteich.

gen, dass sich diese Vertiefung mit Wasser füllen würde, haben sich nicht erfüllt. Fälschlicherweise wird daher an dieser Stelle auf manchen Karten – etwa beim Parkplatz der Misselhorner Heide – ein Teich dargestellt.

Bei einer Kreuzung mit Schutzhütte folgen wir dem Heidschnuckenweg geradeaus am Waldrand und nehmen nach 200 m den rechts abzweigenden Pfad. Nach 15 Minuten wandern wir durch das eiszeitlich entstandene **Tiefental** 4 mit lichtem Baumbewuchs und Heidefläche vorbei an einer Infotafel über Bienen, ehe der Heidschnuckenweg im Auf und Ab in den Wald eintaucht, wo wir uns bei den folgenden Abzweigungen links halten und nach 10 Minuten eine Schutzhütte passieren. Weiter geradeaus über den Forstweg, dann rechts, über eine Straße und nach 10 Minuten rechts in einen sandigen Weg. Nach einer längeren Passage durch Wald halten wir uns rechts und müssen nach 5 Minuten entscheiden, ob wir geradeaus die Abkürzung nehmen (0,8 km kürzer) oder dem Heidschnuckenweg rechts mit einer empfehlenswerten Schleife um den **Angelbecksteich** folgen – auf einem Erlebnispfad mit Infotafeln zur Heide um diesen nach dem Waldbrand 1975 angelegten Feuerlöschteich. Dabei erinnert nach 150 m ein **Gedenkstein** 5 an den Waldbrand von 1975.

Als Folge eines sehr heißen und trockenen Sommers kam es im August 1975 in der Lüneburger Heide zu der bis dahin größten ***Brandkatastrophe*** *der Bundesrepublik Deutschland: 7000 ha Wald standen in Flammen. Die Löscharbeiten wurden unterstützt von französischen Flugzeugen, Feuerwehren der benachbarten Bundesländer und der Bahn sowie der Bundeswehr und dem Bundesgrenzschutz. Brandbegünstigend war neben dem überwiegenden Nadelbaumbestand mit brandbeschleunigendem Harz viel Totholz als Folge des Orkans Quimburga von 1972. Die sandigen Wege erschwerten das Herankommen der Hilfskräfte, außerdem war die Beschaffung von Löschwasser eine logistische Herausforderung. Zwei Lehren nach dem Waldbrand sind bis heute sichtbar: die Zunahme von weniger schnell brennbaren Laubbäumen sowie die Einrichtung von Wasserreservoirs zur Brandbekämpfung – wie dem* ***Angelbecksteich****.*

Am Angelbecksteich lädt ein Rastplatz zur Pause vor dem letzten Teilstück ein. Südlich davon passieren wir rechts den Parkplatz und biegen links in den Forstweg Dehningshof bzw. nach wenigen Minuten einen rechts parallel verlaufenden Fußweg ab, der direkt zum Ziel führt, der Alten Fuhrmanns-Schänke am **Dehningshof** 6. Der Name geht zurück auf eine ehemalige Ausspannstation für Pferde, die Anfang des 19. Jhs. vom Frachtkaufmann Peter Dehning an der Celler Heerstraße – damals einer wichtigen Verkehrsachse – erbaut wurde. Nach 1950 wurde die Station nur noch gastronomisch betrieben und bietet heute lediglich Übernachtungsgelegenheiten (mit Frühstück).

Die Alte Fuhrmannsschänke richtet sich vor allem an Wanderer und Reiter.

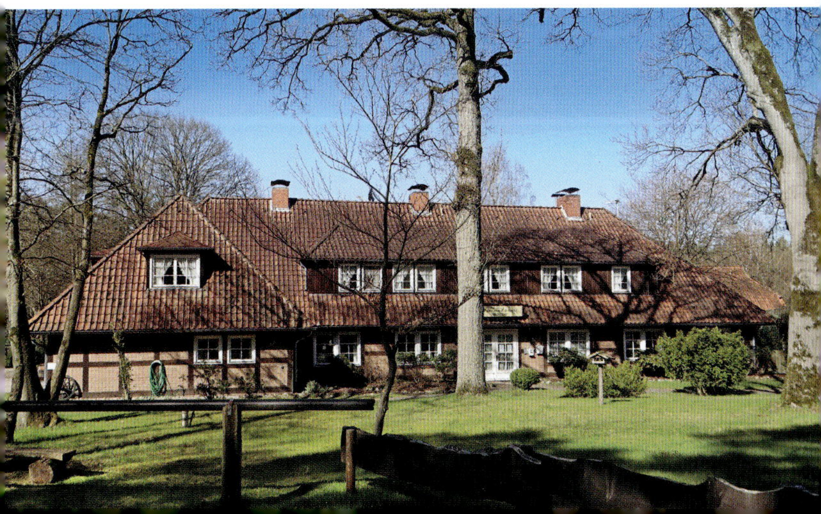

12 Von Dehningshof nach Celle

6.45 h	27,6 km
↗120 m	↘140 m

Durch die Wälder der Südheide in die Residenzstadt

Die recht lange Schlussetappe führt überwiegend über Forstwege Richtung Celle durch eines der größten zusammenhängenden Waldgebiete Niedersachsens. Für Abwechslung sorgen vereinzelt kleine Heideflächen und einige Teiche. Kurz nach dem Celler Stadtteil Groß-Hehlen erreichen wir das Tal der Aller, dem wir entlang der Alleraue in die Residenzstadt Celle folgen. Offizieller Schlusspunkt des Heidschnuckenwegs ist der Schlosspark mit der romantischen Altstadt dahinter und ihren vielen gut erhaltenen Fachwerkhäusern.

Ausgangspunkt: Dehningshof mit Parkplatz (Navi: Zur Alten Fuhrmanns-Schänke, Dehningshof 1, 29320 Hermannsburg).
Endpunkt: Schlosspark in Celle.
ÖPNV: Entlang der Wanderung werden Scheuen und Groß-Hehlen (sowie Oldendorf via Zuweg) vom CeBus 200 auf der Strecke Hermannsburg-Celle sowie vom Stadtbus 2 wochentags stündlich, am Wochenende mehrmals täglich bedient, cebus-celle.de. Celle bietet mehrmals stündlich Bahnverbindungen (inkl. ICE) Richtung Hamburg und Hannover.
Zuweg: Zubringer aus **Oldendorf** (4 km) auf Radweg neben der Landstraße und vorbei am Angelbecksteich.
Anforderungen: Lange Wanderung überwiegend über Forstwege, kleine Straßen, Waldpfad.

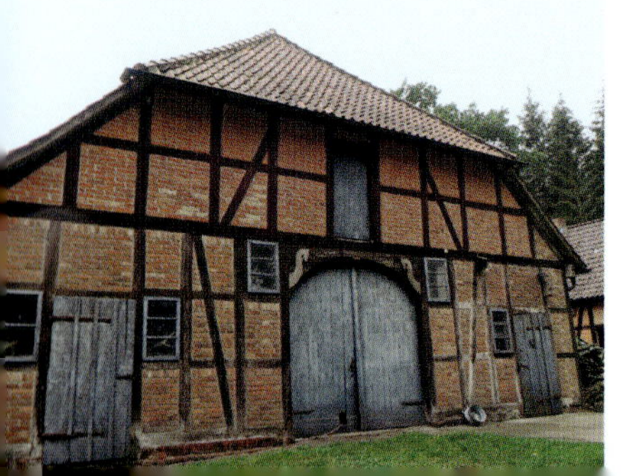

Einkehr: **Groß-Hehlen:** Gasthaus zur Riete mit Biergarten und Hotel Celler Tor (→ Unterkunft), sonst Bistro (Subway) im südlichen Gewerbegebiet. **Celle:** großes gastronomisches Angebot.
Unterkunft: **Groß-Hehlen** (alle Unterkünfte 0,5 – 1 km vom Weg): Gasthaus Zur Riete, Riete 1 (im Süden bei der St.-Cyriacus-Kirche), Tel. +49 5141 51170, gasthaus-zur-riete.de; Hotel-Garni am Eckernweg, Eckernweg 1, Tel. +49 5141 9519113, hotel-garni-am-eckernweg.com; Ringhotel Celler Tor, Scheuener Straße 2, Tel. +49 5141 590-0, celler-tor.de. **Celle:** große Auswahl an Hotels, z. B. in Bahnhofsnähe Hotel Neun 3/4, Bahnhofstraße 46, Tel. +49 5141 9090731, hotel934.de; am Schloss Celler Hof, Stechbahn 11, Tel. +49 5141 911960, cellerhof.de; in der Altstadt Hotel Borchers. Schuhstraße 52, Tel. +49 5141 911920, hotelborchers.com.
Einkauf: Supermärkte und Bäckereien in Groß-Hehlen (ca. 0,5 km abseits der Route) und Celle.
Information: Service- und Infocenter Celle, Markt 14–16, 29221 Celle, Tel. +49 5141 909080, celle-tourismus.de.
Tipp: Die sehenswerte Altstadt von Celle mit vielen Sehenswürdigkeiten rechtfertigt eine weitere Übernachtung in der alten Residenzstadt (→ Infobox s. u.).

Das Fachwerk-Forsthaus Kohlenbach geht auf das 18. Jh. zurück.

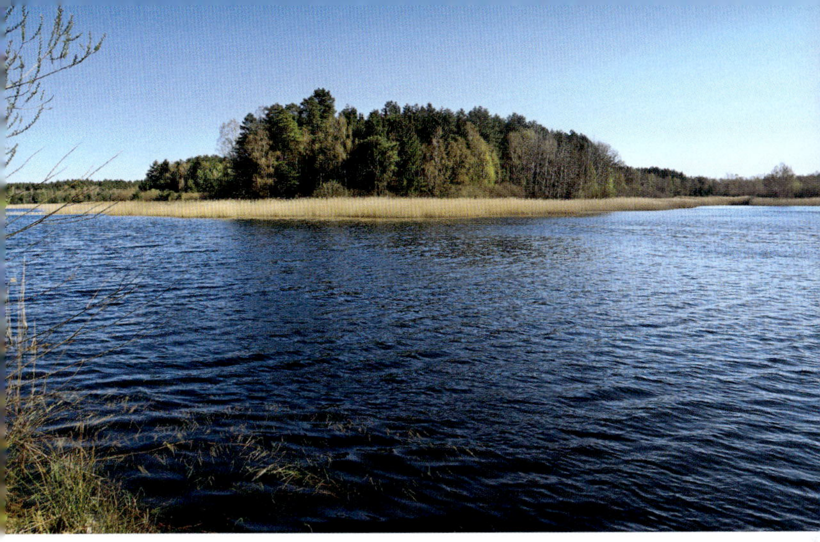

Die zur Karpfenzucht angelegten Wildecker Teiche sind heute ein Naturparadies.

Wir verlassen den **Dehningshof** ❶ südwärts über die Fahrstraße und gehen in einer Rechtskurve nach 5 Minuten geradeaus auf dem Fuß-/Radweg in gerader Linie durch den Wald, der sich nach einer Hütte bei der Severloher Heide lichtet, der letzten größeren zusammenhängenden Heidefläche vor unserem Ziel. Nach 500 m geht es wieder in den Wald, vorbei an zwei Baumriesen bzw. Infotafeln: Buchen, die den schlimmen Brand 1975 überstanden haben, weil ihnen das brennbare Kiefernharz fehlt. Wir wandern weiter südwärts, ohne Abzweigungen zu beachten. Unterwegs erinnert am Citronenberg (84 m) eine Infotafel an eine Bahnlinie, die stellenweise ne-

> *i* *Kaiser Wilhelm II. ließ 1892 eine 70 km lange* ***Bahnstrecke*** *zwischen Uelzen und Celle von 2000 Soldaten als Teststrecke zum Transport von militärischem Material anlegen – sie wurde kurz darauf wieder abgebaut.*
> *Der* ***Citronenberg*** *verdankt seinen Namen einer Legende nach einer hier im Mittelalter wohnenden Fischerfamilie, die sich dem kranken Mädchen eines Kreuzfahrers angenommen und als Dank nach dessen Rückkehr aus dem Heiligen Land Zitronen erhalten haben soll.*
> *Die* ***Wildecker Teiche*** *wurden um 1900 angelegt zur Karpfenzucht, die seit 1951 keine wirtschaftliche Bedeutung mehr hatte. Seitdem bilden die Teiche einen Lebensraum für viele seltene Tierarten. Das Gebiet lag bei der Brandkatastrophe 1975 mitten im Brandgebiet, aber einige jahrhundertealte Bäume überstanden dank intensiver Löscharbeiten.*

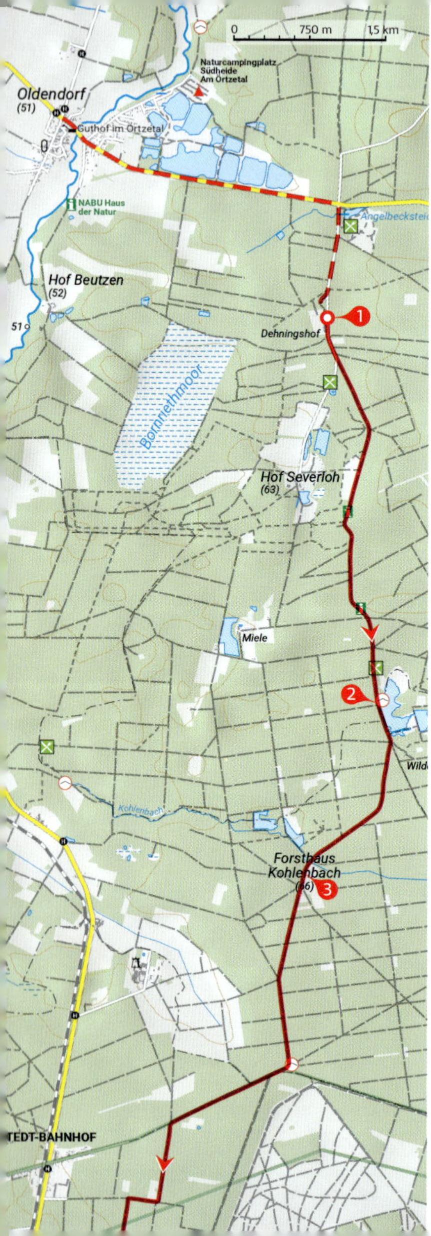

ben diesem Weg verlief. Kurz nach dem Citronenberg liegen links die **Wildecker Teiche** ❷.

Nach den Teichen gehen wir bei einer Kreuzung mit links einer Warnung vor frei laufenden Wachhunden geradeaus auf dem ansteigenden Sandweg (Celle 23 km), der uns nach der Querung eines Baches zum **Forsthaus Kohlenbach** ❸ führt, einem Vierständerhaus von 1753. Der Name des Hauses bzw. des Kohlenbaches soll auf die dunkle Farbe seines Wassers zurückgehen. Der Heidschnuckenweg führt weiter südwärts durch Wald, Abzweigungen beachten wir nicht – bis zu einer Kreuzung mit Unterstand, wo der Heidschnuckenweg nach rechts abzweigt (Celle 19,5 km).

Nach 20 etwas eintönigen – oder meditativen – Minuten auf einer schnurgeraden Strecke durch Wald gehen wir bei der nächsten Kreuzung nach links, vorbei an einer Holzschranke (Celle 17,5 km) und bei einer T-Kreuzung mit Bank und Hochsitz nach rechts. Die Stille des Waldes wird gelegentlich unterbrochen durch den hallenden Donner nahe gelegener militärischer Übungsgebiete. Wir wandern wieder südwärts und beachten Abzweigungen nicht bis zu einem Zaun vor einer Bahnstrecke, wo wir dem Weg rechts neben den Bahngleisen folgen. Nach kurzem Abstieg queren wir die Bahn-

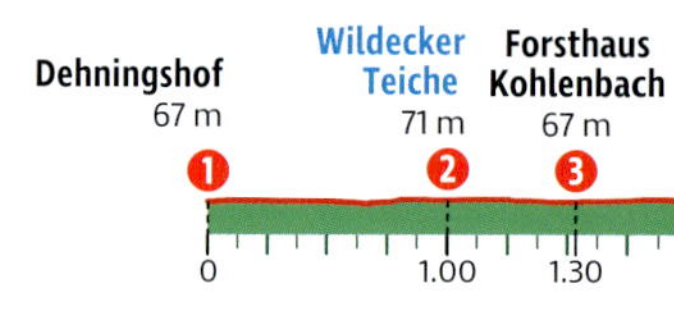

i *Die **Kaserne Celle-Scheuen** wurde 2006 aufgelöst: Der Standortübungsplatz wird weiterhin von der Bundeswehr genutzt, die Jägerschaft Celle betreibt auf dem alten Kasernen-Schießplatz einen Schießpark. Auf dem ehemaligen Kasernengelände bildet die Niedersächsische Akademie für Brand- und Katastrophenschutz Celle (NABK) Feuerwehrleute aus und bietet ABC-Kurse an.*

strecke nach links, die früher für Militärtransporte der ehemaligen Kaserne auf der linken Seite diente.

Nach der Querung der Bahnstrecke folgen wir der kleinen Straße geradeaus und nach wenigen Minuten, kurz nach der Bushaltestelle Scheuren-Reiherberg/NABK, der Hermannsburger Straße nach rechts in südliche Richtung. Nach Querung der 1902 eröffneten und 1976 stillgelegten Bahnstrecke queren wir das Dorf **Scheuen** ❹, wo uns am Ortsende eine Fluglandebahn überrascht. Der Heidschnuckenweg biegt 20 m nach der Schranke rechts in einen Waldweg ab, um den kleinen Flugplatz rechts zu umgehen, der 1918 von der Kaiserlichen Marine für Flüge zwischen Wilhelmshaven und Kiel angelegt wurde und heute von einem Segelflugverein genutzt wird.

Am westlichen Ende der Landebahn mit dem Schild »Flugplatz« bei einer Gabelung links und kurz darauf im Wald rechts. Nach Querung einer Landstraße halten wir uns im Wald nach 70 m links, passieren nach kurzem Abstieg einen Teich und folgen den H-Markierungen kurz darauf rechts und wieder links zum Ortsrand von Groß-Hehlen mit dem Parkplatz einer Sportanlage. Der Heidschnuckenweg führt entlang der Straße Krähenbergweg rechts an der Sporthalle vorbei. 30 m nach einer Linkskurve biegen wir bei einer Eiche rechts in den Grasweg am Orts- bzw. Waldrand, um bei der nächsten Kreuzung links dem Hustedter Weg in die Ortsmitte von **Groß-Hehlen** ❺ zu folgen, seit 1973 ein Stadtteil von Celle. Nach Querung der Hauptstraße mit einer Bushaltestelle auf der linken Seite geradeaus in die Lange Straße Richtung St. Cyriacus, aber vor der Kirche rechts in den Schnepfenweg und im Zickzack durch ein Wohnviertel: am Ende des Schnepfenweges links in den Fuchswinkel, danach rechts in den Weg »Alt Groß-Hehlen« und am Ortsende nach einem Hof bei einer Gabelung links (Celle 8,5 km) am Waldrand entlang. Nach 15 Minuten zweigt der Heidschnuckenweg links in den Wald (Celle 7,6 km)

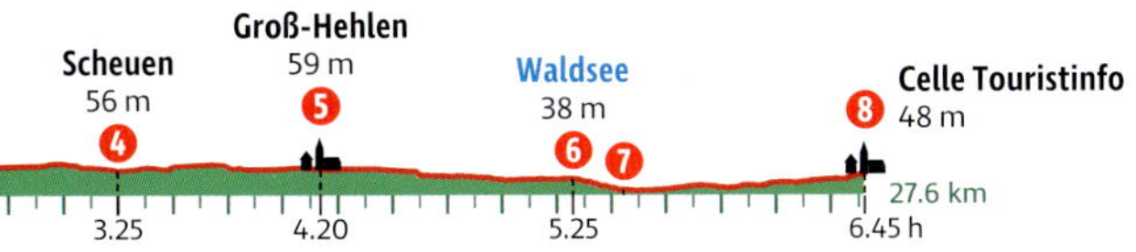

und kurz darauf links am Waldrand entlang, kurzzeitig auch rechts über den birkenbestandenen Boyer Weg.

Bei einer Bank mündet der Heidschnuckenweg in einen Feldweg, der uns rechts nach Celle führt, wo wir zunächst dem Steinbecksweg südwärts folgen. Nach der Kreuzung mit der Witzlebenstraße durch ein Nadelbaumgehölz mit vielen kleinen Pfaden; die »H«-Markierungen weisen deutlich den Weg südwärts. Nach 5 Minuten passieren wir einen **Waldsee** 6, wo wir bei einer Bank bzw. 70 m vor einer Infotafel über Speisepilze den Uferweg rechts verlassen und durch Wald in südliche Richtung wandern.

Bei einer Gabelung vor einem Haus halten wir uns links. Der Heidschnuckenweg mündet kurz darauf am Waldende in einen Radweg ein, und führt durch die Niederung der Aller zu einem Parkplatz mit einer Infotafel über **Bäume des Jahres** 7 als Ausgangspunkt eines Baum-Lehrpfades.

Wir folgen dem Heidschnuckenweg beim Parkplatz nach rechts und halten uns nach einer Brücke über eine Umgehungsstraße links. Der Heidschnuckenweg führt durch die Wiesen der Aller-Aue, einer als FFH-Schutzgebiet ausgewiesenen Überflutungsfläche als Puffer bei Hochwasser. Nach 5 Minuten halten wir uns wieder links und wandern durch eine Linkskurve. Zwischen Wald (links) und der Aller-Aue (rechts) nähern wir uns der bebauten Fläche. Dort folgen wir einer kleinen Straße rechts über eine Brücke und gleich danach rechts dem Heidschnuckenweg über einen Grasweg – während der ebenfalls in das Zentrum von Celle führende Jakobsweg geradeaus – weniger schön – über die Straße führt.

Nach einem Holzgeländer schwenkt der Heidschnuckenweg auf einem Graspfad nach links und führt am Saum der Anhöhe entlang. Nach einer Rechtskurve halten wir uns beim Gelände einer Hundeschule rechts, umgehen rechts einen Sportplatz und unterqueren die Bahnlinie, ehe wir vor der Aller und dahinter der Justizvollzugsanstalt Celle der Straße rechts über die Aller-Brücke Richtung Bahnhof folgen. Beim Kreisverkehr vor dem Bahnhof zweigt der Heidschnuckenweg nach links ab (Trift) Richtung VHS. Nach einer Querstraße gehen wir leicht rechts und nähern uns auf einem Schotterweg durch den Park dem Stadtzentrum. Am östlichen Parkende wechseln wir wieder links zur Trift und folgen der Straße geradeaus hinüber über den Magnusgraben, um hinter der Brücke links in den Schlosspark zu biegen, der im 19. Jh. im Stil eines englischen Landschaftsgartens anstelle der ehemaligen Festungsmauern angelegt wurde. Am Parkeingang empfangen uns links zwei Infosäulen; eine davon zum Heidschnuckenweg an dessen offiziellem Endpunkt. Im Park halten wir uns zunächst rechts mit links schönem Blick auf das Schloss und davor einer Hengststatue, einem Geschenk der städtischen Sparkasse anlässlich des 250-jährigen Jubiläums des Landgestüts Celle im Jahr 1985. Nach der ersten Brücke biegen wir nach links ab und erreichen den Vorplatz des Schlosses. Rechts geht es zur Bushaltestelle Celle-Schlossplatz und dahinter zur Innenstadt mit dem **Infocenter Celle** 8 im alten Rathaus am Marktplatz.

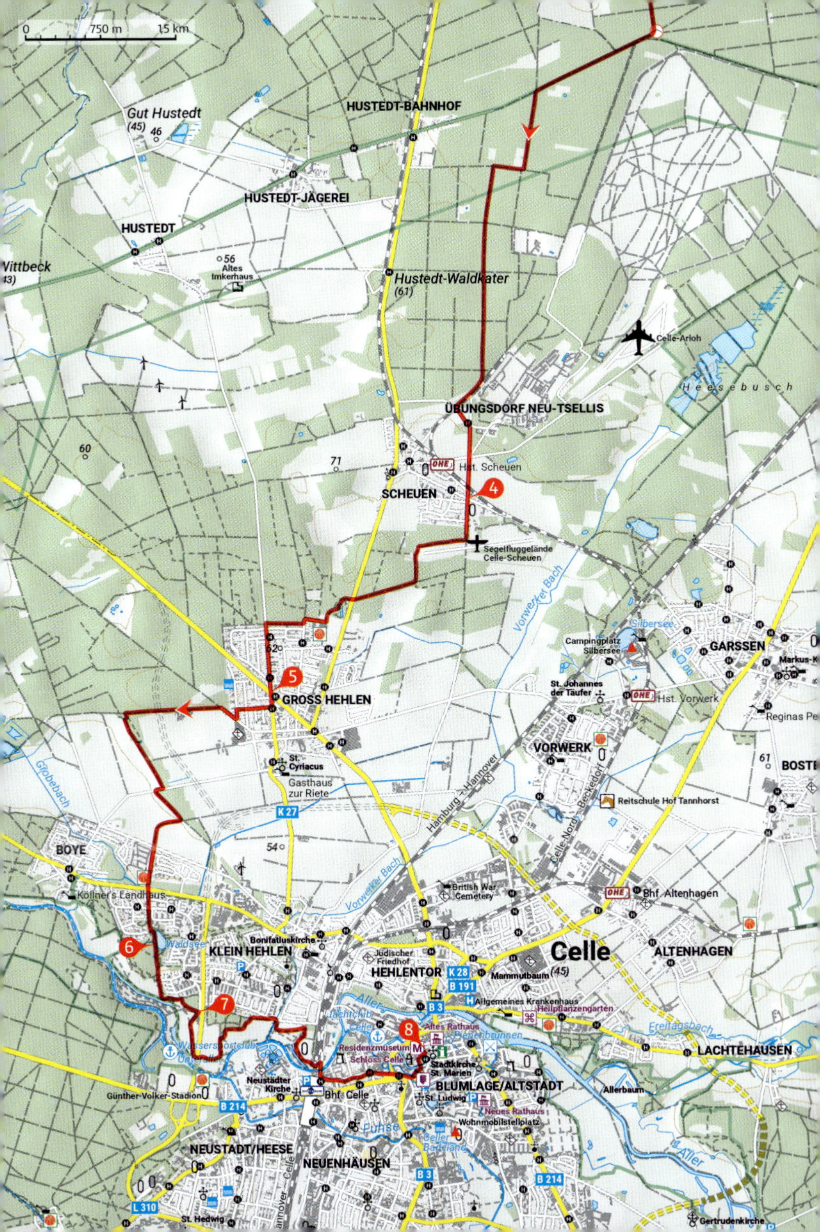

0
750 m
1,5 km
HUSTEDT-BAHNHOF
Gut Hustedt
(45)
HUSTEDT-JÄGEREI
HUSTEDT
Altes Imkerhaus
Hustedt-Waldkater
(61)
Celle-Arloh
Heesebusch
ÜBUNGSDORF NEU-TSELLIS
Hst. Scheuen
SCHEUEN
Segelfluggelände Celle-Scheuen
Vorwerker Bach
Silbersee
Campingplatz Silbersee
GARSSEN
GROSS HEHLEN
St. Johannes der Täufer
Hst. Vorwerk
St. Cyriacus
Gasthaus zur Riete
VORWERK
Reitschule Hof Tannhorst
K 27
BOYE
Köllner's Landhaus
British War Cemetery
Bhf. Altenhagen
Bonifatiuskirche
KLEIN HEHLEN
Jüdischer Friedhof
HEHLENTOR
K 28
B 191
Mammutbaum
Celle
(45)
ALTENHAGEN
Allgemeines Krankenhaus
Heilpflanzengarten
Altes Rathaus
Residenzmuseum
Schloss Celle
Stadtkirche St. Marien
Wassersportclub Unteraller
Neustädter Kirche
Bhf. Celle
BLUMLAGE/ALTSTADT
Allerbaum
LACHTEHAUSEN
Freitagsbach
Günther-Volker-Stadion
B 214
St. Ludwig
Neues Rathaus
Wohnmobilstellplatz
Fuhse
Celler Badeland
NEUSTADT/HEESE
NEUENHÄUSEN
B 3
B 214
L 310
St. Hedwig
Gertrudenkirche
Aller

i *Die 700 Jahre alte Residenzstadt* ***Celle*** *bietet eine gut erhaltene Altstadt mit fast 500 Fachwerkhäusern, die bis auf das 15. Jh. zurückgehen und den Zweiten Weltkrieg weitgehend unbeschadet überstanden haben.*
Das Schloss prägt die ***Geschichte*** *Celles als Residenzstadt: Celle war von 1433 bis 1705 ständige Residenz der Herzöge von Braunschweig-Lüneburg, ehe das Schloss an das Königshaus Hannover fiel: Nach dem Tod des letzten Herzogs heiratete dessen Tochter Sophie Dorothea den hannoverschen Thronfolger Georg Ludwig, den späteren König Georg I. von England. Nach einem Intermezzo des Königreichs Westphalen (1810–1813) mit einem Bruder Napoleons als König (Jérôme) wurde Celle zweite Residenzstadt bzw. Sommersitz des Königreichs Hannover.*
Westlich an die Altstadt grenzt das ***Schloss****. Vorläufer war ein wasserburgartiger Wehrturm von 980, der im späten Mittelalter zu einer befestigten Burganlage erweitert wurde. Im späten 14. Jh. begann der Umbau zum später im Renaissance-Stil ausgeschmückten Schloss. Im 17. Jh. wurde es zu einer zeitgemäßen Barockresidenz umgestaltet, deren Fassaden noch heute das Bild bestimmen. Das Schloss wurde 1772 nach jahrzehntelangem Dornröschenschlaf mit neuem Mobiliar und Theater hergerichtet zum mehrjährigen Aufenthalt (1772–1775) der aus dem Königshaus Hannover stammenden (ehemaligen) dänischen Königin Caroline Mathilde. Diese war nach einer angeblichen Affäre mit Johann Friedrich Struensee, dem deutschen Leibarzt und Minister ihres Gatten und (psychisch kranken) dänischen Königs Christian VII., verhaftet und nach Celle verbannt worden. Im 19. Jh. diente das Schloss als Sommerresidenz des Königreichs Hannover und im Ersten Weltkrieg als Gefängnis für (250) »Zivilgefangene höherer Lebensstellung«. Das Schloss inklusive der gut erhaltenen Renaissance-Schlosskapelle aus der Frühzeit der Reformation kann mit Führungen besichtigt werden, celle-tourismus.de/schloss-celle.*
Das ***Residenzmuseum*** *im Ostflügel des Schlosses dokumentiert seit 2007 die Entwicklung des Residenzstandortes Celle, seiner Bau-, Landes- und Residenzgeschichte.*
Gegenüber dem Schloss liegt Richtung Altstadt das ***Bomann-Museum****, das die Kulturgeschichte der Region veranschaulicht, etwa die Region im Wandel (Heide – Honig – Hightech) oder Bürgerkultur in Celle (Herd und Heim). Dokumentiert wird nicht nur die bäuerliche Kultur der Heide, sondern auch die Entdeckung der Heide durch Künstler und Reisende, Schlossplatz 7, bomann-museum.de.*

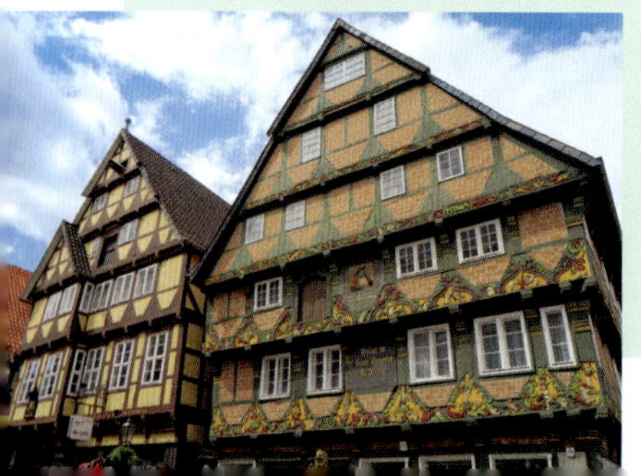

Die fast 500 Fachwerkhäuser in Celle stehen unter Denkmalschutz.

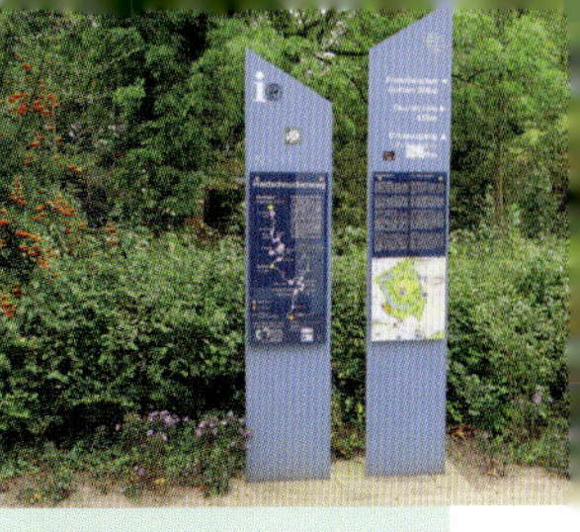

Am Schlosspark markieren Info-Panele das Ende des Heidschnuckenweges.

*Neben dem Bomann-Museum zeigt das **Kunstmuseum Celle mit Sammlung Robert Simon** moderne Kunst, darunter eine große Sammlung internationaler Lichtkunst, Schlossplatz 7, kunst.celle.de.*

*Zwischen dem Schloss und der Altstadt liegt die **Stechbahn**, der ehemalige Turnierplatz mit der um 1530 erbauten Löwenapotheke. Die ehemalige fürstliche Hofapotheke beherbergt seit 2011 ein Museums-Café. Davor erinnert ein Hufeisen im Pflaster an den tödlichen Turnierunfall des Herzogs Otto dem Großmütigen im Jahr 1471. Dominiert wird der Platz von der 1308 geweihten **Stadtkirche St. Marien** mit barocker Innenausstattung und Fürstengruft. Die 1308 erbaute dreischiffige gotische Hallenkirche wurde später barockisiert. Der 1913 erbaute 75 m hohe Turm kann im Sommerhalbjahr bestiegen werden (235 Stufen).*

*Das **Alte Rathaus** am Markt 14 geht mit seinen gotischen Gewölben im Nordflügel vermutlich zurück auf die Zeit der Stadtgründung (1292), wurde 1378 erstmals urkundlich erwähnt. Im Laufe der Jahrhunderte erfolgten mehrere Erweiterungen bzw. Neu- und Ausbauten in verschiedenen Stilen: Renaissance (Nordgiebel), Barock (Fassadenmalerei), Klassizismus (Südflügel). Der Eingang am Südgiebel mit dem Service- und Infocenter wird geschmückt von zwei Prangersäulen mit Halseisen.*

*Das nachweisbar **älteste Haus** der Stadt geht auf das Jahr 1526 zurück und steht vor einem Brunnen am Heiligen Kreuz 26, zu erkennen am geschossweise vorkragenden Treppengiebel. In der langen Geschichte wohnten hier u. a. Ratsherren, Brauer und ein Stadtleutnant, ehe das Haus ab dem 19. Jh. gewerblichen Zwecken diente: als Fleischerei, Möbelhaus, Buchhandlung. Für das heutige Bekleidungsgeschäft wurde die Ladenfläche mit überdachtem Innenhof vergrößert.*

*In dem im 17. Jh. erbauten **Alten Reithaus/Marstall** an der Ecke Westcellertorstraße/Ecke Schlossplatz waren wechselnd herzogliche, französische, königliche und preußische Pferde untergebracht.*

*Das **Celler Glockenspiel** an der Ecke Zöllnerstraße/Poststraße gegenüber dem Alten Rathaus geht zurück auf eine Initiative des Juweliergeschäftes C. A. W. Schnell und zeigt fünf bekannte Personen der Stadt bzw. der Region: den Heidedichter Hermann Löns, den Dichter Ludwig Christoph Heinrich Hölty, Königin Caroline Mathilde von Dänemark sowie die Herzöge Ernst den Bekenner und Otto den Strengen. Das Glockenspiel mit seinen fünf Figuren und 16 Bronzeglocken kann täglich um 11, 13 und 17 Uhr gesehen bzw. gehört werden.*

S. 122–123: Im Celler Schloss residierten die Herzöge von Braunschweig-Lüneburg.

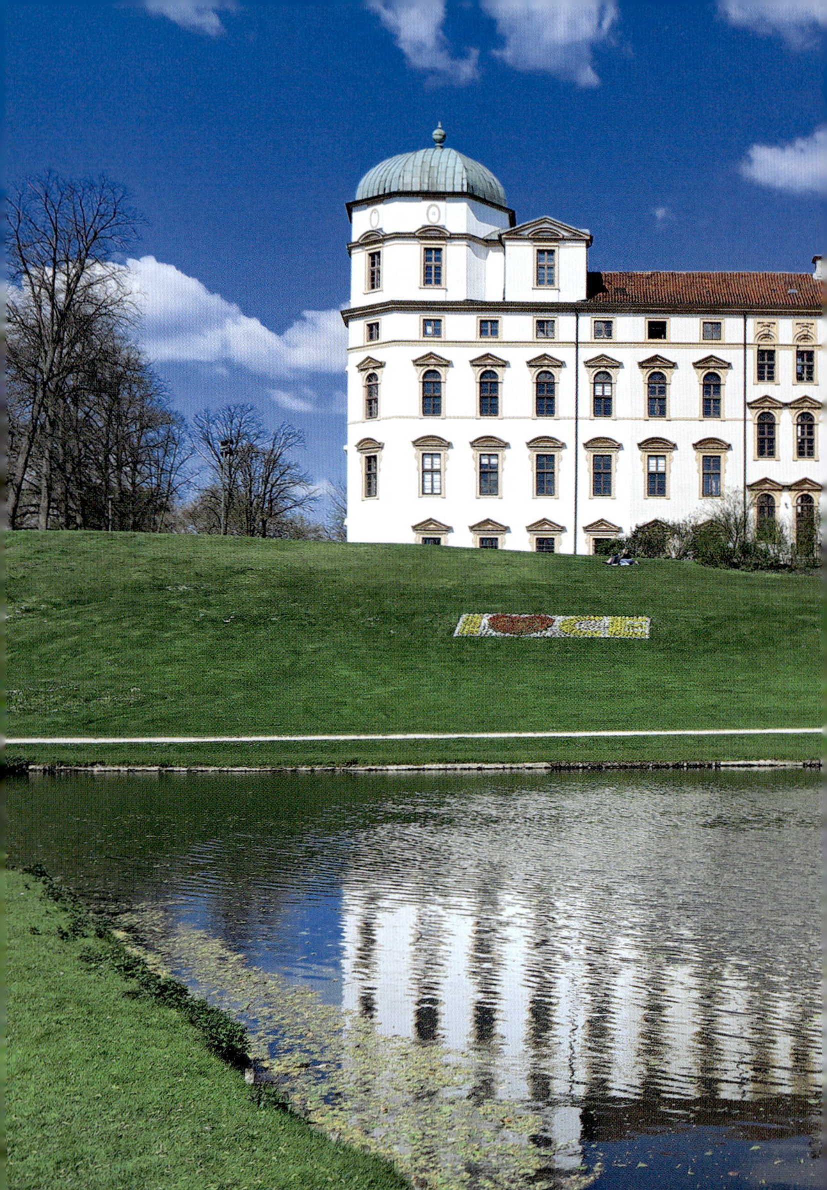

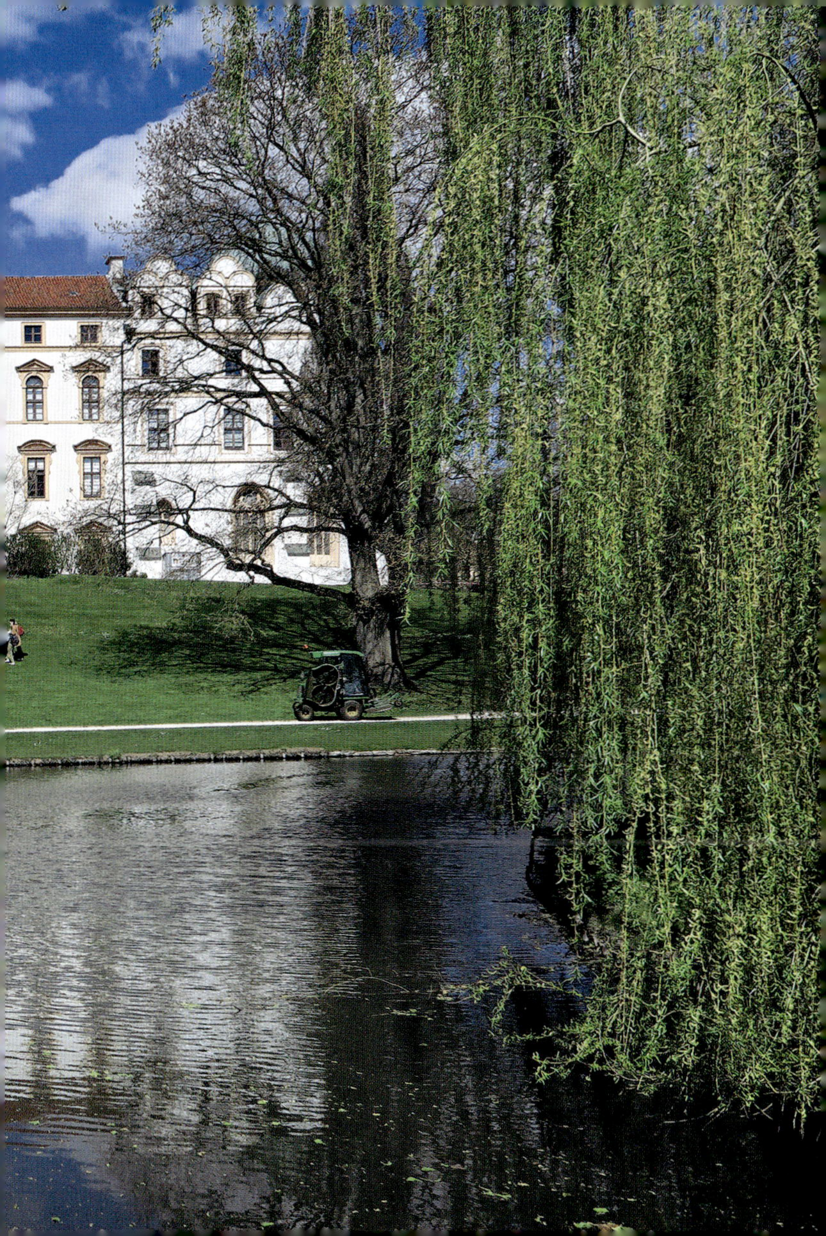

Heideschleifen

Die »Heideschleifen« sind zwölf besonders schöne Rundwanderwege in der Lüneburger Heide, die zwischen 1,4 und 20,9 km lang sind und alle über mehr oder weniger lange Strecken entlang des Heidschnuckenweges führen. Daher eignen sie sich sowohl für Wanderer auf dem Heidschnuckenweg für Extra-Schleifen oder alternative Wegführungen als auch für Tageswanderer als für sich allein stehende Rundtouren.
Die Anfang 2022 zertifizierten Heideschleifen zeichnen sich offiziell durch »besondere Natur- und Landschaftselemente« und »Erlebbarkeit der Kulturlandschaft« aus sowie eine gute Ausstattung mit Wegweisern, Einkehrmöglichkeiten und Parkgelegenheiten. Die Auswahl der Wege verdeutlicht die »Landschafts- und Biotopvielfalt der Region«: So führen manche Heideschleifen durch großfläche Heidelandschaften (Schleifen Radenbachtal, Wilseder Berg, Haverbeeke, Tütsberg, Misselhorn, Fischbeker Heide), durch Wälder (Schwarze Berge, Büsenbachtal, Misselhorn), entlang Flüssen (Müden, Haverbeeke), durch ein Moor (Pietzmoor) oder um ein Wasserreservoir (Angelbecksteich).
Die Heideschleifen verlaufen über abwechslungsreiche Wege: kurvenreiche Pfade, Forstwege sowie stellenweise Holzbohlenwege und nur selten

Abgestorbene Bäume im renaturierten Pietzmoor (Heideschleife 9).

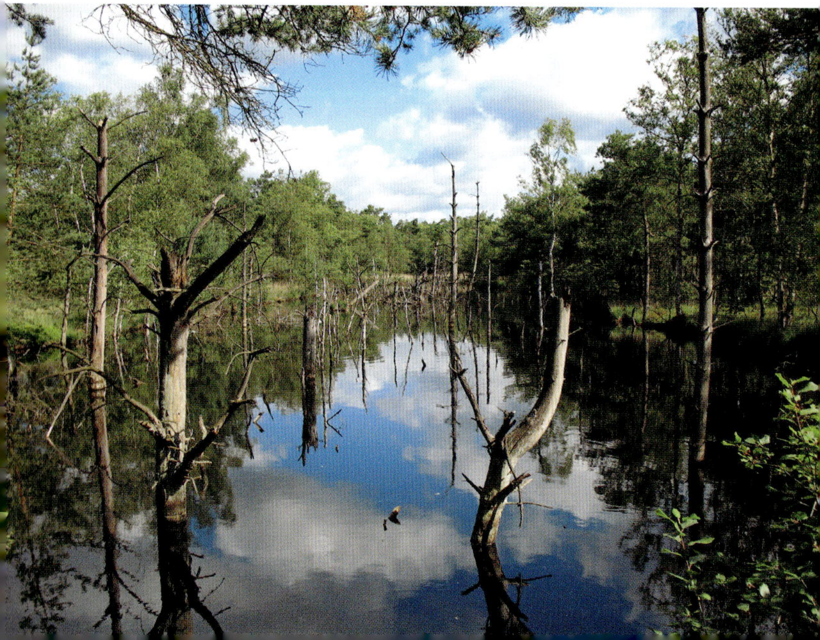

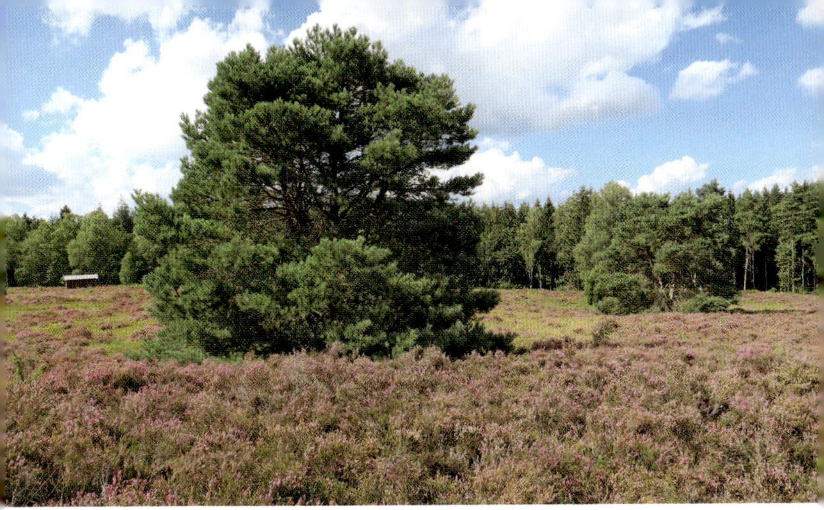

Blühende Heide im Büsenbachtal (Heideschleife 3).

asphaltierte Straßen. Bei der Einrichtung der Heideschleifen wurden überwiegend vorhandene Wege genutzt.

Die Heideschleifen sind durchgehend markiert und großteils eingebettet in eine ordentliche Wanderinfrastruktur mit ÖPNV-Anschluss und Einkehrgelegenheit.

Die Heideschleifen verteilen sich auf folgende Landkreise (in Klammern die Nummer der jeweiligen Etappe des Heidschnuckenwegs) in der Reihenfolge von Nord nach Süd:

- Stadt Hamburg: Fischbeker Heide (HS 1)
- Landkreis Harburg: Schwarze Berge (HS 2), Büsenbachtal (HS 3), Töps (HS 4) und Radenbachtal (HS 5)
- Landkreis Heidekreis: Wilseder Berg (HS 6), Haverbeeke (HS 7), Tütsberg (HS 8), Pietzmoor (HS 9)
- Landkreis Celle: Müden (HS 10), Misselhorn (HS 11), Angelbecksteich (HS 12)

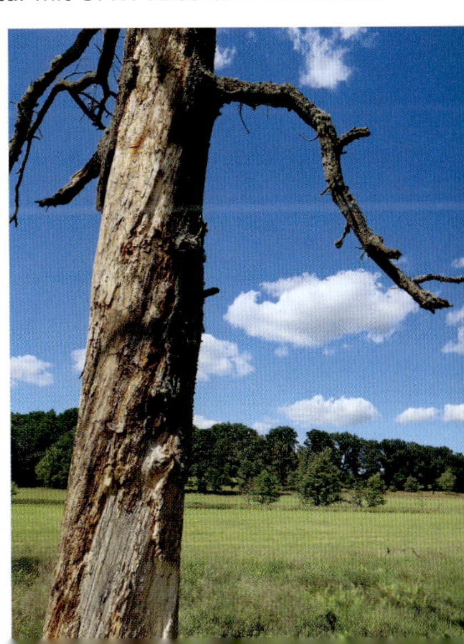

Blick in das Tal der Haverbeeke (Heideschleife 7).

HS1 Fischbeker Heide

2.00 h	7,3 km
↗100 m	↘100 m

Rundwanderung durch großflächige Heide im Süden Hamburgs

Das 800 Hektar große Naturschutzgebiet Fischbeker Heide bildet zusammen mit der Wulmstorfer Heide ein beliebtes Naherholungsgebiet im Südwesten Hamburgs. Es wird von zahlreichen Wegen erschlossen, die sich durch Heide- und Waldlandschaften schlängeln. Die Heideschleife führt zunächst zum Fischbeker Heidehaus, dem Informationszentrum der Loki-Schmidt-Stiftung, quert dann das Haupttal mit dem Heidschnuckenweg und wendet sich hinter dem Segelflugplatz durch Wald zurück zum Startpunkt dieser Wanderung.

Ausgangspunkt: Wanderparkplatz Scharlbarg südlich von Harburg-Fischbek (Navi: Scharlbarg, 21149 Hamburg), alternativ Parkplatz beim Infozentrum Fischbeker Heidehaus ❸ (Navi: Fischbeker Heideweg 43A, 21149 Hamburg).
ÖPNV: HVV-Buslinie 240 ab Hamburg-Neugraben (mehrmals stündlich) mit Haltestelle Fischbeker Heuweg, hvv.de. Von dort dem Heidschnuckenweg-Zubringer (gelbes H) südwärts folgen (Scharlbarg) zum Wanderparkplatz ❶. Schöner und ähnlich weit (0,7 km) ist der Zubringer von der Haltestelle An de Geest zum Teich im Wald ❺. Achtung für die Rückfahrt: Die Haltestelle Richtung Neugraben ist nicht auf der Gegenfahrbahn, sondern 30 m weiter in der nördlich abzweigenden Straße An de Geest. Beim Start der Wanderung von der Haltestelle An de Geest an Südseite der Straße rechts vom Trafokasten Pfad in Wald nehmen, kleine Straße queren und Pfad durch Bachtal aufwärts folgen, nach kleiner Holzbrücke links und nach NSG-Schild bei Gabelung links zum Waldrand mit dem Teich ❺. Alternativ mit S-Bahn bis Harburg-Fischbek und von dort dem Heidschnuckenweg-Zubringer 2 km zum Startpunkt ❶ folgen.
Anforderungen: Leichte Wanderung überwiegend über Wege bzw. Pfade durch Wald und Heide, stellenweise etwas sandig.
Einkehr: Keine.
Varianten: Infolge des verschlungenen Wegeverlaufs bieten sich mehrere Abkürzungen an; etwa: 1. In der **Fischbeker Heide** rechts abzweigend nach 0,6 km (3,8 km kürzer) oder nach 1,6 km (1,3 km kürzer).
2. Am **Parkplatz beim Flugplatz** rechts auf mit W4 markiertem Pfad zurück zum Startpunkt (1 km kürzer).
Verknüpfung mit Heidschnuckenweg: Etappe 1.
Tipp: Infozentrum der Loki-Schmidt-Stiftung ❸ über (Fischbeker) Heide und deren Natur neben Schafstall.

Die Heideschleife folgt vom **Wanderparkplatz Scharlbarg** ❶ zunächst dem Heidschnuckenweg für 150 m auf dessen erster Etappe, schwenkt dann nach links und führt anschließend im Zickzack durch das Fischbektal: rechts, nach 200 m bei einer T-Kreuzung links, nach 100 m nach Abstieg bei einer weiteren Kreuzung rechts, nach 200 m bei einer Kreuzung mit der Ziffer 2 links. Wir folgen dem Weg geradeaus abwechselnd über Heide und durch Kiefern, Abzweigungen nicht beachtend. Unter Kiefern führt die Hei-

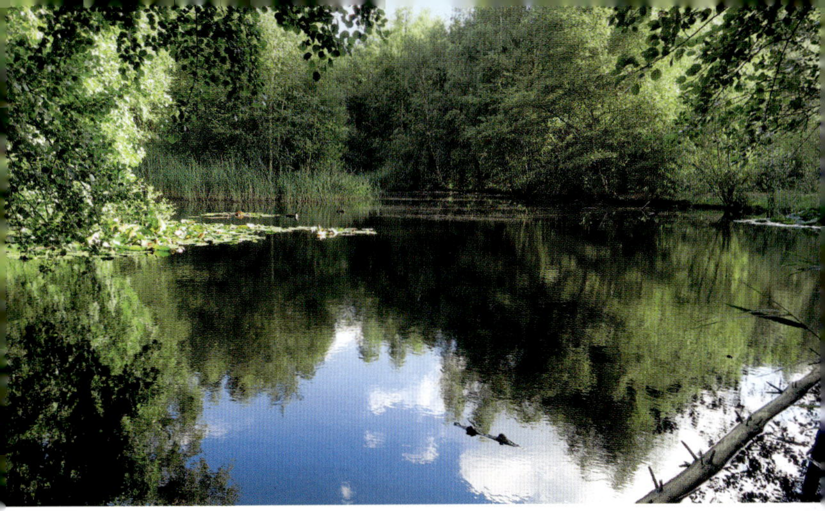

Der idyllische Waldteich ist ein Paradies für Amphibien und Libellen.

deschleife bei einer Kreuzung vor dem **Notfall-Treffpunkt HH-H-8001** ❷ rechts aufwärts und bietet kurz darauf schöne Blicke vom Waldrand hinunter in das Fischbektal. Bei einer Kreuzung nach 0,5 km gehen wir geradeaus weiter, nach rechts abwärts wäre eine Abkürzung möglich. Die Heideschleife mündet vor einem Wohnviertel in eine kleine Straße (Fischbeker Heideweg), der wir nach rechts folgen. Am Ende der Asphaltstraße biegen wir rechts in den Waldweg und erreichen vor der Anlage der Freiluftschule den Parkplatz und dahinter das **Infozentrum Fischbeker Heidehaus** ❸. Weiter geht es nach rechts, hinter der Freiluftschule bzw. vor der Infotafel über den archäologischen Lehrpfad »Zeitreisen« wieder nach rechts, vorbei an einem Schlagbaum, rechts am Sportplatz vorbei und 50 m hinter dem Tor des Fußballfelds rechts (W6). Der Waldweg führt hinunter in das Tal, wo wir dem Hauptweg nordwärts folgen, um ihn nach 5 Gehminuten bei einer Kreuzung links zu verlassen. Der Pfad erreicht nach 200 m den westlichen Waldrand, wo wir auf den Heidschnuckenweg treffen, dem wir 1 km nach rechts in nördlicher Richtung kurvenreich entlang dem Waldrand folgen. Bei einem Verbotsschild schwenken wir links auf den kreuzenden Pfad, der

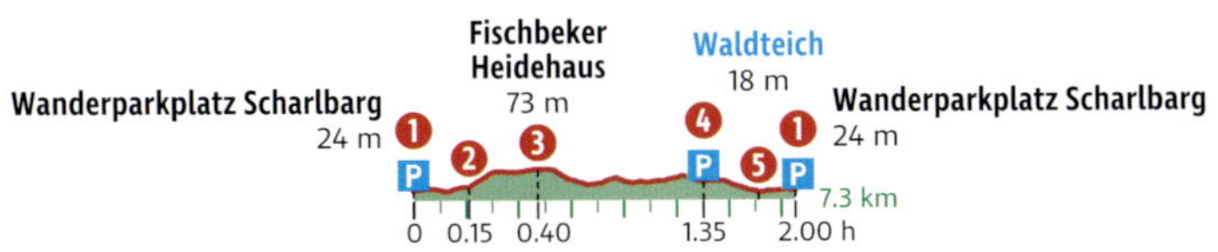

Die Heideschleife führt in ständigem Wechsel durch Heide- und Waldlandschaft.

gemächlich durch Heide und später Kiefernwald aufwärts führt. Vor einer weiteren Heidefläche entscheiden wir uns bei einer Gabelung für die rechte Variante und gehen bei der Kreuzung mit einem breiten Weg geradeaus. Kurz darauf umgeht die Heideschleife rechts einen aufgelassenen und wegen Abbruchgefahr gesperrten Weg und führt hinab zum **Parkplatz** 4 des traditionsreichen Segelflugplatzes Fischbek. Hinter dem Parkplatz führt uns links der Schotterweg vorbei an einem großen umzäunten Hangar des Segelflug-Clubs Fischbek e. V., wo wir rechts dem Weg am Waldrand folgen und uns nach einem Anstieg links halten, vorbei an einer lehnenlosen Bank, ehe wir nach einer Rechtskurve die Heide verlassen und dem Weg durch den Wald folgen.

Bei einem **Teich im Wald** 5 mit seltenen Amphibien und mehr als zehn Libellenarten gehen wir links an diesem vorbei – für Wanderer, die mit dem Bus zurückfahren, wäre vor dem Teich der links abzweigende und abwärts durch das Tal zur Bushaltestelle An de Geest führende Pfad eine schöne und abkürzende Option (0,7 km).

Weiter links am Teich vorbei, danach rechts durch die Linkskurve und geradeaus durch den Wald. Bei einer Gabelung nehmen wir die rechte Variante – in Gehrichtung geradeaus – und halten uns bei einer 5-fach-Kreuzung halb rechts. Nach einem Abstieg queren wir einen alten halb asphaltierten, halb gepflasterten Weg und erreichen kurz darauf den **Wanderparkplatz Scharlbarg** 1.

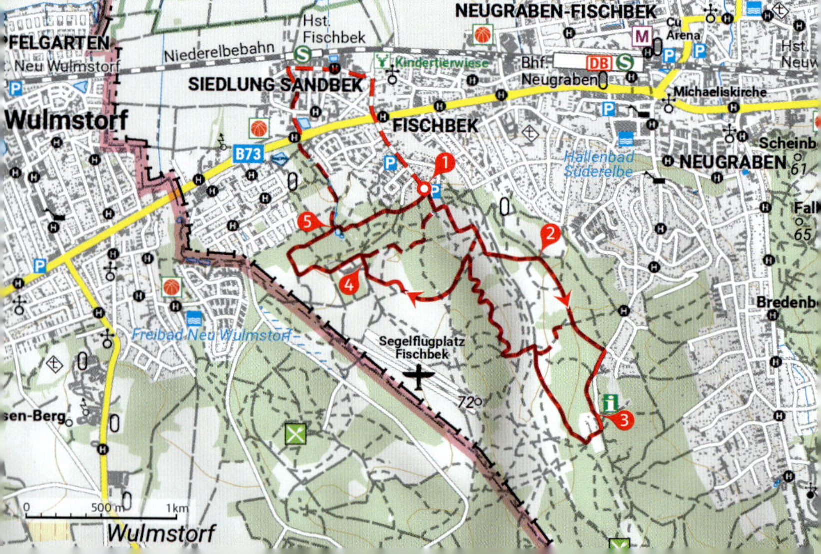

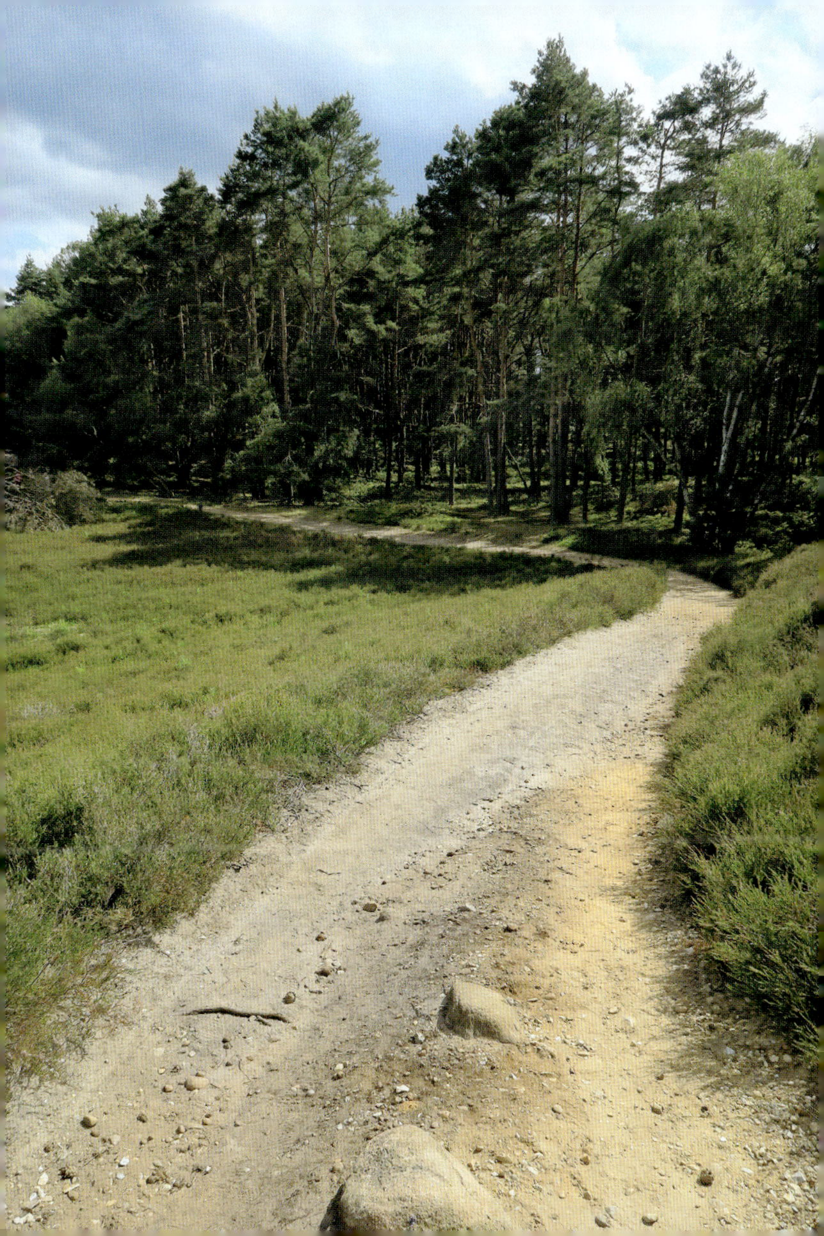

HS 2 Durch die Schwarzen Berge

4.30 h | 16,5 km | ↗270 m | ↘270 m

Rundwanderung im Rosengarten

Durch den Regionalpark Rosengarten führt die zweite Heideschleife mit vielen An- und Abstiegen dank der eiszeitlichen Endmoränenzüge. Die weichseleiszeitlichen Gletscher brachten aus Skandinavien zahlreiche tonnenschwere Steine mit, die als Findlinge vielerorts die Waldlandschäft prägen und unsere Vorfahren zum Bau der im Rosengarten häufigen Hügelgräber inspirierten. Mehrere Sagen bringen die Findlinge als Geschosse von Steinschleudern in Verbindung mit Riesen.

Ausgangspunkt: Wildpark Schwarze Berge mit großem gebührenfreien Parkplatz (Navi: Wildpark Schwarze Berge, 21224 Rosengarten), alternativ bei 6 Wanderparkplatz Am Rosengarten (Navi: Am Rosengarten 8, 21224 Rosengarten) oder bei 7 Wanderparkplatz Kiekeberg (Navi: Am Kiekeberg, 21224 Rosengarten) – Letzter ist der offizielle Startpunkt dieser Heideschleife.
ÖPNV: Bushaltestellen Wildpark Schwarze Berge 1 und Museum Kiekeberg nahe 7 mit Linie 340, stündlich bis halbstündlich Richtung Harburg (Bahnhof) und Neuwiedenthal (S-Bahn), hvv.de.
Anforderungen: Mittelschwere Tour – wegen der Wegbeschaffenheit stellenweise mit kleinen sandigen Pfaden über Baumwurzeln sowie vielen – allerdings überschaubaren – An- und Abstiegen. Großteils Wald- und Forstwege.
Einkehr: Gasthaus Zum Kiekeberg (Mo. Ruhetag) bei 7, kiekeberg.de; am Ausgangspunkt Wildpark-Restaurant (täglich), wildpark-restaurant.de.
Varianten: 1. **Abkürzung um 0,2 km nach 9,2 km** möglich, indem man statt links geradeaus geht.
2. Zubringer (0,4 km) **zum Freilichtmuseum Kiekeberg** bei 7 mit Bushaltestelle.
Verknüpfung mit Heidschnuckenweg: Etappe 1.
Tipps: Freilichtmuseum Kiekeberg bei 7 mit 40 Gebäuden und Gärten aus dem 17. – 20. Jh., Di. – Fr. 9 – 17 Uhr, kiekeberg-museum.de, sowie Wildpark Schwarze Berge bei 1 mit 45 m hohem Elbblickturm aus Stahlfachwerk und 1000 Tieren in 100 Arten, darunter Wölfen, Wisenten, Braunbären, täglich, wildpark-schwarze-berge.de – beides ideal für Familien mit Kindern.

Wir verlassen den Parkplatz des **Wildparks Schwarze Berge 1**, einem beliebten Ausflugsziel für Familien, durch das auffällige Einfahrtsportal, gehen rechts südwärts und nehmen gleich darauf bei der Weggabelung links den leicht abwärts führenden Weg (Radschild Richtung Alvesen). Wir verlassen den Radweg

Rekonstruierter Grabhügel beim archäologischen Lehrpfad vor Tempelberg.

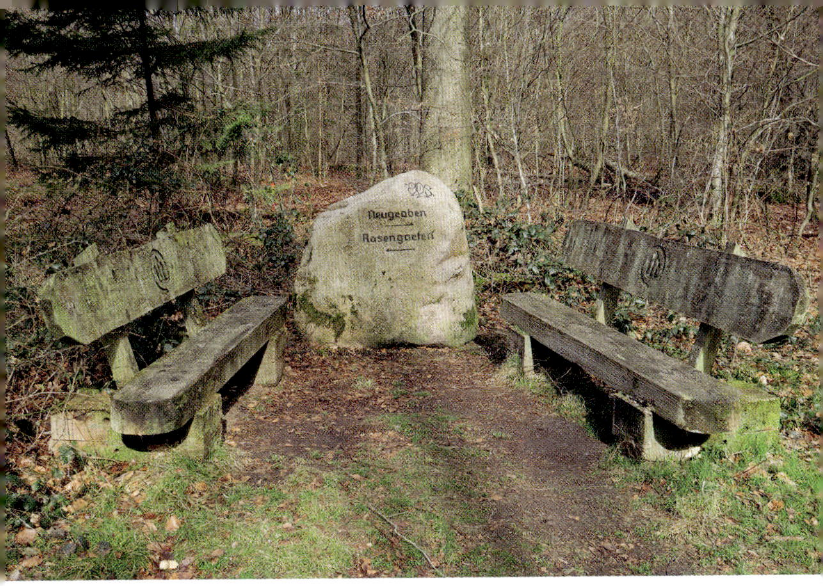

Rastplatz in den Schwarzen Bergen zwischen dem Karl- und Paul-Roth-Stein.

nach 100 m rechts, links am Parkplatz und später am hohen stacheldrahtbewehrten Zaun des Wildparks vorbei.

Bei der Kreuzung mit einem Schild zum Naturschutzgebiet Fischbeker Heide zweigt die Heideschleife nach rechts ab und erreicht nach 5 Gehminuten einen als Hundefreilaufzone dienenden **Wiesenstreifen** ❷. Vor dem Tisch und der Bank halten wir uns rechts und queren nach 150 m halb links die Wiese über den Pfad, ehe die Heideschleife im Wald leicht nach links schwenkt und abwechselnd durch Wald und offene Flächen führt. Nach der Einmündung in einen größeren Waldweg erreichen wir bei einem Rastplatz rekonstruierte vorgeschichtliche Grabanlagen, Teil des Archäologischen Wanderweges »Zeitreisen« mit elf Stationen, der an die vielen überwiegend bronzezeitlichen Grabhügel im Rosengarten erinnert. Die Heideschleife führt durch Wald, bei einer Kreuzung nach links (W6) und passiert eine Wiese mit Notfall-Treffpunkt HH-H-8005, vor dem wir rechts gehen.

Bei der folgenden Gabelung halten wir uns links, passieren weitere Infotafeln und einen Grabhügel, ehe wir kurz vor Tempelberg auf den Heidschnuckenweg treffen und diesem durch den Waldweiler **Tempelberg** ❸ folgen. Der weitere Verlauf bis zum **Karlstein** ❹ entspricht dem Heidschnuckenweg. Bei der Kreuzung hinter dem Karlstein verlassen wir den Heidschnuckenweg und folgen der Heideschleife links und kurz darauf rechts (oder gehen um 20 m abkürzend geradeaus).

Der betonierte Forstweg mündet bei einem großen Findling mit zwei Bänken in einen anderen Betonweg, dem wir nach links folgen, ehe uns nach 0,5 km bei zwei weiteren Bänken rechts ein geschotterter Forstweg abwärtsführt. Bei einem Wanderparkplatz im Wald links haltend vorbei an der Infotafel. Bei einer 6-fach-Kreuzung führt uns die Heideschleife halb rechts aufwärts in den Wald Richtung Paul-Roth-Stein – jetzt beginnt eine sehr schöne Passage über einen Moränenrücken und mehreren An- und Abstiegen. Kurz nach einer Kreuzung im Tal und Aufstieg über Treppenstufen erreichen wir den 1912 aufgestellten **Paul-Roth-Stein** ❺, der an den früheren Wanderfreund und Vorstandsmitglied der Hamburger Turnerschaft im 19. Jh. erinnert. Weiter geht es geradeaus auf und ab entlang dem auch bei Mountainbikern beliebten Weg Richtung Kiekeberg. Bei einem kleinen **Baum mit Loch im Stamm** ❻ verlässt die Heideschleife den Wald, führt geradeaus auf dem Schotterweg am Waldrand entlang und schwenkt nach links zu einem Wanderparkplatz. Dort folgen wir der Straße für 50 m nach rechts und verlassen diese in einer Rechtskurve geradeaus auf dem breiten Sandweg mit kunstvollen Baum-Pflanzungen an beiden Seiten.

Nach 200 m führt bei einer alten Holzbank links ein Pfad am Waldrand entlang und erreicht nach weiteren 200 m in einem Linksschwenk eine Gabelung im Anstieg; hier auf dem Pfad rechts und 50 m vor einem grünen

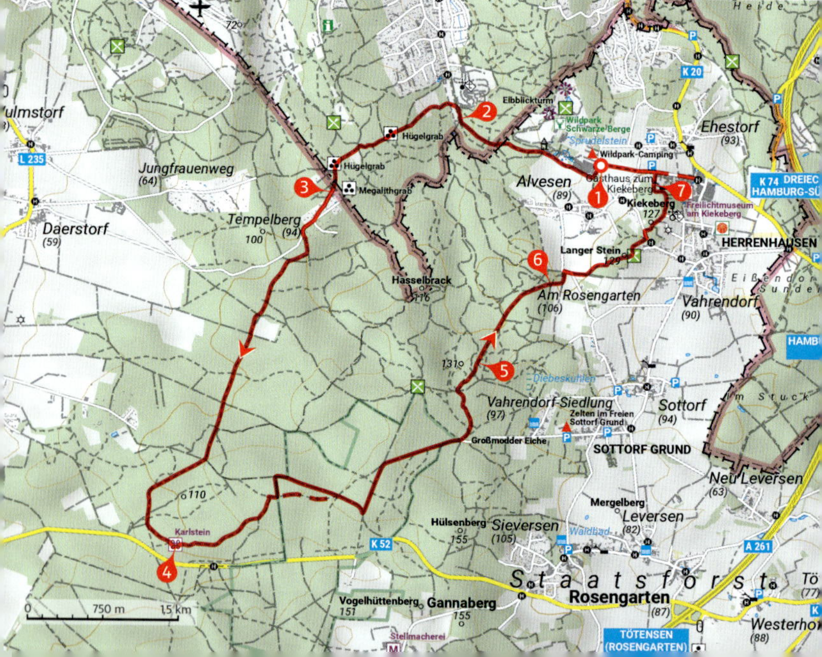

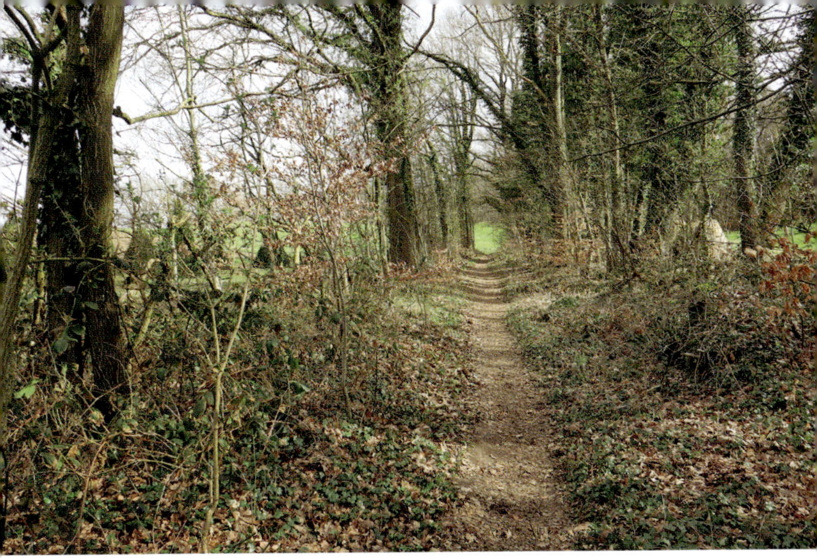

Westlich von Vahrendorf folgt die Heideschleife diesem Pfad am Waldrand.

Gatter bei einem Haus links, ehe wir nach 100 m rechts auf den nächsten Moränenrücken schwenken, der sich auch links umgehen ließe. Bei einer Straße 50 m nach links und hinter dem Streusalzkasten rechts auf Waldweg Richtung Gasthaus Kiekeberg. Über den Kiekeberg führt der Weg zunächst durch Wald und nähert sich schließlich am Waldrand einem Rastplatz oberhalb der Erlöserkirche von Vahrendorf. Dort wieder links in den Wald, links am Spielplatz vorbei und auf einem Schotterweg durch die Rechtskurve zum Gasthaus **Kiekeberg** ❼.

Wir verlassen das Gasthaus abwärts über die Zufahrtsstraße und wenden uns links vom Kundenparkplatz nach links, vorbei am Wanderparkplatz Kiekeberg. Nach rechts wäre in 5 Gehminuten das Freilichtmuseum Kiekeberg mit der gleichnamigen Bushaltestelle davor erreicht.

Diese Straße und nach einer Kreuzung mit der Alveser Straße der Kiesweg führen geradeaus zurück zum **Wildpark Schwarze Berge** ❶.

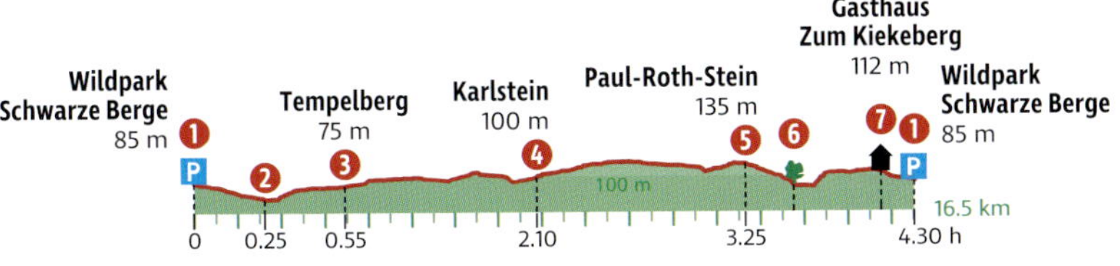

HS 3 Büsenbachtal

3.30 h | 13,7 km | ↗180 m | ↘180 m

Rundwanderung im Süden von Buchholz

Der Süden von Buchholz bietet eine bunte Mischung aus Bäumen und Besenheide mit dem Büsenbachtal sowie Brunsberg – aber vor allem viel Wald. Mehrere Fernwanderwege durchziehen das geschützte Gebiet – neben dem Heidschnuckenweg der Freudenthalweg, E1 sowie Heidepuzzle.

Ausgangspunkt: Bahnhof Büsenbachtal mit Parkplatz westlich der Bahnlinie (Navi: Handeloher Str. 20, 21256 Handeloh).
ÖPNV: Bahnhof Büsenbachtal mit stündlich Regionalbahnverbindungen Richtung Buchholz und Soltau.
Anforderungen: Leichte Wanderung überwiegend über Waldwege, stellenweise auch Heide.
Einkehr: Café-Restaurant Der Schafstall nahe ❶, täglich ab 12 Uhr, cafeschafstall.de.
Variante: Kurz vor der Höllenschlucht kann man links abbiegen und dem Heidschnuckenweg folgend auf schönem Weg direkt **auf den Brunsberg** gehen (0,8 km kürzer), versäumt dabei aber die Schlucht mit dem teuflischen Namen.
Verknüpfung mit Heidschnuckenweg: Etappe 2.

Vom **Bahnhof Büsenbachtal** ❶ queren wir die Gleise und folgen dem Weg westwärts links vorbei an dem Parkplatz. Wir bleiben auf der linken Seite des Büsenbachs, wo der Weg schöner ist als die Schotterpiste gegenüber. 15 Minuten nach dem Café Der Schafstall geht es trockenen Fußes auf einem Holzbohlenweg über den Büsenbach und für norddeutsche Verhältnisse steil aufwärts auf den 78 m hohen **Pferdekopf** ❷. Der Abstieg erfolgt

Dieser Weg im Büsenbachtal verbindet den Bahnhof mit dem Pferdekopf.

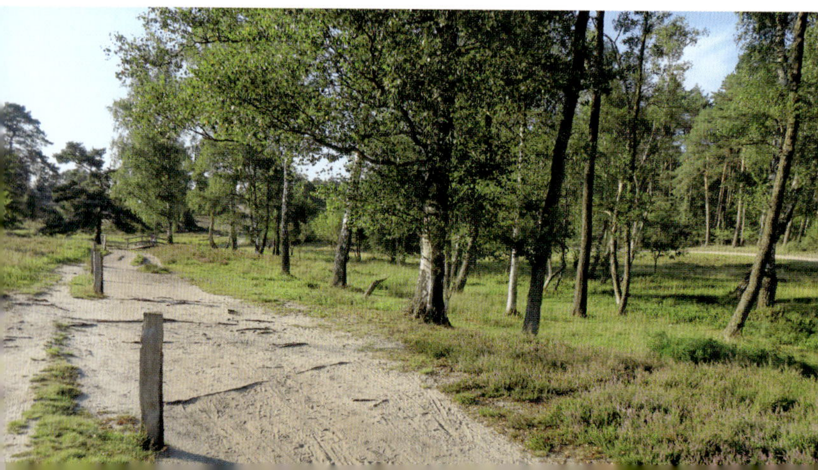

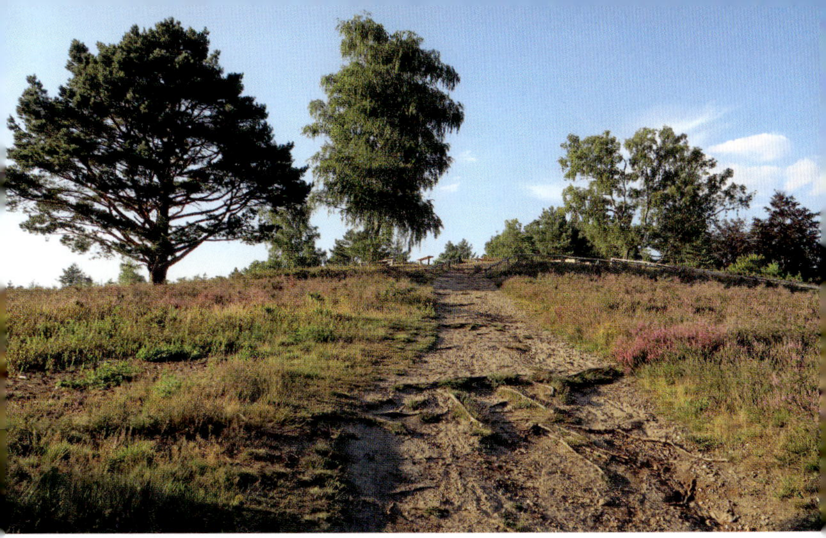

Der 78 m hohe Pferdekopf erhebt sich inmitten einer Heidelandschaft.

nach links zusammen mit dem Heidschnuckenweg; nach dem Eintauchen in den Wald bei einer T-Kreuzung rechts und vor einer Straße links, ehe diese beim Notruf-Pfahl WL-12 gequert wird. Zusammen mit dem Heidschnuckenweg geht es nordwärts durch Wald. Bei einer Kreuzung folgen wir noch dem Heidschnuckenweg geradeaus, verlassen ihn aber bei der folgenden Gabelung, wo H nach links Richtung Brunsberg abzweigt (das ist die abkürzende Variante der Heideschleife 3).

Wir gehen geradeaus, nach 30 m bei einer Gabelung rechts abwärts, bei Kreuzungen geradeaus und gelangen schließlich in die **Höllenschlucht** ❸. Wir wandern links durch dieses eiszeitlich entstandene einst bewaldete Trockental, dessen Bäume stellenweise Ende 2020 infolge Borkenkäferbefall gefällt werden mussten. Nach einem Schlagbaum erreichen wir die offene Heidefläche und steigen auf sandigem Weg auf den Moränenzug mit dem aussichtsreichen **Brunsberg** ❹ (129 m). Dort steigen wir halb rechts ab, halten uns nach Eintauchen in den Wald links und folgen hinter der Schranke und dem Schotterweg dem grasigen Pfad halb links in den Wald. Bei zwei

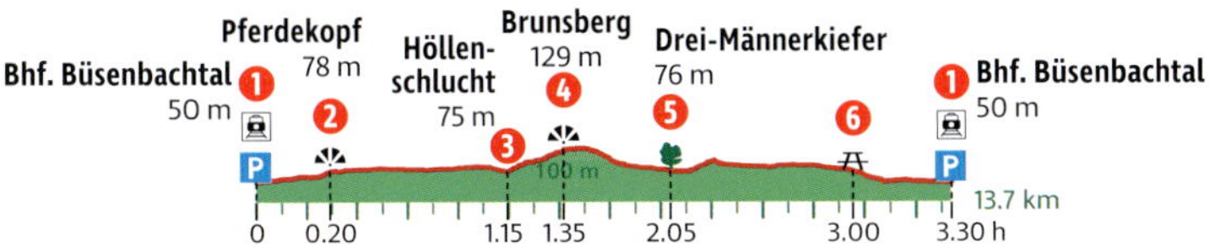

Geplaggte Heidefläche im Büsenbachtal.

Kreuzungen geradeaus und bei einer T-Kreuzung auf breitem Forstweg nach rechts. Bei der markanten sogenannten **Drei-Männer-Kiefer** ❺ mit ihren drei Stämmen und einem Wanderparkplatz folgt die Heideschleife links dem Rad-/Fußweg neben der Straße, ehe es auf dem ersten abzweigenden Waldweg nach rechts geht.

Bei einer 5-fach-Kreuzung auf kleiner Lichtung nehmen wir den grasigen Forstweg links aufwärts und folgen ihm 10 Minuten geradeaus in ziemlich genau südliche Richtung, ehe uns 20 m nach der zweiten Kreuzung ein Schotterweg nach links aufnimmt. Jetzt immer geradeaus bis zur großen Lichtung des Büsenbachtals mit Infotafel und **Rastplatz** ❻. Ab hier begleitet uns der Heidschnuckenweg halb links durch die Heide Richtung Pferdekopf, vor dem wir rechts auf bekanntem Weg zum **Bahnhof Büsenbachtal** ❶ mit dem Café Der Schafstall davor zurückkehren.

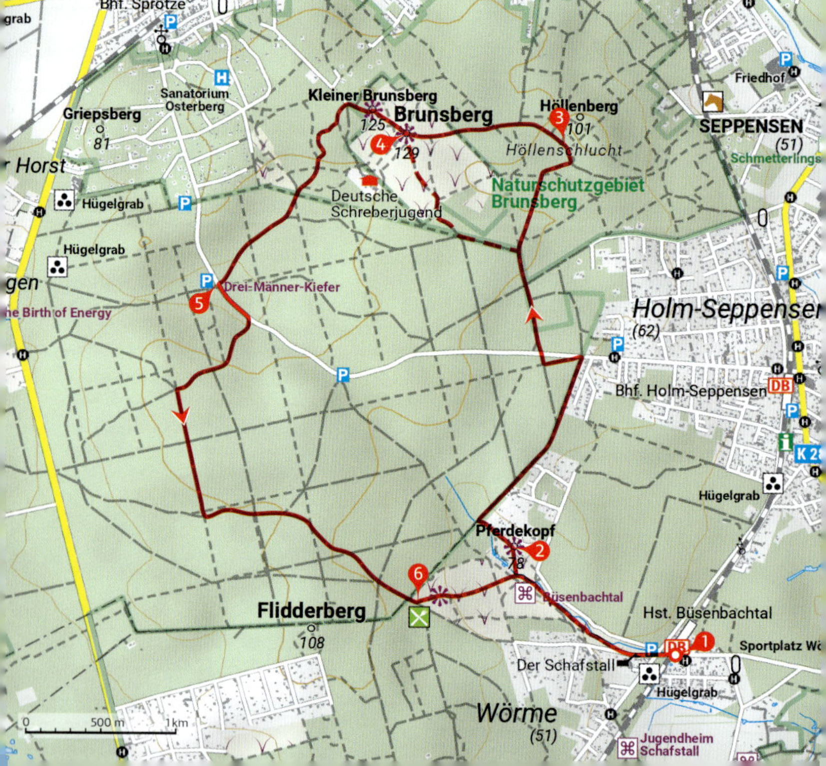

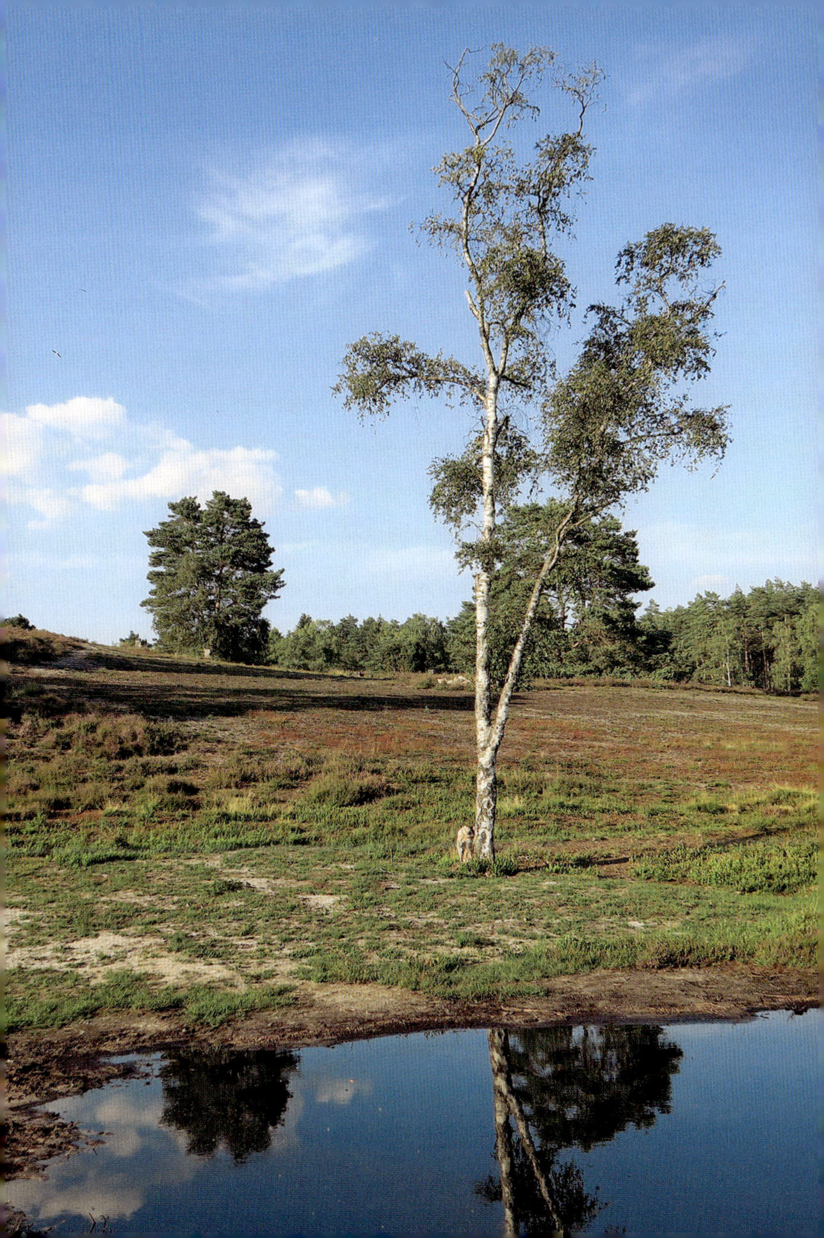

HS 4 Töps

6.00 h | 20,9 km
↗180 m | ↘180 m

Abwechslungsreiche Rundwanderung zwischen Hanstedt und Wesel

Diese längste und »alpinste« Heideschleife erschließt dank fantasiereicher Wegführung unterschiedlichste Landschaften: Wälder, Heide sowie das Flusstal der Schmalen Aue. Zu Beginn überraschen kurzweilige Waldpfade bei Hanstedt, in der Töps-Heide sorgt der auf einem Kamm verlaufende Heidelehrweg für gute Aussicht und viele Infos, während kurz vor Hanstedt die Gewässer der Schmalen Aue und Fischteiche am Langenbach das nasse Element näherbringen.

Ausgangspunkt: Wanderparkplatz westlich von Hanstedt am Weseler Weg (Navi: Weseler Weg 2, 21271 Hanstedt), alternativ Parkplatz bei Fischteichen am Langenbach 7.
ÖPNV: Von Hanstedt-Kirche sowie Nindorf, Haltestelle Rotdornstraße-Nord, nahe 6 und Ollsen-Ponyhof nahe 5 Mo.–Fr. mehrmals täglich Linie 4207 Richtung Buchholz und Egestorf, hvv.de, in der Sommersaison (15.7.–15.10.) von beiden erstgenannten mehrmals täglich Ringbus Heide-Shuttle 3, heide-shuttle.de. Von Hanstedt-Kirche 2 km langer Zubringer über Fernweg Heidepuzzle ab Hanstedt-Kirche, dann immer westwärts Straßen Am Steinberg, Henry-Gundlach-Straße und zuletzt Waldweg. Von/nach Ollsen mehrere Zuwege vor und nach 5.
Anforderungen: Mittelschwere Wanderung über Wege und Pfade durch Wald und über Heide, stellenweise sandig.
Einkehr: Pfeffers Restaurant nahe 7, Mo./Do./Fr./Sa. 16–23, So. 11.30–23 Uhr.
Varianten: 1. Kurz vor 4 lohnt sich rechts ein 0,2 km langer **Abstecher zum Pastorenteich**.
2. Eine Abkürzungsmöglichkeit (gesamt 15,6 km) bietet der bei 4 links abzweigende **Kerkstieg**, der (nach 4,2 km) durch Wald zurück zur Route führt, optional 2 km weiter nach Hanstedt (→ ÖPNV).
Verknüpfung mit Heidschnuckenweg: Etappe 3.

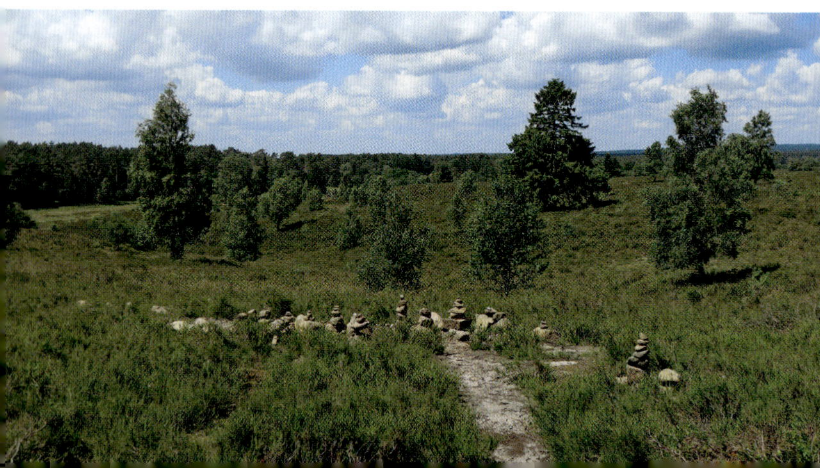

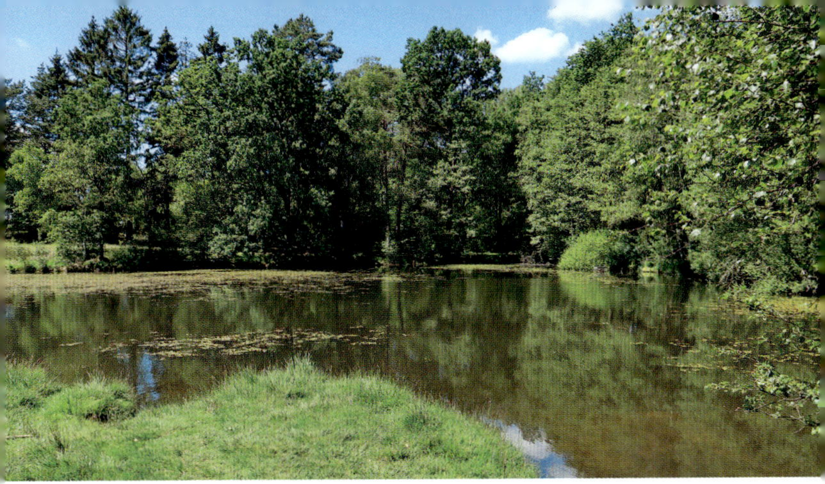

Oben: Der Pastorenteich am Rand der Weseler Heide ist mit einem kleinen Abstecher erreichbar.
Links: Diese Steinmännchen sorgen in der Weseler Heide für Abwechslung.

Vom **Parkplatz Weseler Weg** ❶ führt uns die Zufahrtsstraße Weseler Weg in nördliche Richtung, ehe wir nach 5 Minuten hinter einer Rechtskurve links den Waldweg nehmen, der nach einer Senke mit aufgestautem Wasserlauf aufwärtsführt. Der Weg schlängelt sich noch rund 20 Minuten durch den Wald, ehe uns die weite Fläche der Töps-Heide empfängt. Bei einer Gabelung 50 m vor dem Wald und links von einem **Bienenzaun** ❷ gehen wir rechts und folgen dem Weg schnurgerade für 20 Minuten in beinahe westliche Richtung, erst über Heide, später durch Wald.
Nach einem leichten Linksknick und 200 m vor einem großen Schnuckenstall gehen wir links aufwärts. Bei einem **Kriegsgefallenendenkmal** ❸ lädt eine aussichtsreiche Bank zur Pause ein. Nach kurzem Abstieg und der Querung des Weseler Baches erwartet uns eine aussichtsreiche Passage über einen Höhenzug der Weseler Heide, auf den später von rechts der Heidschnuckenweg einschwenkt.

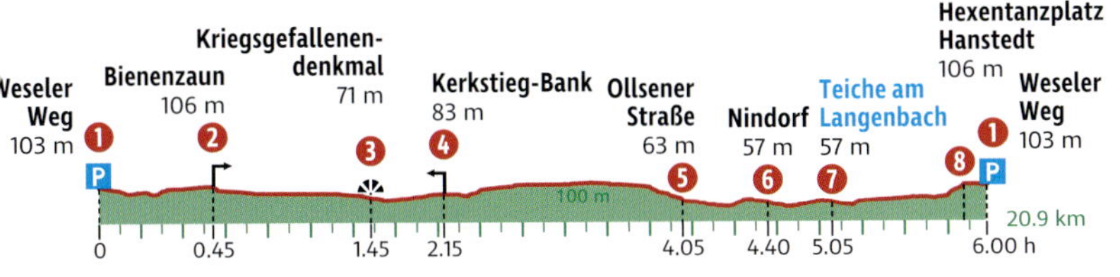

Bei einer Kreuzung weist nach rechts ein Schild zum Pastorenteich (0,2 km), dessen Ruhe nicht nur Pastor Bode zur Vorbereitung seiner Predigten schätzte, sondern der auch generell einen kurzen Abstecher lohnt. Die Heideschleife folgt dem Heidschnuckenweg bei der Kreuzung nach links und führt nach einer Rechtsabzweigung am Waldrand entlang, wo wir bei der **Kerkstieg-Bank** ❹ den links abzweigenden Kerkstieg ignorieren. Kurz darauf sorgt eine Schar von Steinmännchen für Abwechslung, wir queren einen weiteren Weg, ehe wir uns nach 1 km von der Weseler Heide verabschieden und uns der Erika-Artmann-Weg links in den Wald führt. Bei Kreuzungen halten wir uns zuerst links, dann rechts und erreichen nach 500 m wieder den Erika-Artmann-Weg, der uns in östliche Richtung durch Wald führt und nördlich von Ollsen die Ollsener Straße ❺ erreicht. Dort kurz links, ehe die Heideschleife nach rechts zur Schmalen Aue abzweigt. Dort biegen wir nach der Brücke nach links auf einen Pfad, der einladend entlang der Schmalen Aue und bald zum westlichen Ortsrand von **Nindorf** ❻ führt, das wir links wieder verlassen. Bei einem überdachten Rastplatz queren wir

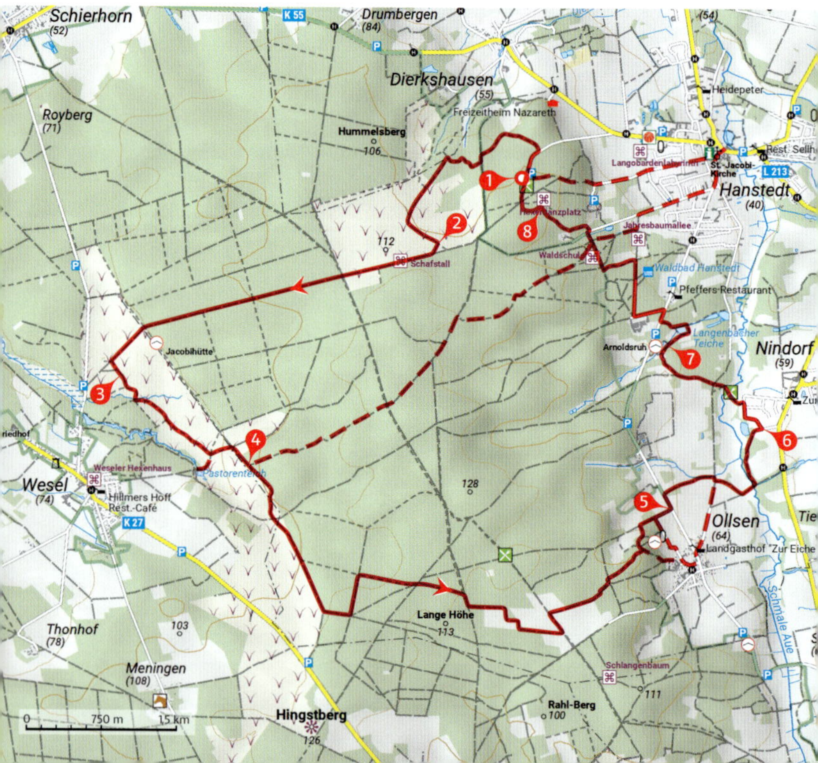

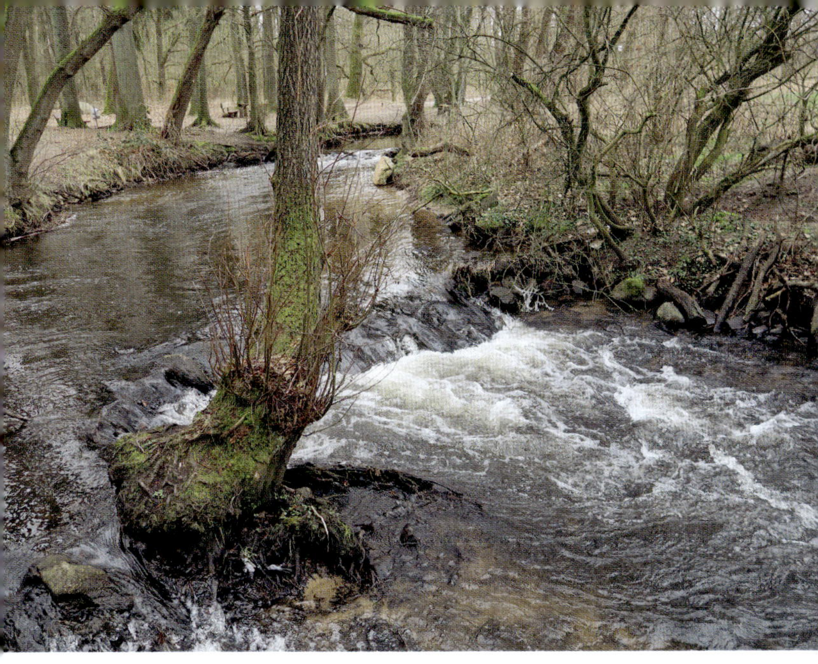

Bei Ollsen begegnet die Heideschleife zum ersten Mal der Schmalen Aue.

wieder die Schmale Aue und folgen der Heideschleife durch Wald und am Feldrand zu den **Teichen am Langenbach 7**. Diese durch Stauung des Langenbaches angelegten Fischteiche umgehen wir rechts und wenden uns nach dem zweiten (Ollsener) Teich nach links, queren wieder die Ollsener Straße und folgen der westlich abzweigenden Straße Vor den Bergen, die wir bei einer Reitsportanlage zur Linken nach rechts verlassen. Die kleine Straße (An der Rodelbahn) führt links am Waldbad Hanstedt vorbei. Nach 500 m zweigt die Heideschleife kurz vor dem Waldende nach links und nach 350 m wieder im Wald nach rechts. Bei einer 5-fach-Kreuzung und bei weiteren kreuzenden Wegen wie dem links einmündenen Kerkstieg gehen wir geradeaus, zuletzt um 20 m nach rechts versetzt auf ansteigendem Waldpfad. Wir passieren den **Hexentanzplatz 8**, oft zu erkennen an aufgetürmten Scheiterhaufen oder einer in den Bäumen hängenden Hexenpuppe. Historischer Hintergrund ist kein Hexenkult, sondern das den Einheimischen zu Beginn des 20. Jhs. dubiose Treiben der Wandervogelbewegung mit ihren Turnübungen, der Sonnenanbeterei und Freikörperkultur. 150 m nach dem Hexentanzplatz halten wir uns bei einer Wegespinne rechts und erreichen kurz darauf den **Parkplatz Weseler Weg 1**.

HS 5 Radenbachtal

5.30 h | 20,8 km | ↗ 230 m | ↘ 230 m

Rundwanderung von Undeloh nach Wilsede

Vom Heidedorf Undeloh mit dem Heide-ErlebnisZentrum geht es zunächst durch das Radenbachtal, entlang der Schmalen Aue und vorbei am Totengrund nach Wilsede, dem autofreien und wohl bekanntesten Dorf der Lüneburger Heide. Vom Wilseder Berg, der höchsten Erhebung der Lüneburger Heide, wandern wir durch Heide und Wald zurück nach Undeloh.

Ausgangspunkt: Heide-ErlebnisZentrum im Süden von Undeloh mit Besucherparkplatz (3 € pro Tag) gegenüber dem Heide-ErlebnisZentrum (Navi: Wilseder Straße 23, 21274 Undeloh).
ÖPNV: In der Sommersaison (15.7. – 15.10.) wird Undeloh-Osterdiecksfeld von zwei Linien des Ringbusses Heide-Shuttle mehrmals täglich bedient: Linie 3 von/nach Buchholz und Linie 2 von Tostedt und Handeloh, zurück nach Tostedt über Bispingen und Wintermoor, heide-shuttle.de. Ansonsten sehr seltene (Umsteige-)Busverbindungen zu größeren Orten, hvv.de. Alternativ Haltestelle Döhle-Parkplatz nicht weit von ❸: mehrmals Heide-Shuttle 3 (s. o.) sowie Heide-Shuttle 5 von/nach Lüneburg.
Anforderungen: Leichte Wanderung über gut ausgebaute Wege durch Heide und Wald, stellenweise auch Sand und gepflasterte Straße. Kurze An-/Abstiege.
Einkehr: Heide-Landhaus Döhle nahe ❸ sowie mehrere Einkehrgelegenheiten in Wilsede und Undeloh.
Varianten: Mehrere Abkürzungsmöglichkeiten: 1. Im Radenbachtal rechts entlang dem Heidschnuckenweg direkt nach Wilsede **ohne den Schlenker Richtung Döhle** (6 km kürzer);
2. Abkürzungsmöglichkeit durch **Auslassen des Wilseder Bergs** (dann 1,7 km und 30 Hm weniger): In Wilsede nach der Gabelung Richtung Heimbuch geradeaus weiter, statt links abzubiegen.
Verknüpfung mit Heidschnuckenweg: Etappe 4.
Tipp: Undeloh: Heide-ErlebnisZentrum des VNP (gratis), heide-erlebniszentrum.de; Wilsede: Heidemuseum »Dat ole Huus«.

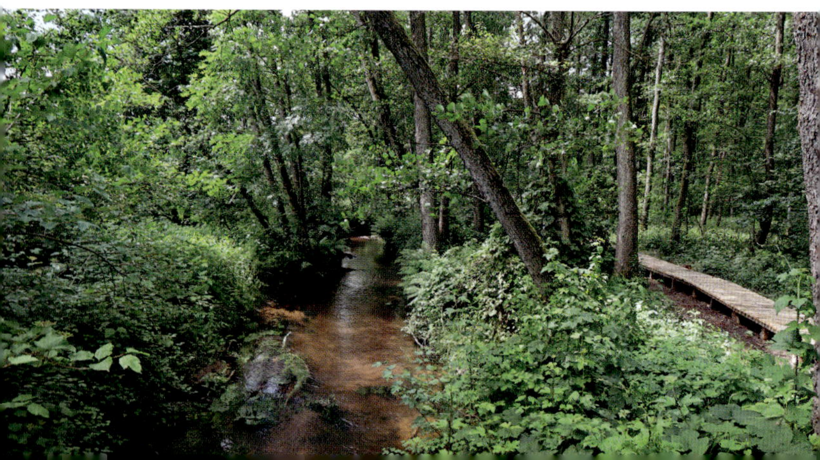

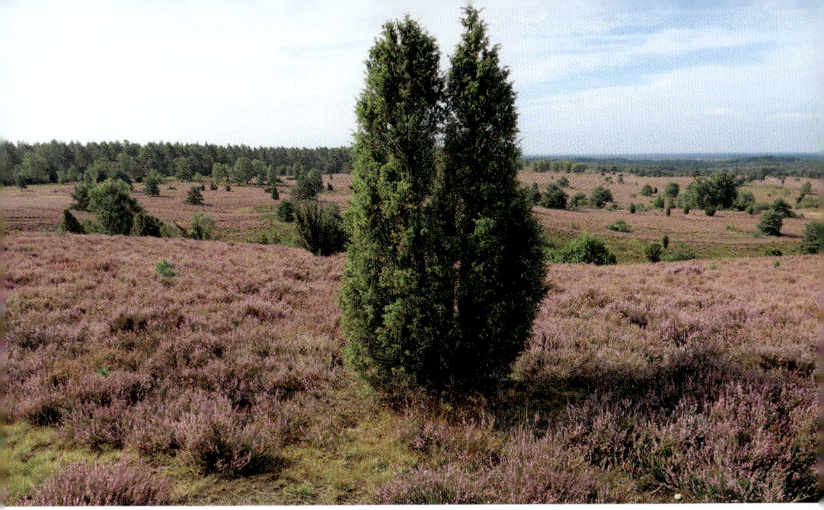

Oben: Vom 169 m hohen Wilseder Berg bietet sich ein weiter Blick über die Heide.
Links: Dieser Weg folgt dem Radenbachtal bis zur Bachmündung in die Schmale Aue.

Vom Besucherparkplatz in **Undeloh** ❶ geht es ostwärts über die Zufahrtsstraße und geradeaus rechts am Heide-ErlebnisZentrum vorbei, bis wir nach 100 m auf den Heidschnuckenweg treffen und ihm rechts in das Radenbachtal folgen. Wir bleiben in dem Tal und dort links vom Radenbach, auch bei Abzweigungen nach rechts. 20 Gehminuten nach der Abzweigung des Heidschnuckenwegs (Variante 1) führt die Heideschleife zusammen mit dem Pastor-Bode-Weg auf einem **Holzbohlenweg** ❷ über die Schmale Aue. Während der Pastor-Bode-Weg bald links Richtung Egestorf abzweigt, halten wir uns rechts und folgen der Heideschleife südwärts linksseitig von der Schmalen Aue auf einem Grasweg und später Forstweg (Alter Postweg). Bei einer T-Kreuzung führt die Heideschleife nach rechts und quert die Schmale Aue bei einer Infotafel und **Steinmodell zur Bewässerung** ❸ der Heuwiesen. Kurz darauf geht es nach links und vorbei an einem Schnuckenstall über eine große Heidefläche, ehe die Heideschleife nach rechts schwenkt und zusammen mit dem Fernwanderweg Lila Krönung erst weiter durch Heide und dann im Zickzack durch Wald führt. Kurz vor dem

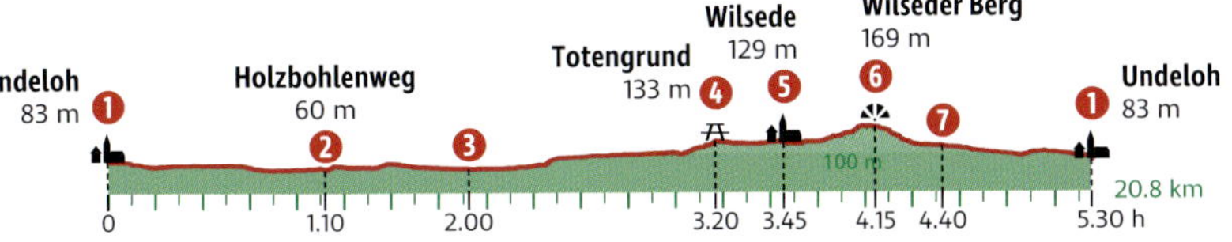

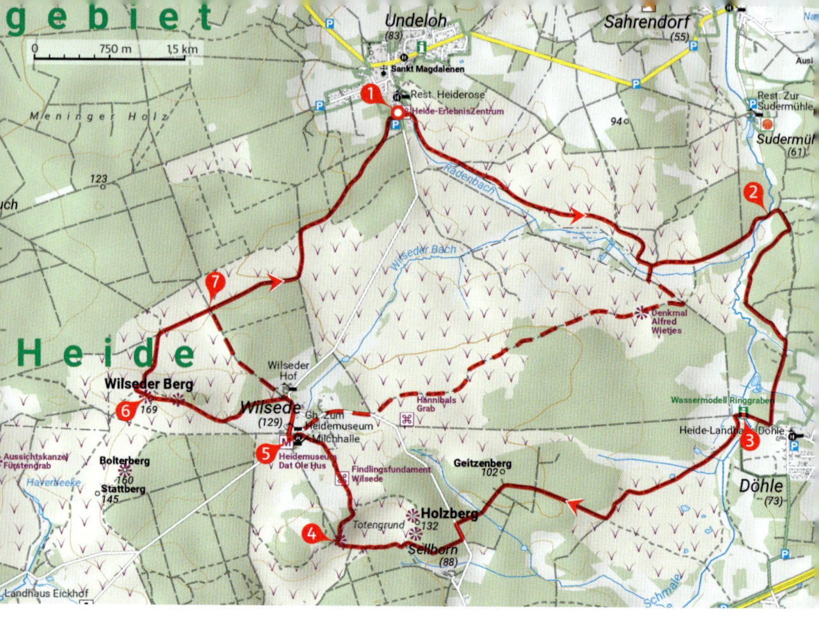

Talkessel Totengrund trennen sich die Wege: Lila Krönung umgeht den Talgrund rechts und die Heideschleife links – mit aussichtsreichem Rastplatz auf den **Totengrund** ❹ und Gedenkstein an Prof. Dr. Andreas Thomsen, der 1906 durch Vorkauf dieses Heidetal für den Verein Naturschutzpark sicherte. Der Name »Totengrund« soll sich entweder vom nährstoffarmen, also wirtschaftlich unbrauchbaren Boden oder dem früheren Transport von Leichen durch Wilseder Bauern zum Friedhof von Bispingen herleiten.
Nördlich vom Totengrund führt uns ein Grasweg nach **Wilsede** ❺. Dort gehen wir rechts am Heidemuseum vorbei und halten uns danach rechts, um auf schönerem Weg als dem Hauptzugang den **Wilseder Berg** ❻ (169 m) zu erklimmen mit Bänken, einem der Gauß'schen Vermessungspunkte und natürlich weitem Blick – an klaren Tagen bis zum 40 km entfernten Hamburg. Beim Abstieg halten wir uns rechts und stoßen auf die Bezeichnung Herbert-Röhrig-Weg, benannt nach dem langjährigen Vorsitzenden des Niedersächsischen Heimatbundes (1956 – 1975). Bei einer **Kreuzung** ❼ mit Steinen und Bank sowie Notrufmarkierung HK-201 am Waldrand gehen wir geradeaus Richtung Undeloh und wandern am Rand eines Waldstückes entlang, an dessen Ende wir dem Sandweg nach links Richtung Undeloh über offene (Heide-)Fläche folgen, ein Stein trägt die Aufschrift »Alte Salzstraße Undeloh«. Bei einer Kreuzung am Waldrand gehen wir rechts an der Bank vorbei und durch Wald zurück nach **Undeloh** ❶.

3.30 h	13,5 km
↗130 m	↘130 m

Wilseder Berg

HS 6

Von Oberhaverbeck zum Wilseder Berg

»Gipfelglück im Herzen der Heide« verspricht diese Heideschleife mit Start in Niederhaverbeck. Tatsächlich erwartet den Wanderer nicht nur am Wilseder Berg ein bis zu 40 Kilometer weiter Rundblick, sondern bieten sich unterwegs weitere spannende Aussichtspunkte wie der Turmberg oder der Totengrund.

Ausgangspunkt: Niederhaverbeck mit (3 € pro Tag) Besucherparkplatz (Navi: Niederhaverbeck 17, 29646 Bispingen), alternativ Oberhaverbeck 2 mit Besucherparkplatz (3 € pro Tag) des VNP (Navi: Oberhaverbeck, 29646 Bispingen).
ÖPNV: In der Sommersaison (15.7. – 15.10.) wird Oberhaverbeck 1 mehrmals täglich bedient von mehreren Linien des Ringbusses Heide-Shuttle: Linie 4 von/nach Bispingen, Schneverdingen und Soltau, Linie 1 von/nach Bispingen und Soltau sowie Linie 2 mit Verbindungen von/nach Tostedt, Handeloh und Wintermoor. Die Linien 1 und 2 halten auch in Niederhaverbeck 6, heide-shuttle.de.
Anforderungen: Leichte Wanderung über stellenweise etwas sandige Heide- und Waldwege, stellenweise auch Fahrwege für Kutschen (selten Autos).
Einkehr: Gasthof Menke, Oberhaverbeck, Wilsede, Niederhaverbeck.
Kombi-Tipp: Ergänzt mit Heideschleife 8 – Haverbeeke ab Niederhaverbeck 6 wäre die gesamte Tour rund 16 km lang.
Verknüpfung mit Heidschnuckenweg: Etappe 4.
Tipp: Heidemuseum »Dat ole Huus« in Wilsede, Naturinformationshaus »Bienenwelten« des VNP in Niederhaverbeck.

Der Turmberg überrascht wenige Minuten nach Oberhaverbeck mit weitem Panorama.

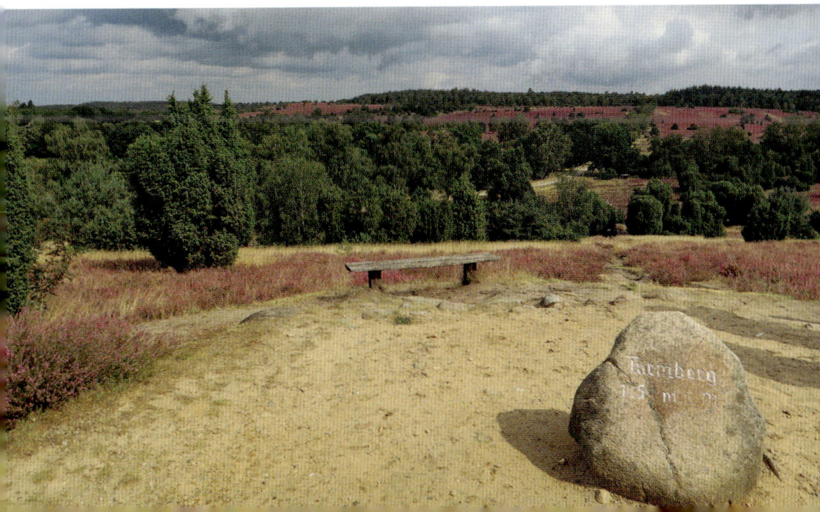

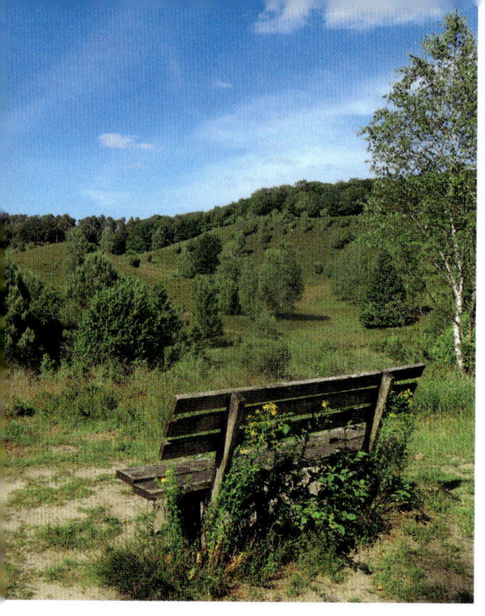

Der Totengrund gilt als Keimzelle des Naturschutzes in Deutschland.

Von **Niederhaverbeck** ❶ mit dem nördlich davon liegenden großen Parkplatz folgen wir dem Radweg südwärts links neben der Straße, die wir nach 5 Gehminuten rechts queren, um halb rechts dem mit H markierten Sandweg rechts vorbei am Gasthof Menke zu folgen. Nach weiteren 5 Gehminuten wendet sich die Heideschleife bei einer Kreuzung nach links und führt durch Kiefernwald zum Besucherparkplatz Oberhaverbeck, hinter dem wir die Hauptstraße queren, um nach 120 m bei der Bushaltestelle links in die Wilseder Straße einzubiegen. Nach den ersten Häusern bietet rechts der **Turmberg** ❷ (135 m) zur Einstimmung einen weiten Blick über die Heide. Danach schwenkt die Heideschleife nach links und

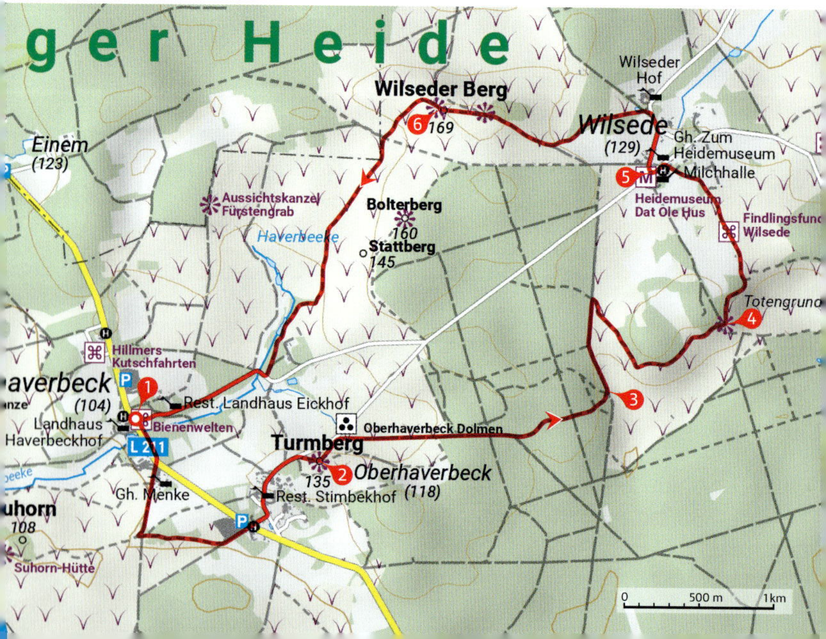

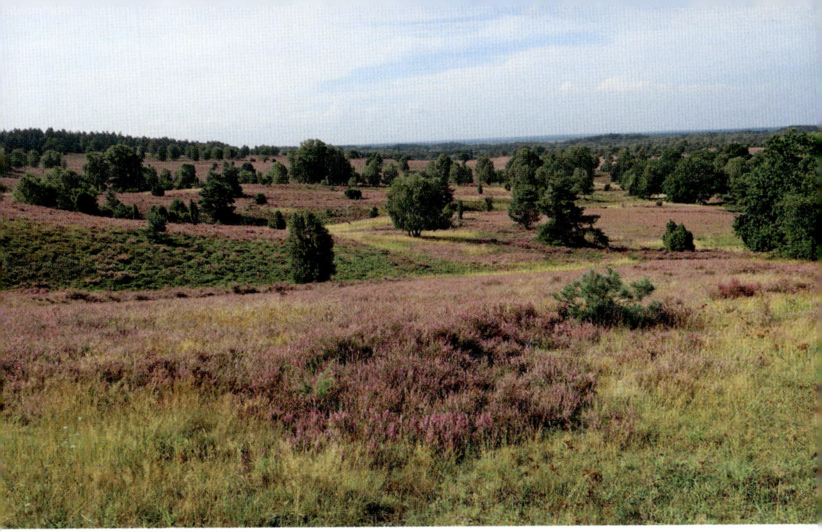

Der Wilseder Berg war ein wichtiger Punkt der Gauß'schen Landesvermessung.

nähert sich erst durch Heide und später Wald bei einem Unterstand mit Bank dem **Steingrund** 3, einer großen Heidefläche, die ihren Namen von eiszeitlichen Gletschern verfrachteten Steinen verdankt. Nach einem scharfen Rechtsabzweig und Anstieg führt die Heideschleife aussichtsreich zum **Totengrund** 4 mit Rastplatz, Infotafeln und Gedenkstein an Prof. Dr. Andreas Thomsen.

Die Heideschleife leitet links 200 m am Rand des Talkessels vom Totengrund entlang und wendet sich dann links nordwärts nach **Wilsede** 5, dort rechts vorbei am Heidemuseum und danach rechts in einem Linksbogen hinauf zum **Wilseder Berg** 6 (169 m) mit weitem Ausblick. Beim Abstieg halten wir uns links. Die Heideschleife folgt durch großflächige Heidelandschaft und zuletzt der Haverbeeke dem Heidschnuckenweg und mündet rechts vom Haus Heidetal in einen gepflasterten Weg ein, dem wir rechts nach **Niederhaverbeck** 1 folgen mit Informationshaus des VNP über Bienen und Imkerei am Ausgangspunkt.

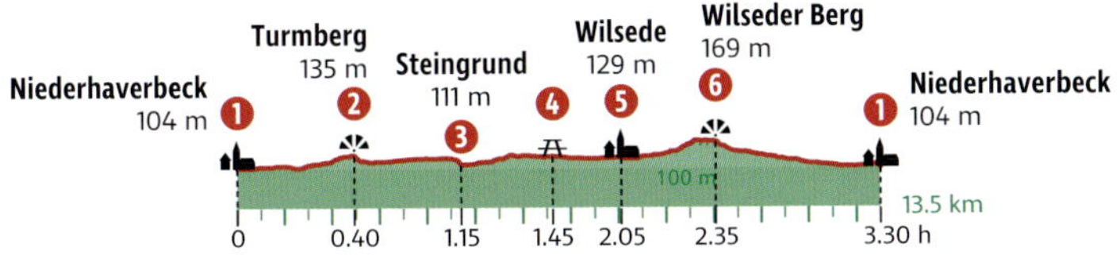

HS 7 Haverbeeke

1.00 h	3,9 km
↗30 m	↘30 m

Barrierefreier Rundwanderweg bei Niederhaverbeck

Als eine von zwei barrierrefreien Touren der Heideschleifen folgt dieser Rundweg dem Heidebach Haverbeeke von Niederhaverbeck bis kurz vor die Mündung in die Wümme, wo die Haverbeeke über Holzbohlen gequert wird. Unterwegs informieren zahlreiche Infotafeln über Landschaft und Natur, alle 200 Meter laden Rastplätze zum Verweilen ein.

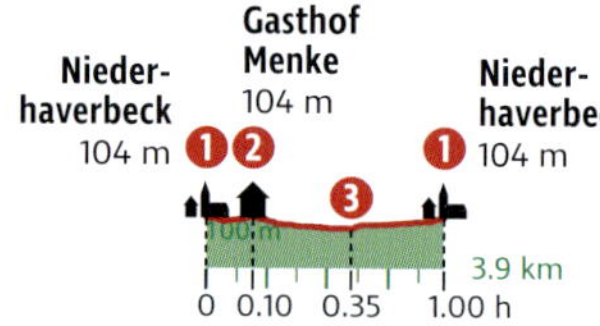

Ausgangspunkt: Bushaltestelle Niederhaverbeck mit gebührenpflichtigem Parkplatz Niederhaverbeck nördlich davon (Navi: Niederhaverbeck 17, 29646 Bispingen). Alternativ Parkplatz für Kunden sowie Schwerbehinderte beim Gasthaus Menke ❷, dem offiziellen Startpunkt dieser Heideschleife (Navi: Niederhaverbeck 12, 29646 Bispingen).
ÖPNV: In der Sommersaison (15.7. – 15.10.) wird Niederhaverbeck mehrmals täglich bedient von zwei Linien des Ringbusses Heide-Shuttle: Linie 1 von/nach Bispingen und Soltau sowie Linie 2 mit Verbindungen von/nach Tostedt, Handeloh und Wintermoor, heide-shuttle.de.
Anforderungen: Gut befestigter barrierefreier Weg mit naturnaher »wassergebundener Decke« und maximal 6% Steigung.
Einkehr: Gasthof Menke ❷ und Landhaus Haverbeckhof ❶ am Start/Ziel.
Tipp: Naturinformationshaus Bienenwelten des VNP in Niederhaverbeck.
Variante: Durch Weglassen des Linksschwenks zum Gasthaus Menke ausschließlich **entlang der Haverbeeke** (1 km kürzer).
Verknüpfung mit Heidschnuckenweg: Etappe 5V.
Kombi-Tipp: Dieser nette Spaziergang lässt sich ideal mit den Heideschleifen 6 oder 8 kombinieren.

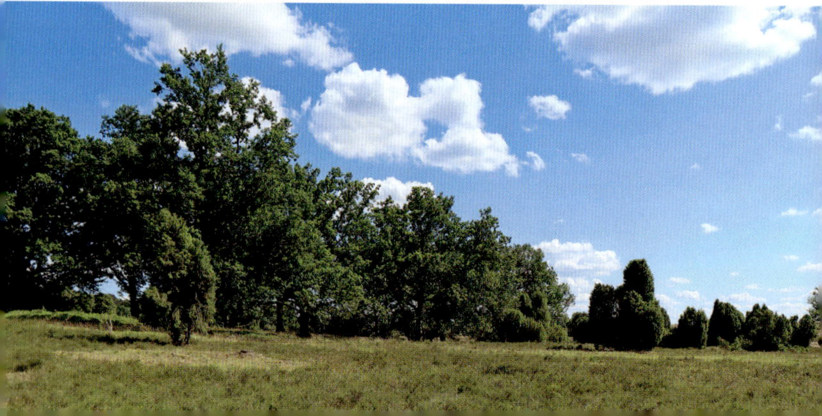

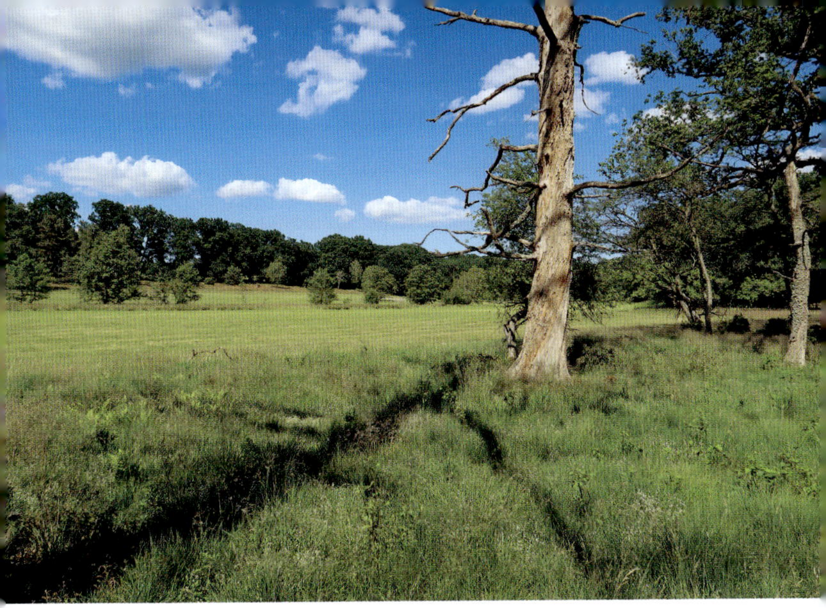

Oben: Niederung der Haverbeeke, eines rund 4 km langen Quellbachs der Wümme.
Links: Heidefläche bei der Abzweigung zum Gasthaus Menke.

In **Niederhaverbeck** ❶ biegen wir südlich vom Landhaus Haverbeck in den westwärts von der Straße abzweigenden Rad-/Wanderweg ein. Nach 70 m führt die Heideschleife nach links über die linksseitig zu einem Teich aufgestaute Haverbeeke und durch ein kleines Waldstück. Nach 100 m schwenkt die Heideschleife scharf nach links zum Gasthaus Menke – optional könnte man abkürzend geradeaus dem H entlang der Haverbeeke folgen. Vor dem **Gasthof Menke** ❷ halten wir uns rechts und schwenken nach 50 m rechts auf den Weg und gehen unter dem hölzernen Schlagbaum hindurch, der Reiter abhalten soll. Der Weg führt gemächlich abwärts durch freie Fläche in das Tal der Haverbeeke, wo wir der Heideschleife links folgen. Nach einer Rechtsabzweigung geht es auf dem **Holzbohlenweg** ❸ über die Haverbeeke und danach rechts auf geradem Weg zurück nach **Niederhaverbeck** ❶.

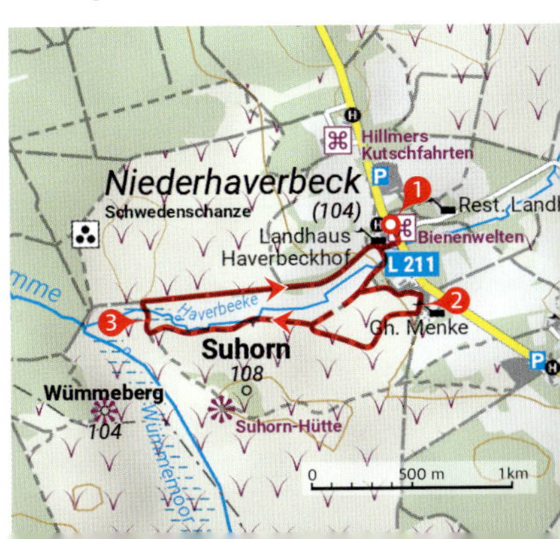

HS 8 Tütsberg

3.30 h | 12,1 km
↗100 m | ↘100 m

Rundwanderung bei Oberhaverbeck

Diese aussichtsreiche Heideschleife verläuft fast ausschließlich durch Heideflächen rund um das Quellgebiet der Wümme, von denen der südliche Teil bis Anfang der 1990er-Jahre intensiv als Panzerübungsgelände genutzt wurde. Mittlerweile erfreuen sich diese ehemaligen vom Militär genutzten sogenannten »Roten Flächen« bei Flora und Fauna sowie Touristen großer Beliebtheit.

Ausgangspunkt: Oberhaverbeck mit Besucherparkplatz und Bushaltestelle (3 € pro Tag) des VNP (Navi: Oberhaverbeck, 29646 Bispingen), alternativ Hof Tütsberg ❹ (Navi: Hof Tütsberg, 29640 Schneverdingen), der offizielle Startpunkt dieser Heideschleife.
ÖPNV: In der Sommersaison (15.7. – 15.10.) wird Oberhaverbeck ❶ mehrmals täglich bedient von mehreren Linien des Ringbusses Heide-Shuttle: Linie 4 von/nach Bispingen, Schneverdingen und Soltau, Linie 1 von/nach Bispingen und Soltau sowie Linie 2 mit Verbindungen von/nach Tostedt, Handeloh und Wintermoor.
Anforderungen: Leichte Wanderung über stellenweise etwas sandige Heide- und Wirtschaftswege.
Einkehr: Tütsberg, Oberhaverbeck.
Verknüpfung mit Heidschnuckenweg: Etappe 5.
Kombi-Tipp: Ergänzt mit Heideschleife 7 – Haverbeeke ab dem Holzsteg zwischen ❷ und ❸ wäre die gesamte Tour 15,7 km lang.

Der 104 m hohe Wümmeberg bietet einen schönen Ausblick über die Quellniederung der Wümme …

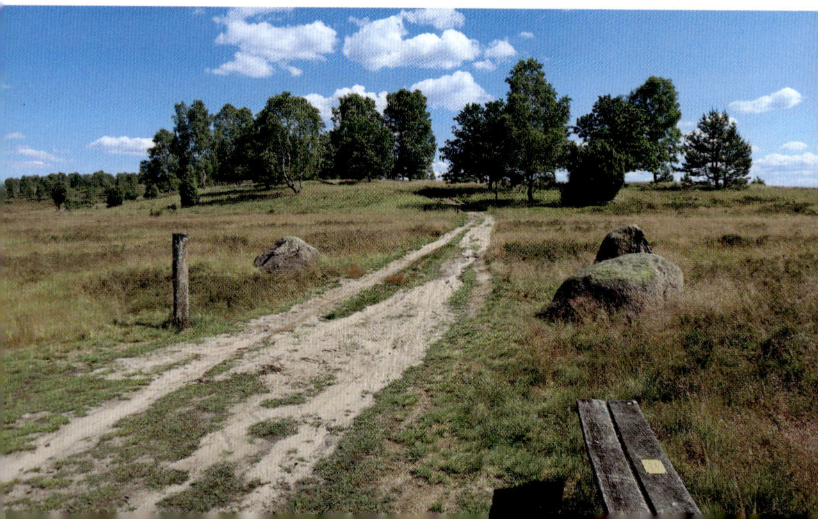

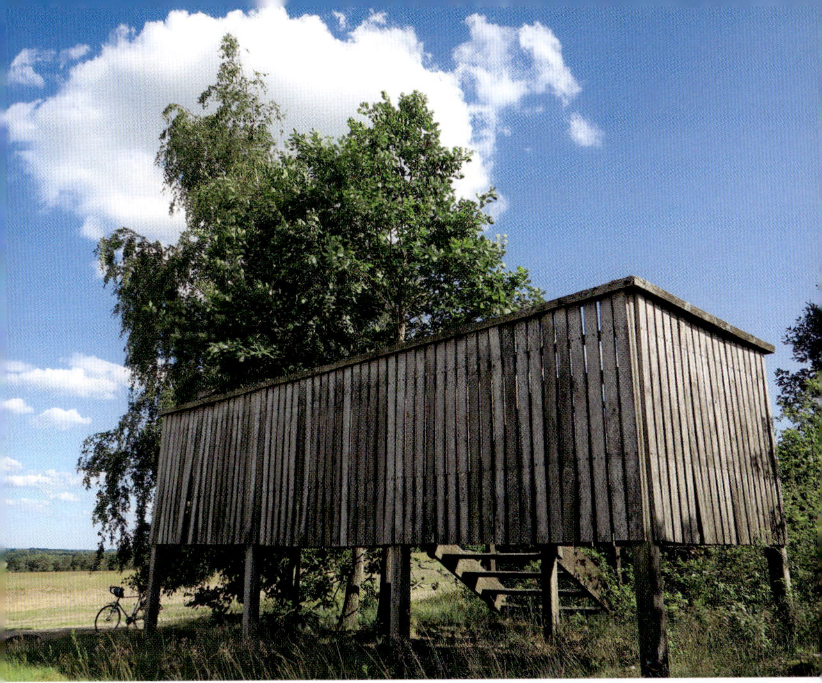

... und die gleich hoch gelegene Töpfer-Aussichtsplattform über die der Brunau.

Die Heideschleife verabschiedet sich vom Parkplatz **Oberhaverbeck** ❶ westwärts auf sandigem Pfad leicht aufwärts und führt bei einer Kreuzung nach einem kurzen Waldstück geradeaus über Heide zur aussichtsreichen **Suhorn-Hütte** ❷ mit Gedenkstein an Alfred Töpfer, den langjährigen Vorsitzenden des VNP ((1953–1984). Vor 100 Jahren ließ sich hier die Schriftstellerin Dorothea Möller-Guttmann mit ihrem Pseudonym »Haidefrau« zu Gedichten inspirieren.
Die Heideschleife senkt sich ab und quert auf einem Holzbohlenweg die Haverbeeke mit dem dort verlaufenden barrierefreien Rundweg (Heideschleife 7). Bei anschließenden Abzweigungen halten wir uns links. Knapp 10 Minuten nach Querung eines weiteren Flusses, der hier noch jungen Wümme, erreichen wir am **Wümmeberg** ❸ (104 m) und kurz darauf bei einem Rastplatz schöne Aussichtspunkte über das Wümmetal. Weiter geht es am Waldrand und durch Heide in südliche Richtung. Bei einer Kreuzung am Waldrand halten wir uns links Richtung Wilsede (O1, N1) und folgen nach 150 m rechts der Birkenallee am Rand der Heide Richtung Tütsberg. Vor dem als Hotel-Restaurant genutzten **Hof Tütsberg** ❹ des VNP gehen

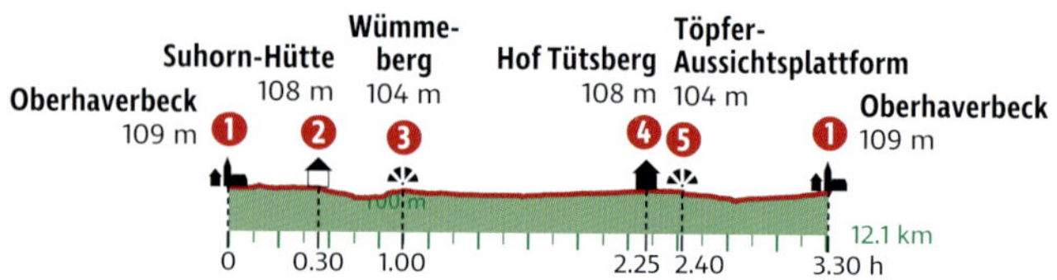

wir nach links Richtung Niederhaverbeck und kurz darauf bei einer Gabelung halb rechts Richtung Oberhaverbeck auf aussichtsreichem Feldweg mit älteren Infotafeln, nach 5 Minuten vorbei an der **Töpfer-Aussichtsplattform** 5, von der in der Ferne die Skihalle Bispingen zu erkennen ist. Davor liegt ein Teil der bis in 1990er-Jahre als Panzerübungsgebiet genutzten »Roten Flächen«. Bei einer Kreuzung mit Bänken und Findlingen sowie rechts der Niederung der Brunauquelle gehen wir geradeaus und folgen dem breiten Weg zurück nach **Oberhaverbeck** 1.

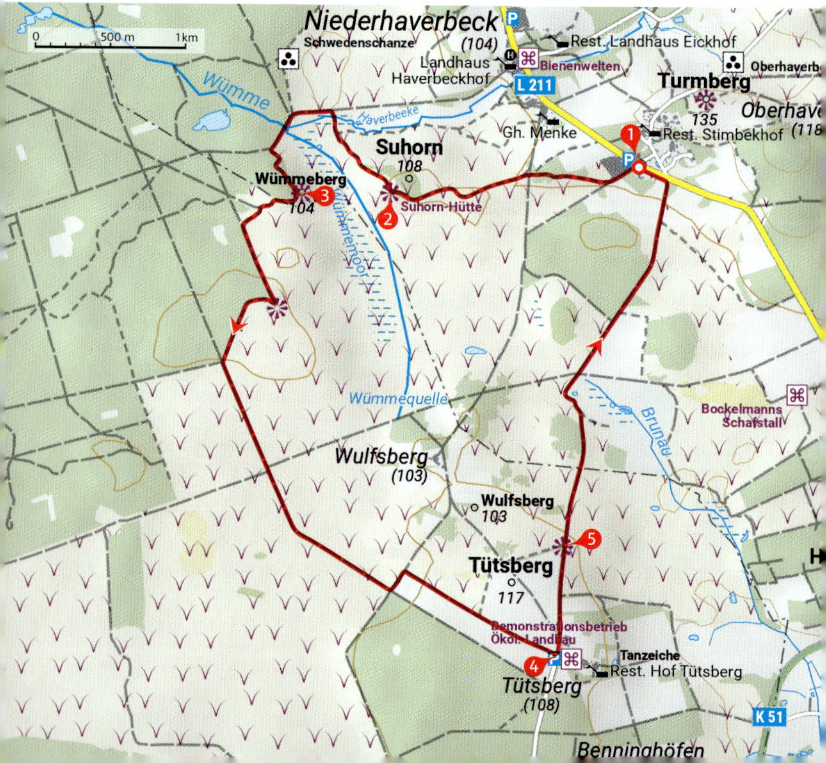

2.00 h	6,8 km
↗ 20 m	↘ 20 m

Pietzmoor HS 9

Moor-Rundwanderung bei Schneverdingen

Das mehr als 7000 Jahre alte Pietzmoor gilt mit einer Fläche von rund 2,7 Quadratkilometern als größtes Moor der Lüneburger Heide. Das Hochmoor mit seiner bis zu 7 Meter mächtigen Torfschicht entstand in einer Mulde mit wasserundurchlässigen Tonschichten im Untergrund. Nach dem Abbau des als Brennmaterial genutzten Torfs im 20. und 21. Jh., und damit der Zerstörung des Moors, begann der Verein Naturschutzpark seit den 1980er-Jahren mit der Wiedervernässung, um den ursprünglichen Moorzustand wiederherzustellen. Ein Naturlehrpfad mit 2 Kilometer langem Holzbohlenweg erschließt das Moor. Besonders schön ist der Besuch im Frühjahr (April/Mai), wenn Wollgras weiße Fruchtstände bildet.

Ausgangspunkt: Schäferhof mit Parkplätzen Pietzmoor oder vorher Osterheide (Navi: Heberer Straße 100, 29640 Schneverdingen). Alternativ Parkplätze auf der südlichen Straßenseite bei der nordöstlichen Zufahrt zum Moor bei 5 sowie für Kunden am Schäferhof.
ÖPNV: Bushaltestelle Schneverdingen-Feriendorf 150 m nördlich vom Ausgangspunkt. Dort halten in der Sommersaison (15.7. – 15.10.) die Ringbusse der Heide-Shuttle-Linien 1 und 4 von/nach Schneverdingen und Bispingen, heide-shuttle.de. Ansonsten Mo. – Fr. wenige Verbindungen täglich von/nach Schneverdingen, Soltau und Bispingen (Linien 106, 156), vnn.de. Bahnhof Schneverdingen mit stündlichen Verbindungen Richtung Soltau und Buchholz. Vom Bahnhof auf 2,2 km langem Zubringer zum Schäferhof nahe 1: vom Bahnhof zunächst südwärts (beide Seiten der Bahnlinie möglich) und beim nächsten Bahnübergang entlang des Alt Benninghöfener Weges in östliche Richtung. Am Ortsende auf Spurweg und später einem Pfad geradeaus folgen zum Schäferhof 2, dort rechts in 300 m zum Pietzmoor-Rundweg.
Anforderungen: Leichte und flache Wanderung über Sand-, Schotterwege sowie Holzbohlenwege (1,5 km), teilweise mit Geländer.
Einkehr: Schäferhof beim Ausgangspunkt.
Variante: Abkürzung (gesamt 5,4 km) ohne die westliche Schleife; dazu kurz nach 2 dem Lehrpfad geradeaus folgen, ohne rechts abzubiegen.
Verknüpfung mit Heidschnuckenweg: Etappe 5V.
Hinweis: Die zu Zeiten der Corona-Schutzmaßnahmen vorübergehend eingeführte »Einbahnregelung« (gegen den Uhrzeigersinn) ist seit Frühjahr 2021 wieder aufgehoben.

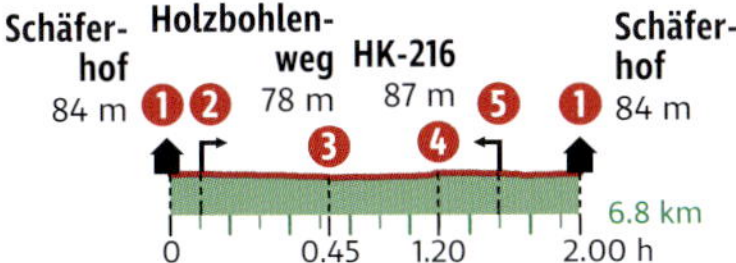

Vom **Schäferhof** 1 folgen wir der gleichnamigen Straße südwärts links am Feriendorf entlang. Am Eingang zum Pietzmoor mit einer Übersichtskarte des Lehrpfads gehen wir geradeaus und folgen nach 200 m der Heideschleife nach rechts 2 – trockenen Fußes auf einem Dammweg zwischen Birken.

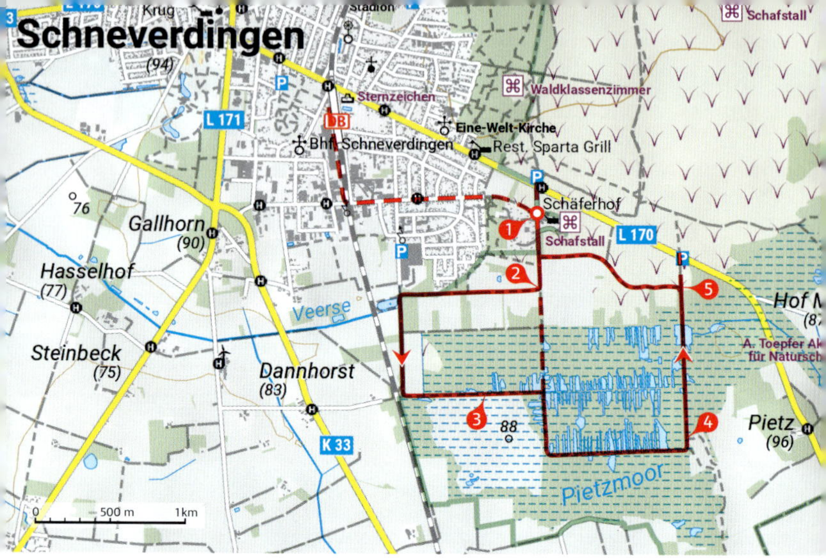

Schneverdingen (94)
Sternzeichen
Waldklassenzimmer
Eine-Welt-Kirche
Bhf. Schneverdingen
Rest. Sparta Grill
Schäferhof
Schafstall
L 171
L 170
K 33
Gallhorn (90)
Hasselhof (77)
Steinbeck (75)
Dannhorst (83)
Veerse
Pietzmoor
Pietz (96)
A. Toepfer Ak... für Natursch...
0 500 m 1 km

Die Westschleife führt nahe an die Bahngleise der Heidebahn heran und vor dem Bahnübergang links zurück in östliche Richtung vorbei an einem Rastplatz. 5 Gehminuten nach Beginn des **Holzbohlenwegs** ❸ erreichen wir wieder den Moorlehrpfad und folgen ihm nach rechts. Nach der zweiten Linkskurve endet der Holzbohlenweg beim **Notfallpunkt HK-216** ❹.

Wir folgen dem Schotterweg geradeaus nordwärts. 100 m vor der Abzweigung zum Parkplatz **Pietzmoor** ❺, dem alternativen Ausgangspunkt, folgen wir dem Weg nach links und erreichen nach 1 km wieder den Einstiegspunkt zum Rundweg und gehen von dort zurück zum **Schäferhof** ❶.

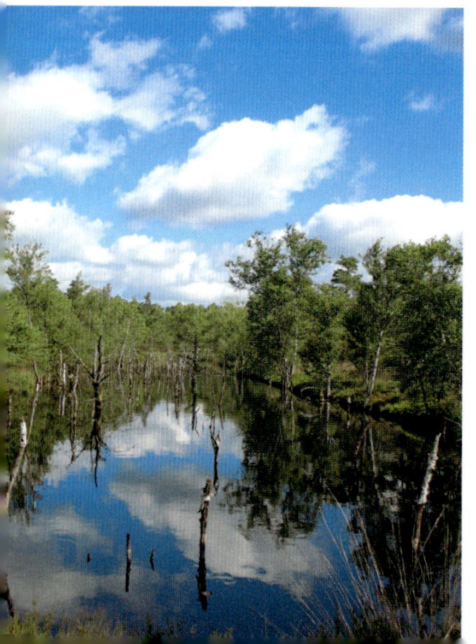

Links: Unterwegs bieten sich spannende Einblicke in das renaturierte Moor.
Rechts: Dank eines 1,5 km langen Holzbohlenweges gelangt man trockenen Fußes durch das Moor.

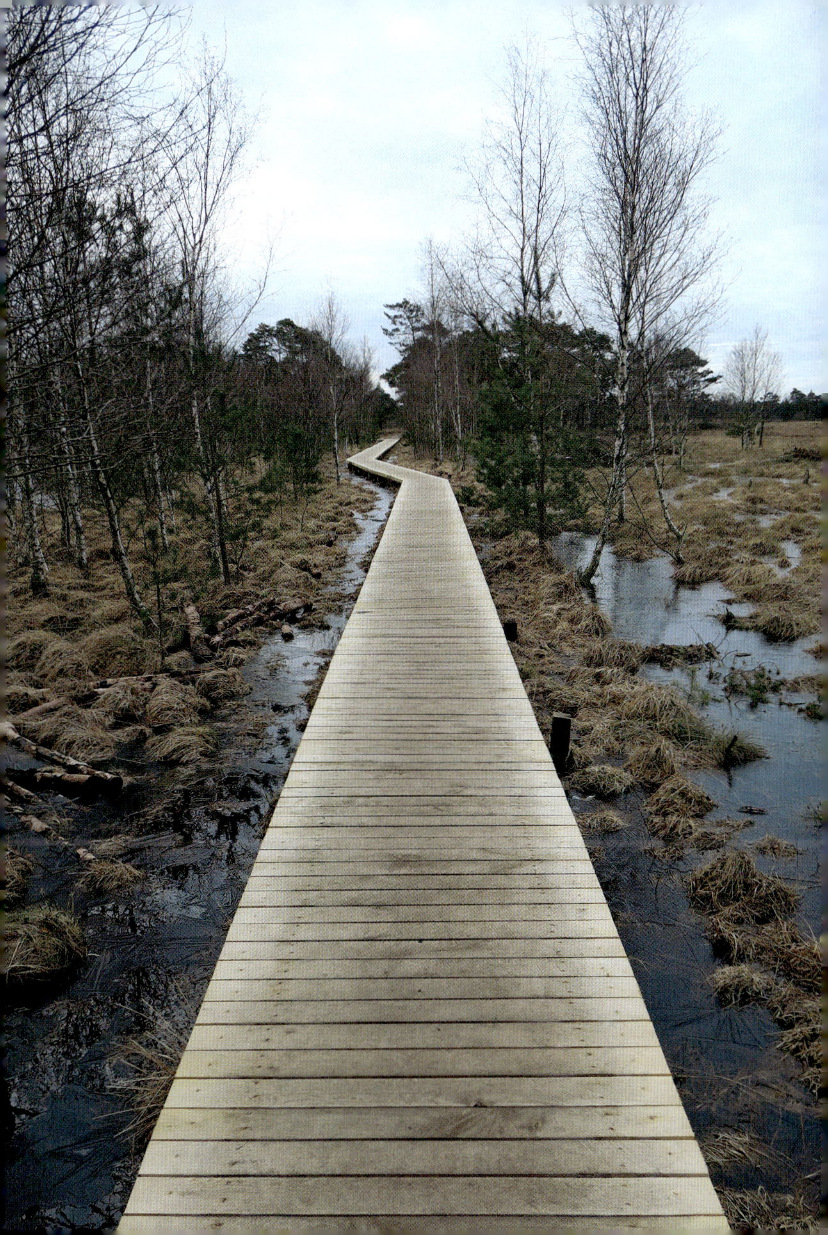

HS 10 Müden

3.30 h	12,6 km
↗ 120 m	↘ 120 m

Rundwanderung entlang der Örtze

Diese abwechslungsreiche Wanderung führt zunächst vom Kurort Müden am Heidesee und der naturnahen Örtze entlang, dann durch Wald und Felder zu den kulturellen Höhepunkten dieser Tour: den Gedenksteinen Flebbe-, Linde- und Lönsstein. Letzterer bietet vom Wietzer Berg einen schönen Blick in das Örtzetal. Nach kurzem Abstieg durch Heide und Wald erreichen wir Müden mit seinen ursprünglichen Höfen und Einkehrgelegenheiten.

Ausgangspunkt: Touristinfo Müden in der alten Wassermühle (Navi: Unterlüßer Str. 5, 29328 Faßberg). Alternativ Wanderparkplatz Wietzer Berg unterhalb des Lönssteins (Navi: Hermannsburger Str. 20, 29328 Faßberg).
ÖPNV: Bushaltestelle Müden-Bahnhof mit Linie 220 mehrmals täglich von/nach Hermannsburg und Faßberg, cebus-celle.de.
Anforderungen: Leichte Wanderung über gut angelegte Fußwege und kleine Pfade, kurz auch entlang Straßen.
Einkehr: Kiosk-Bistro am Parkplatz unterhalb vom Lönsstein (in Sommersaison täglich, sonst oft am Wochenende), Müden.
Varianten: 1. Eine Abkürzung bietet sich an **vor dem Flebbestein** (4 km kürzer); dazu bei der Kreuzung davor nicht rechts gehen, sondern geradeaus nach Müden und dort entlang den Straßen Am Gehäge und Am Sägewerk zur Kreuzung der Hermannsburger Straße mit der Heideschleife.
2. **Umleitung am Heidesee** (unwesentlich länger; voraussichtlich bis einschließlich 2024): Infolge einer defekten Holzbrücke wird die Heideschleife vor ❷ durch eine Feriensiedlung umgeleitet und erreicht bei ❷ wieder die Route.
Verknüpfung mit Heidschnuckenweg: Etappen 8, 9.
Tipp: Wildpark Müden am Südrand des Dorfes westlich der Örtze (ganzjährig täglich) mit 30 meist einheimischen Arten, aber auch Alpakas, Elchen, Waschbären, wildparkmueden.de.

Diese Baumstämme sichern den Örtze-Uferweg bei einer morastigen Stelle.

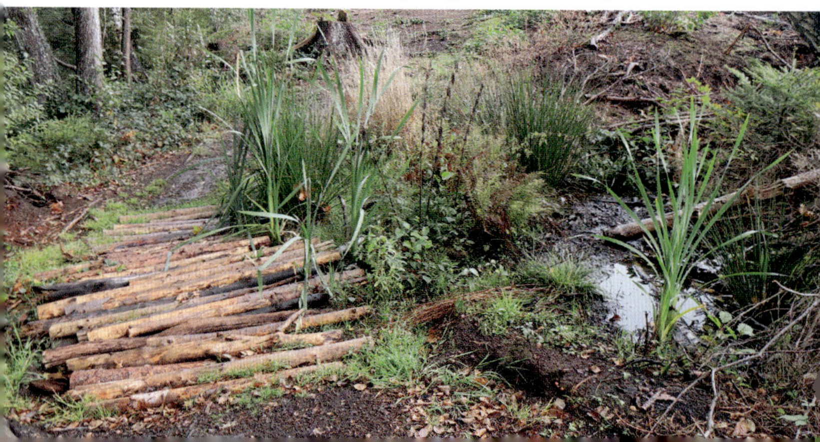

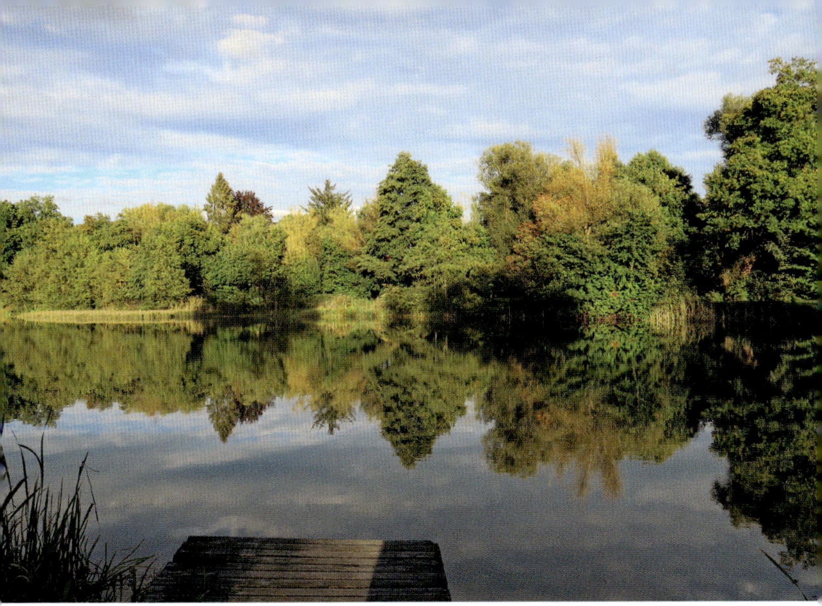

Der bei Müden gelegene Heidesee entstand 1974 durch Aufstauen der Örtze.

Diese Heideschleife beginnt an der alten **Wassermühle Müden** ❶ mit der Touristinfo, eine ehemalige Korn- und Sägemühle, die bis 1965 betrieben wurde. In dem mehrstöckigen Mühlengebäude von 1913 sind heute die Touristinfo untergebracht und ein kleines Wasserkraftwerk, das täglich überschaubare 100 kwh Strom erzeugt. Die Heideschleife führt anfangs zusammen mit dem Heidschnuckenweg auf einem Kiesweg zum 1974 angelegten **Heidesee**, an dessen Ostufer entlang und weiter nordwärts. Bei einer Kreuzung biegen wir nach rechts (Faßberg 5,5 km) und nach einer **Holzbrücke** ❷ nach links auf einen urigen Pfad entlang der Örtze. Nach der Querung einer kleinen Straße führt ein Pfad am Wiesen- und Waldrand zum Dorf **Poitzen** ❸, wo wir uns mehrmals links halten, während der Heidschnuckenweg nach rechts abzweigt.

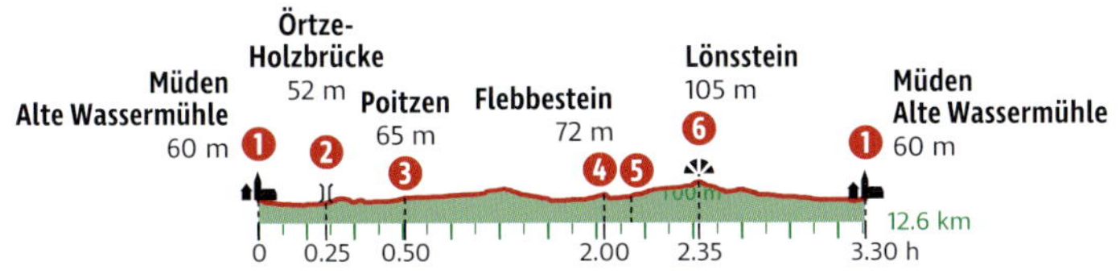

150 m nach Querung der Örtze über die Straßenbrücke biegen wir rechts in die kleine Straße, links an dem Gelände einer Baufirma und nach einer linken Abzweigung am Rand eines Wohngebietes entlang. Die Heideschleife führt zunächst durch Wald und später am Waldrand zum Tal der Wietze, quert diesen Heidebach und wendet sich bei der nächsten Kreuzung nach rechts zum **Flebbestein** ❹, der an den Maler und Grafiker Fritz Flebbe (1893 – 1929) erinnert, der die letzten vier Jahres seines Lebens in dem für seine gute Luft bekannten Kurort Müden verbrachte.
Die Heideschleife schlängelt sich zum Rand von Müden und verlässt den Ort gleich wieder rechts am Friedhof entlang. Durch Nadelwald steuert die Heideschleife einen weiteren Gedenkstein an: Der **Lindestein** ❺ erinnert an den Heimatforscher Richard Linde (1860 – 1925), Verfasser einer erdkundlichen Monografie zur Lüneburger Heide in der Reihe »Land und Leute«. Wir folgen der Heideschleife weiter durch Wald und auf den **Wietzer Berg** (102 m), wo uns eine Heidefläche und kurz darauf der **Lönsstein** ❻ mit Bänken und schöner Aussicht empfängt. Der Findling auf einem gemauerten Natursteinsockel erinnert seit 1921 an den Heidedichter.

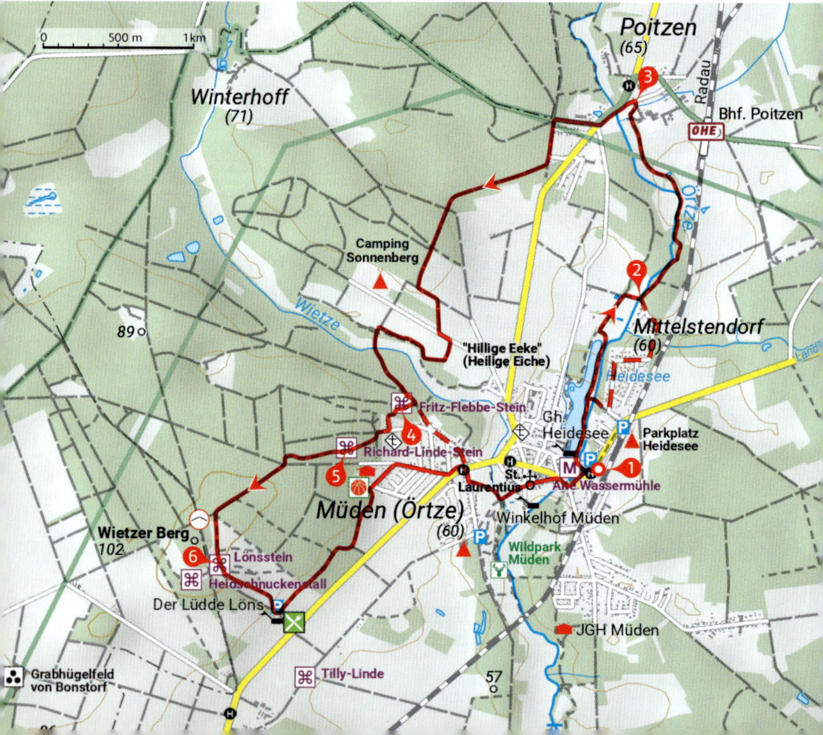

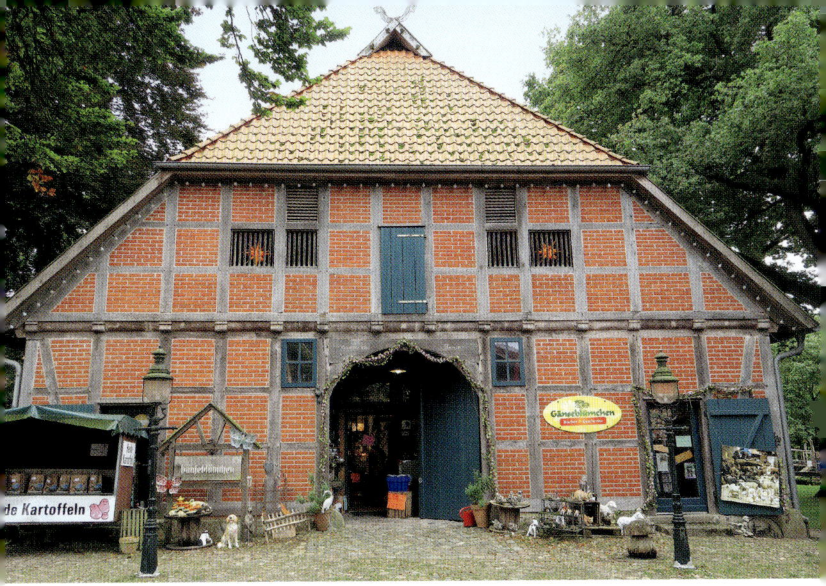

Müden ist ein beliebtes touristisches Ziel in der Südheide.

Vom Lönsstein bis nach Müden hinein folgt die Heideschleife dem Heidschnuckenweg. Im Ort verlassen wir den Heidschnuckenweg 50 m nach der rechten Abzweigung von der Hermannsburger Landstraße, indem wir links dem einladenden Pfad zur Örtze folgen und diese bei der nächsten Brücke links queren. Entlang der Kirchtwiete und Alten Dorfstraße erreichen wir die Ortsmitte mit Einkehrgelegenheiten. Zurück zum Ausgangspunkt geht es hinter der Straßenbrücke über die Örtze links auf nettem Fußweg vorbei an einem eisernen Holzflößer von 2012 als Teil des Skulpturenweges Wasserkunst. Nach einer Wassertretstelle erreichen wir wieder die alte **Wassermühle ❶**.

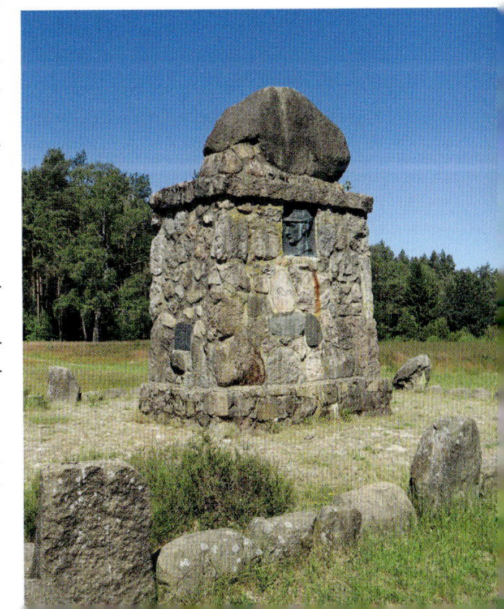

Am Wietzer Berg soll der Heidedichter Löns früher die Ruhe und Aussicht genossen haben.

HS 11 Misselhorner Heide

2.00 h | 8,3 km
↗70 m | ↘70 m

Rundwanderung südwestlich von Hermannsburg

Durch die von eiszeitlichen Gletschern geprägte wellige Landschaft folgt diese Heideschleife dem schmalen sichelförmigen Heidestreifen um den Eicksberg ins Tiefental in der Misselhorner Heide, einer von 15 Teilflächen des 753 Hektar großen Naturschutzgebietes »Heiden und Magerrasen in der Südheide«.

Ausgangspunkt: Wanderparkplatz Misselhorner Heide und Tiefental (Navi: Misselhorn/K17, 29320 Hermannsburg).
ÖPNV: Bushaltestelle Misselhorn 1 km westlich vom Ausgangspunkt mit Verbindungen von/nach Unterlüß und Hermannsburg durch Linie 260 (Mo. – Fr. mehrmals täglich, sowie Sa./So. ausschließlich als Rufbus, Tel. +49 5141 2788200 bis zu 60 Minuten vor Abfahrt), cebus-celle.de.
Anforderungen: Leichte Wanderung über großteils kleinere sandige Wege sowie Forstwege und stellenweise Straßen.
Einkehr: Keine am Weg. Misselhorner Hof knapp 1 km westlich vom Ausgangspunkt (tagsüber nur Sa/So).
Verknüpfung mit Heidschnuckenweg: Etappe 11.

Vom **Wanderparkplatz Misselhorner Heide** ❶ folgen wir mit der Straße im Rücken dem Heidschnuckenweg (H) geradeaus vorbei an einer Holzschranke. Nach wenigen Metern zweigt der Heidschnuckenweg links ab, während die Heideschleife geradeaus weiterführt und nach einem großen Linksbogen am Waldrand bei einer **mehrstämmigen Kiefer** ❷ wieder auf den Heidschnuckenweg trifft. Diesem folgen wir rechts und nach 200 m beim Unterstand links auf den Pfad, vorbei an einer kraterähnlichen Vertiefung zur Linken, entstanden durch den Abbau von Kies und Sand. Bei einer **Kreuzung mit Unterstand** ❸ geradeaus weiter am Waldrand entlang und nach 200 m rechts auf Pfad. Nach 15 Minuten wandern wir durch das eiszeitlich entstandene **Tiefental** ❹ mit Heide vorbei an einer Infotafel über Bienen.

Lichte Nadelwaldbestände prägen das Bild der Misselhorner Heide.

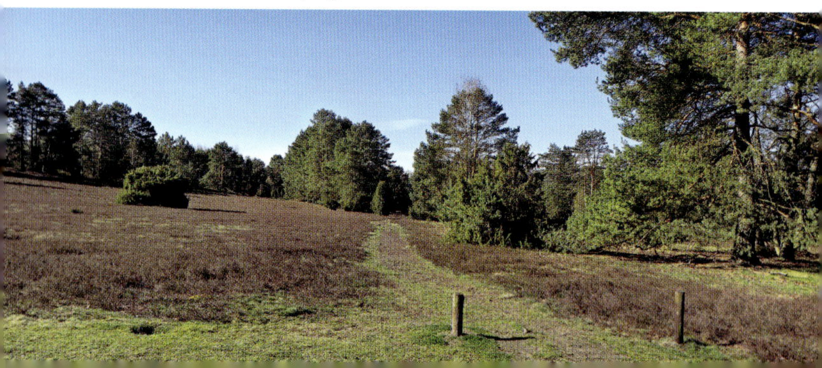

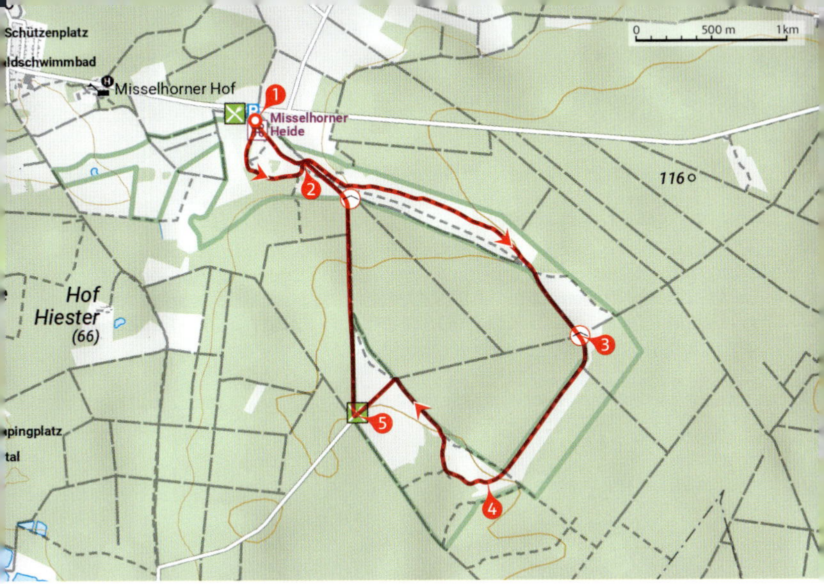

Bei der Gabelung vor einem Hang verabschiedet sich der Heidschnuckenweg nach links, während die Heideschleife aufwärtsführt und bei der nächsten Kreuzung mit Picknicktisch nach links. Nach 5 Minuten erreichen wir den **Park- und Rastplatz Eicksberg 5** mit links einem Gedenkstein für den Hermannsburger Missionar Ludwig Harms, der 1860 vor der beeindruckenden Kulisse des Tiefentals gepredigt haben soll und dabei seine Gäste bewusst in die Natur geführt hatte mit der Begründung, »dass den Festgästen die Sonne ein bisschen afrikanisch auf den Kopf brennen sollte, damit die Brüder in Afrika es nicht allein heiß hätten«. Vom Parkplatz geht es halb rechts nordwärts auf breitem Weg und vorbei an Infotafeln über den Wolf und die Ausbreitung der Heide.

Nach Letzterer erreichen wir bei einem Unterstand wieder den schmalen Heidestreifen nahe dem Ausgangspunkt, halten uns links und folgen dem Heidschnuckenweg zurück zum **Wanderparkplatz Misselhorner Heide 1**.

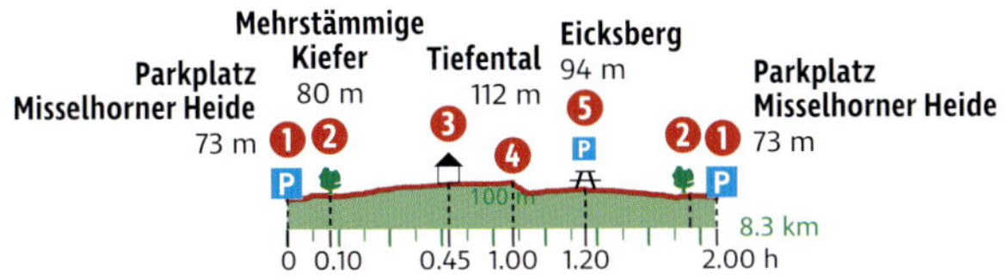

HS 12 Angelbecksteich

0.30 h | 1,2 km
↗20 m | ↘20 m

Teichrunde im Süden der Lüneburger Heide

Diese Heideschleife ist ein geruhsamer Spaziergang auf barrierefreiem Weg rund um den Angelbecksteich. Als Folge des verheerenden Flächenbrands wurde er 1975 angelegt und dient als Wasserreservoir. Davor wütete im August 1975 der bis dahin größte Brand in der Bundesrepublik Deutschland auf 13.000 Hektar Fläche mit Wald, Moor und Heide. Unterwegs informieren zahlreiche Tafeln über die Heidewirtschaft sowie typische Pflanzen- und Tierarten, Bänke laden zum Meditieren mit Blick auf den Teich ein.

Aussichtsplattform
65 m
Wanderparkplatz Angelbecksteich 69 m
Wanderparkplatz Angelbecksteich 69 m
1.2 km
0 0.30 h

Ausgangspunkt: Wanderparkplatz am Angelbecksteich (Navi: K21, 29320 Hermannsburg).
ÖPNV: Keine Anbindung an das Busnetz.
Anforderungen: Leichter barrierefreier Rundweg um den Feuerlöschteich mit vorgegebener Laufrichtung gegen den Uhrzeigersinn.
Einkehr: Keine Einkehrgelegenheit am Weg.
Verknüpfung mit Heidschnuckenweg: Etappe 11.

Am Nordufer lädt diese Aussichtsplattform zur Pause ein.

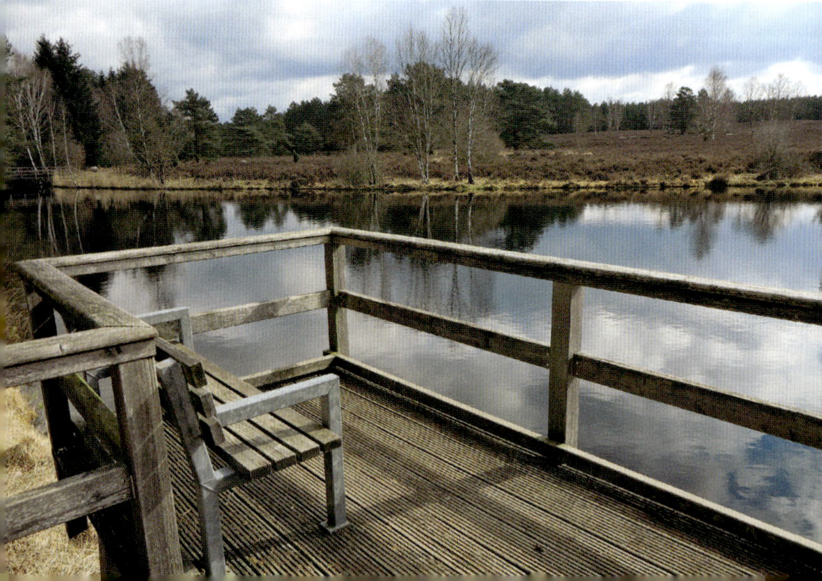

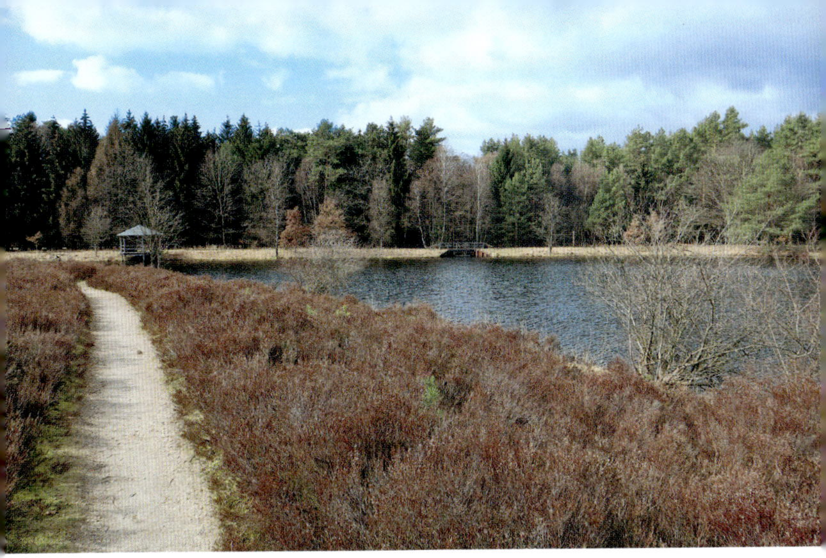

Weg um den Angelbecksteich, im Hintergrund der hölzerne Schutzpavillon.

Am Ostrand vom **Wanderparkplatz Angelbecksteich** ❶ informiert eine Infotafel über diesen barrierefreien Rundweg im Naturpark Südheide, und der Landrat wünscht viel Spaß und Entspannung. Hier zweigt der Rundweg nach links ab und gabelt sich kurz darauf; wegen der vorgegebenen Laufrichtung zweigen wir nach rechts ab.

Nach einer **Infotafel über Heidepflege** ❷ sowie die Brandkatastrophe 1975 gehen wir bei einer Kreuzung geradeaus vorbei an Bänken mit idyllischer Sicht auf den Teich. Kurz darauf mündet von rechts der Heidschnuckenweg ein und begleitet die Heideschleife um den Teich, den wir bei einer Holzbrücke erreichen. Weiter geht es links am Ufer entlang vorbei an einer netten **Aussichtsplattform** ❸. Nach der halben Umrundung und einer Holzbrücke bietet ein hölzerner **Schutzpavillon** ❹ direkt am Ufer einen weiteren Teichblick. Vorbei an einer Ruhebank, spazieren wir am Südufer des Sees zu einem **Rastplatz** ❺ mit mehreren Tischen und Bänken, wo die Heideschleife und der Heidschnuckenweg nach rechts südwärts abzweigen und zurück zum **Wanderparkplatz Angelbecksteich** ❶ führen.

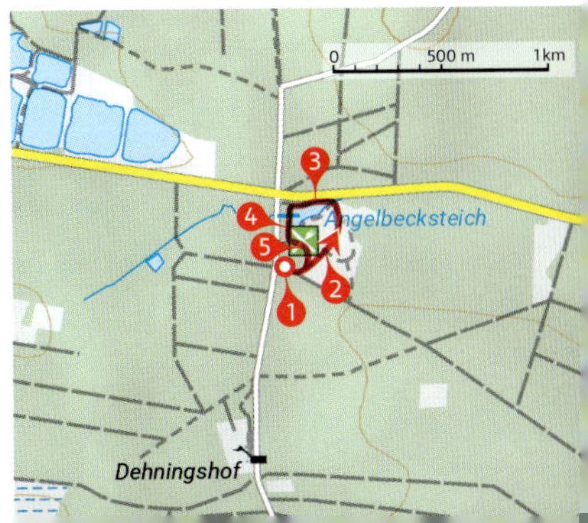

STICHWORTVERZEICHNIS

A
Ahlftener Fischteiche 75
Alfred-Wietjes-Stein 55
Alte Fuhrmannsschänke 113
Amerikalinie 79
Angelbecksteich 113
App »SummitLynx« 29
B
Behringen 60, 69
Behringer Heide 60
Berliner Luftbrücke 94
Besenheide 17
Bienenzäune 50
Birkhuhn 18
Bispingen 62, 70
Bispingen, St.-Antonius-Kirche 62
Bockelmanns Schafstall 60
Bode, Wilhelm 54
Borsteler Schweiz 62
Brunausee 61
Brunsberg 18
Buchholz 38, 41
Büsenbachtal 44, 134
C
Celle 120
Celle, Altes Rathaus 121
Celle, Bomann-Museum 120
Celle, Kunstmuseum 121
Celle, Residenzmuseum 120
Celle-Scheuen 117
Celle, Schloss 120
Celle, Stadtkirche St. Marien 121
Celle, Stechbahn 121
Citronenberg 115
D
Dageförde, Bernhard 56
Dat ole Huus 56
Dehningshof 113, 115
Deimern 73
Dibbersen 37
Drei-Männer-Kiefer 136
E
Eicksberg 161
Eine-Welt-Kirche 67
Eiszeit 14
F
Faßberg 93
Faßberg, Luftbrückenmuseum 93
Fischbek 30
Fischbeker Heide 31, 126
Fischbeker Heidehaus 127
Flebbestein 158
Flößerei 91
Forsthaus Kohlenbach 116
Freikörperkultur 48
Freudenthalweg 75
G
Gauß, Carl Friedrich 106
Gaußstein am Haußelberg 105
Gerdehaus 95, 104
Groß-Hehlen 117
H
Haidefrau 151
Handeloh 44, 46
Hannibals Grab 55
Hanstedt 138
Harms, Ludwig 99, 161
Hasselbrack 33
Häteler Berg 86
Haußelberg 105
Haußelberg-Hütte 104
Heide-ErlebnisZentrum 50, 143
Heidehof Möhr 68
Heidehonig 83
Heidemuseum »Dat ole Huus« 56
Heidepark Soltau 74
Heidepflege 14
Heideschleifen 124
Heidesee 92, 157
Heide-Shuttle 21
Heidschnucke 16, 18
Hermannsburg 98
Hermannsburg, Große Kreuzkirche 98
Hermannsburg, Harms-Haus 99
Hermannsburg, Kleine Kreuzkirche 99
Hermannsburg, St.-Peter-und-Paul-Kirche 98
Hexenhaus 48
Hexentanzplatz 141
Hof Abelbeck 80
Hof Tütsberg 151
Höllenschlucht 41, 135
Holm-Seppensen 43
Honigfest 83
I
Imkerei 83
J
Jacobusweg 65, 78
K
Karlstein 131
Kaserne Celle-Scheuen 117
Kerkstieg 140
Kiekeberg 133
Kieselgur 15, 95
König, Albert 104
L
Langenbach-Teiche 141
Langenrehm 35
Lindestein 158
Loki-Schmidt-Stiftung 126
Löns, Hermann 88
Lönsstein 87, 158
Luhequelle 73
Luhetalbad 62
Lutterbach 98, 110
Lutterhof 98
Lutterloh 107, 109
M
Martens, Wilhem 97
Meinholz 81
Misselhorner Heide 100, 111, 160
Möller-Guttmann, Dorothea 151
Müden (Örtze) 89
Müden (Örtze), St.-Laurentius-Kirche 89
Müden, Wassermühle 157
N
Naturpark Lüneburger Heide 14
Naturpark Südheide 14
Naturschutzgebiet Brunsberg 18

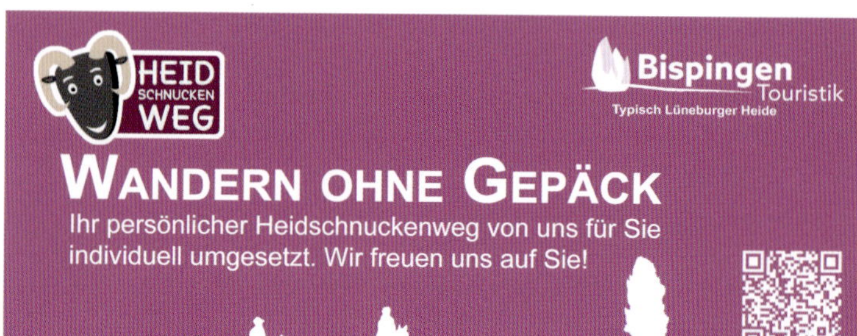

Naturschutzgebiet Buchenwälder im Rosengarten 18
Naturschutzgebiet Lüneburger Heide 18
Naturschutzgebiet Seeve 18
Naturschutzgebiet Weesener Bach 18
Nenndorf 36
Neuoher Heide 106
Niederhaverbeck 57
Niederhaverbeck, Naturinformationszentrum des VNP 57
Nindorf 140

O

Oberhaverbeck 146, 151
Örtze 92, 97
Osterheide 64

P

Paul-Roth-Stein 132
Pferdekopf 43, 134
Pietzmoor 153
Plaggenwirtschaft 15
Poitzen 92, 157
Poitzen, Bahnhof 92

R

Radenbachtal 143
Regionalpark Rosengarten 30
Rote Flächen 66

S

Sammlung Robert Simon 121
Sandheide 17
Scharlbarg 126
Scheuen 117
Schillohsberg 107
Schlageterinsel 76
Schmale Aue 141
Schmarbeck 94
Schmarbeck Grube 94
Schneverdingen 67
Schneverdingen, Schäferhof 153
Schwarze Berge 130
Seeve 18, 47
Silvestersee 66
Skulpturenweg Wasserkunst 82, 91
Soltau 76, 78
Soltau, felto 76
Steinbeck 38
Steingrund 147
Suerhop 41
Suhorn-Hütte 151
SummitLynx 29

T

Teiche am Langenbach 141
Tempelberg 34, 131
Teufelsheide 95
Tiefental 112, 160
Tiegen, Tierheim 79
Töpfer, Alfred 151
Töpfer-Aussichtsplattform 152
Totengrund 144, 147
Turmberg 146
Tütsberg 69, 150

U

Undeloh 50, 53, 143
Undeloh, St.-Magdalenen-Kirche 50
Unterlüß 104

V

Verein Naturschutzpark (VNP) 19, 57

W

Wacholderwald, Teufelsheide 95
Wanderpass Heidschnuckenweg 28
Weesener Bach 98, 110
Weltkugelbrunnen 99
Wesel 48, 138
Weseler Heide 139
Weseler Weg 139
Wietzendorf 82, 85
Wietzendorf, St.-Jakobi-Kirche 83
Wildecker Teiche 115
Wildpark Schwarze Berge 130
Wilsede 55
Wilseder Berg 14, 56
Windpark Hetendorf 86
Wulfsberg 59
Wümmeberg 151

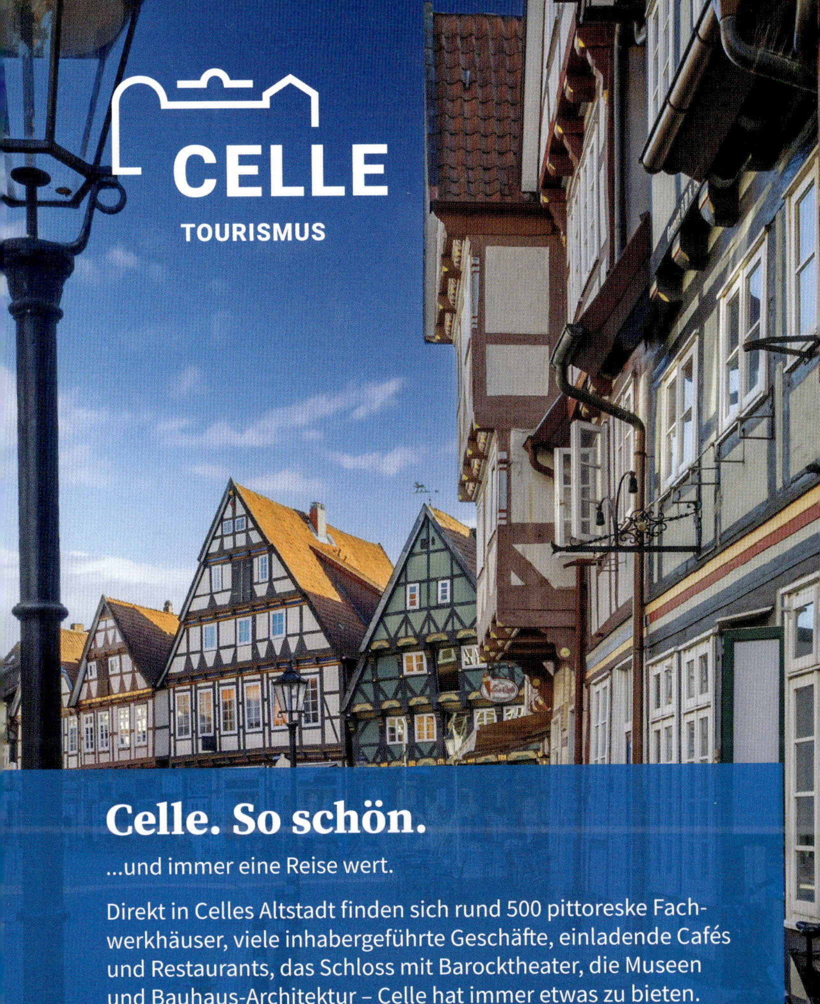
CELLE
TOURISMUS
Celle. So schön.
...und immer eine Reise wert.
Direkt in Celles Altstadt finden sich rund 500 pittoreske Fachwerkhäuser, viele inhabergeführte Geschäfte, einladende Cafés und Restaurants, das Schloss mit Barocktheater, die Museen und Bauhaus-Architektur – Celle hat immer etwas zu bieten.
www.celle-tourismus.de

Umschlagbild: Aufstieg vom Büsenbachtal auf den Pferdekopf (Etappe 2).

Bild im Innentitel: Vom Wilser Berg bietet sich im August der Blick auf einen großen lila Heideteppich.

Alle 108 Fotos von Idhuna Barelds.

Kartografie:
28 Wanderkärtchen im Maßstab 1:50.000 und 1:75.000
sowie 2 Übersichtskärtchen im Maßstab 1:700.000 und 1:1.600.000
© Freytag & Berndt, Wien

Werk-Nr.: 4584

Die Ausarbeitung aller in diesem Führer beschriebenen Wanderungen erfolgte nach bestem Wissen und Gewissen des Autors. Die Benutzung dieses Führers geschieht auf eigenes Risiko. Soweit gesetzlich zulässig, wird eine Haftung für etwaige Unfälle und Schäden jeder Art aus keinem Rechtsgrund übernommen.

2., aktualisierte Auflage 2024

ISBN 978-3-7633-4737-7

Wir freuen uns über jeden Korrekturhinweis zu diesem Wanderführer!
Bitte per E-Mail an: **leserzuschrift@rother.de**

ROTHER BERGVERLAG · Keltenring 17 · D-82041 Oberhaching
Tel. +49 89 608669-0 · rother.de